VOLKS
MUSIK

VOLKS
MUSIK

LOIS
HECHENBLAIKNER

STEIDL

Gewidmet meiner lieben Dagmar und unseren Söhnen Fabian und Tobias

Dedicated to my dear Dagmar and our sons Fabian and Tobias

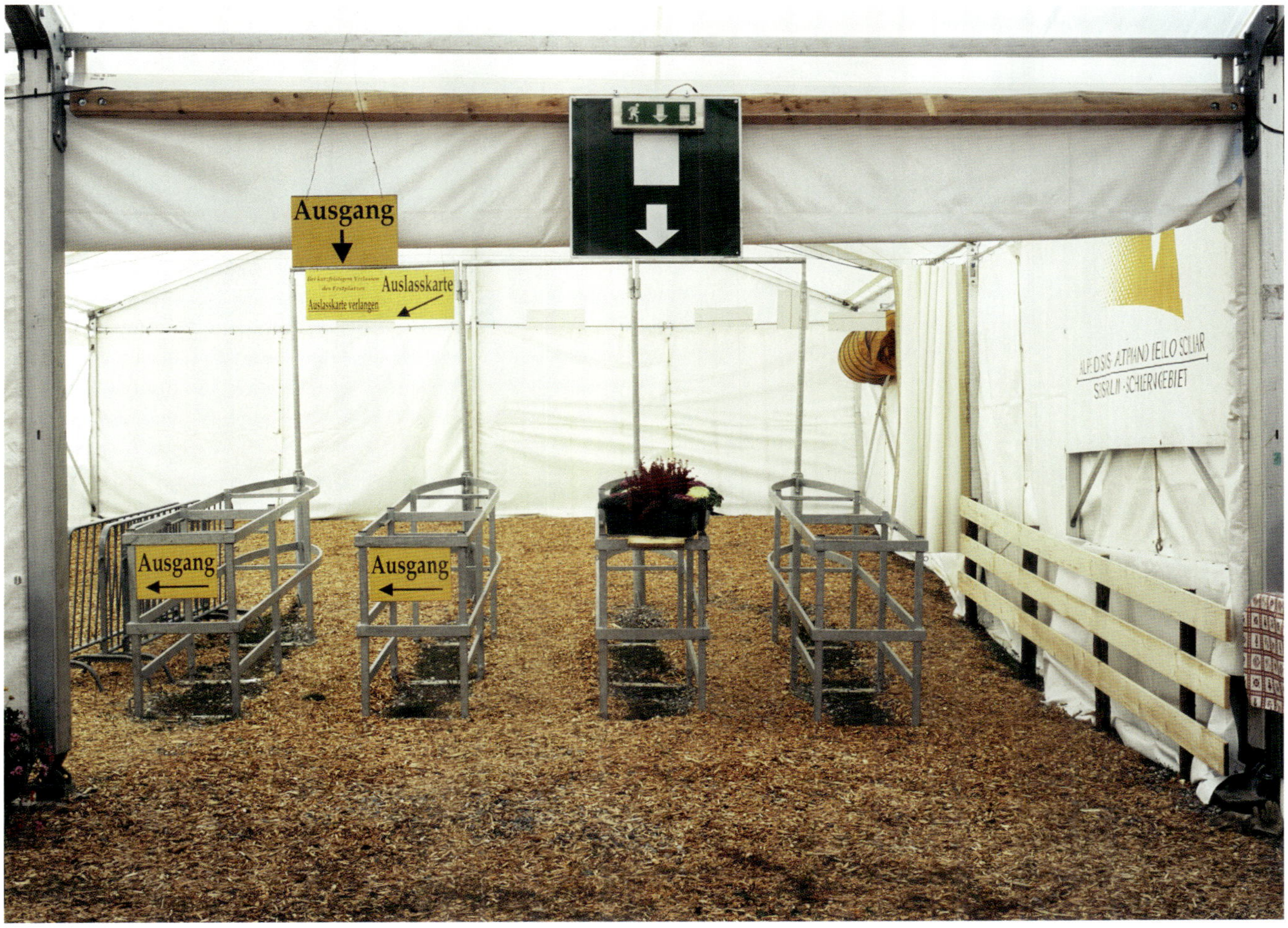

Ein- und Ausgang zum Festzelt
Entrance and exit to marquee

Kastelruther Spatzenfest
Kastelruth, Südtirol, 13.10.2007

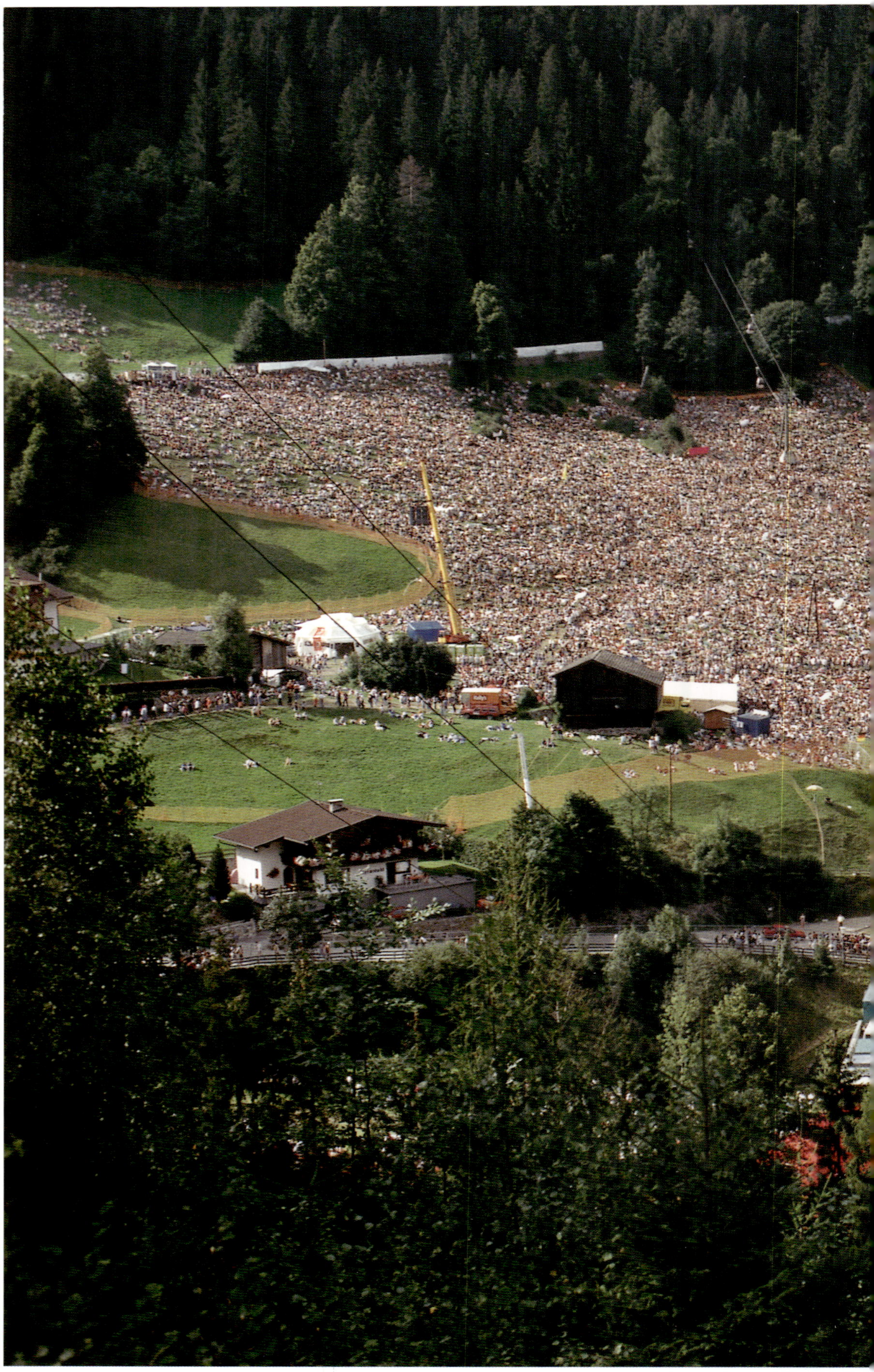

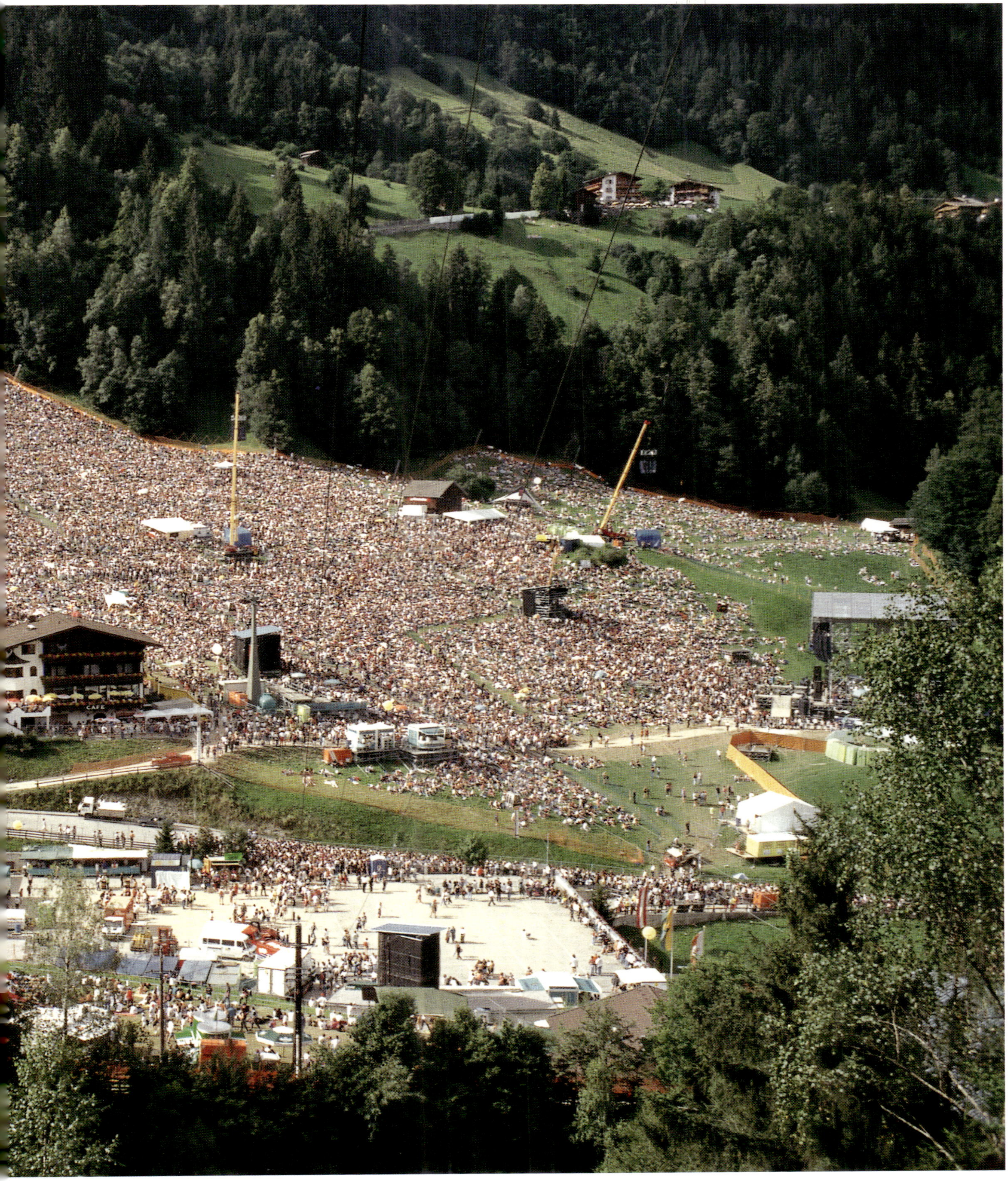

Schürzenjäger Open Air
Finkenberg, Zillertal, Tirol, 10.8.1996

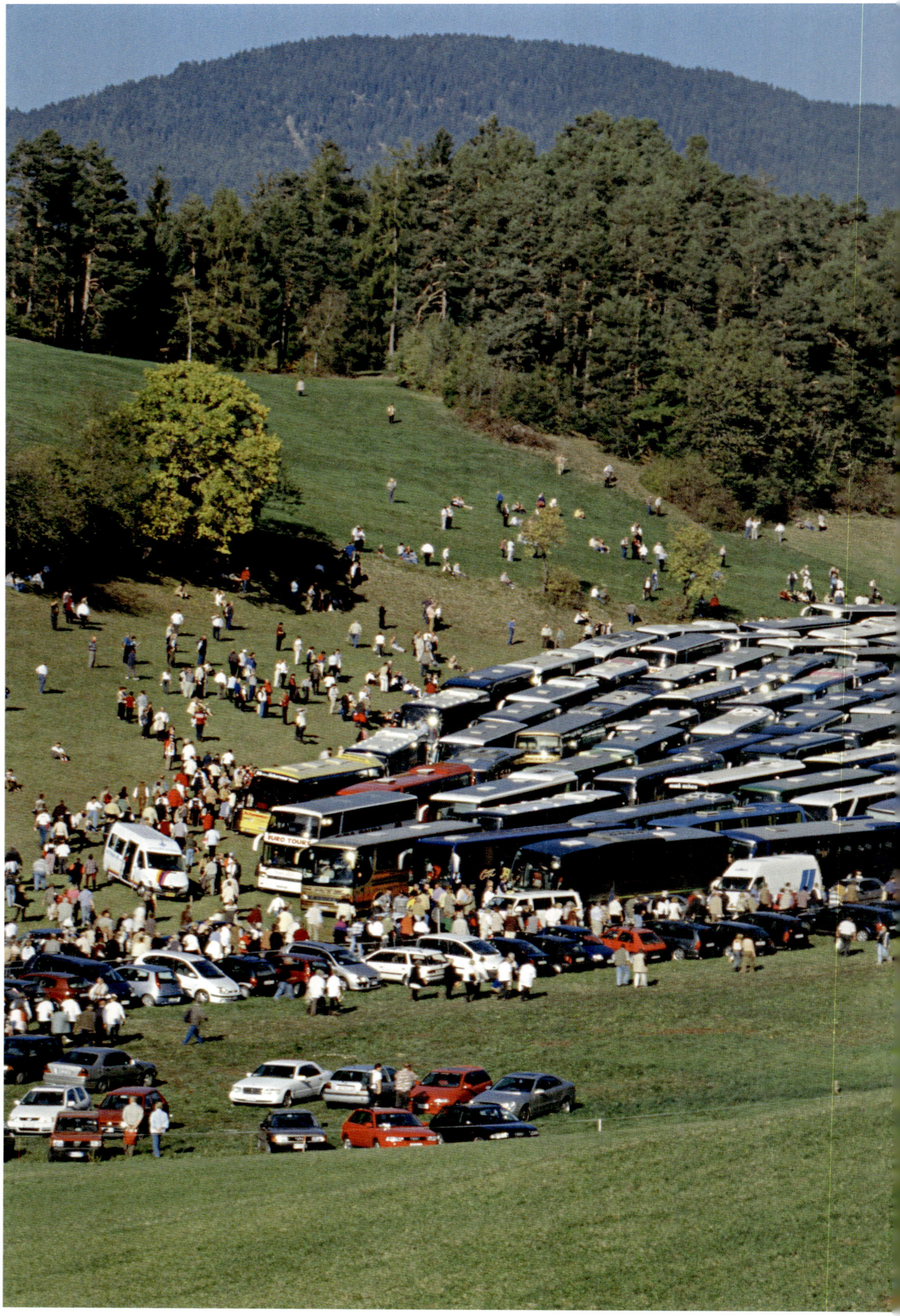

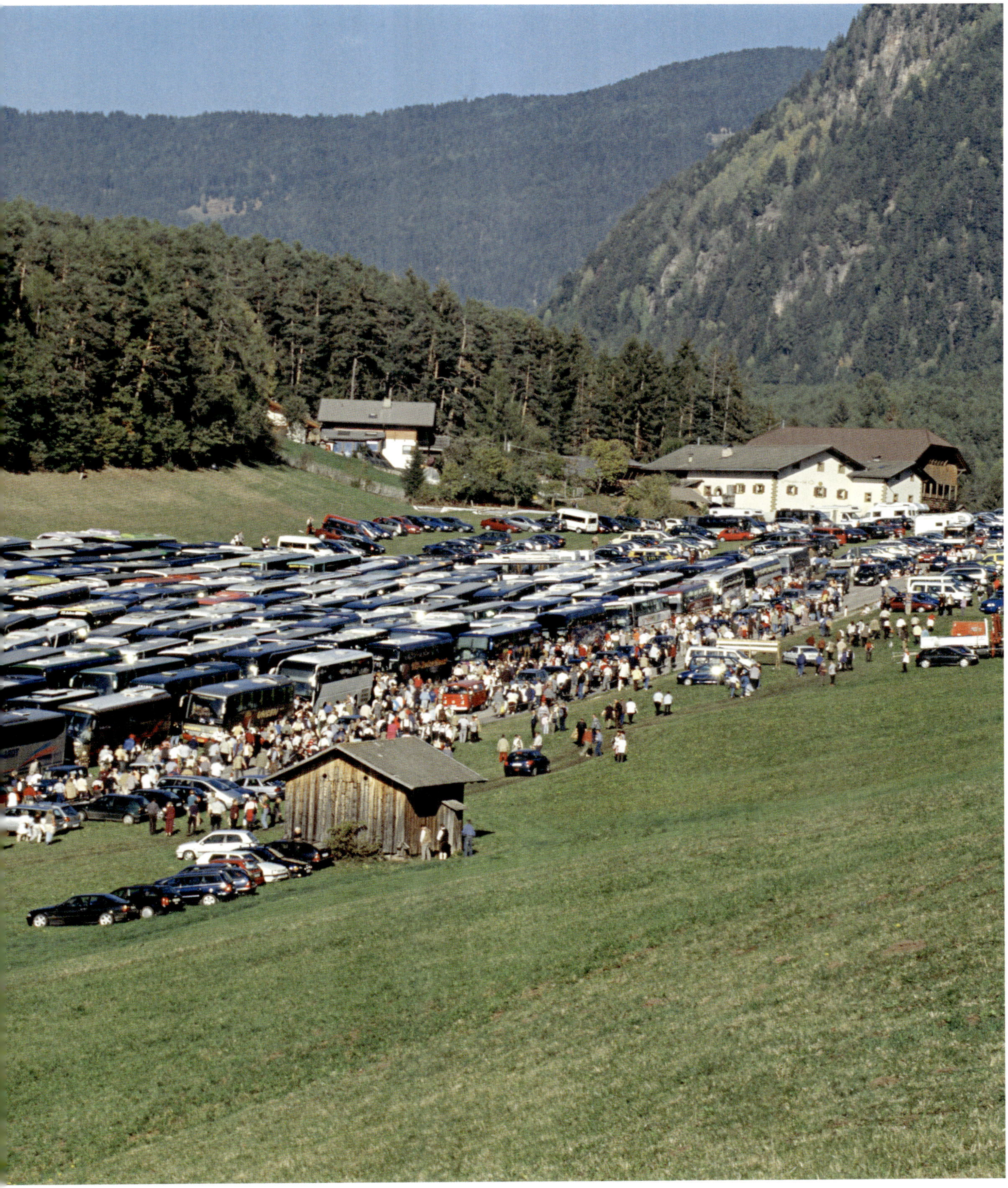

Kastelruther Spatzenfest
Kastelruth, Südtirol, 13.10.2007

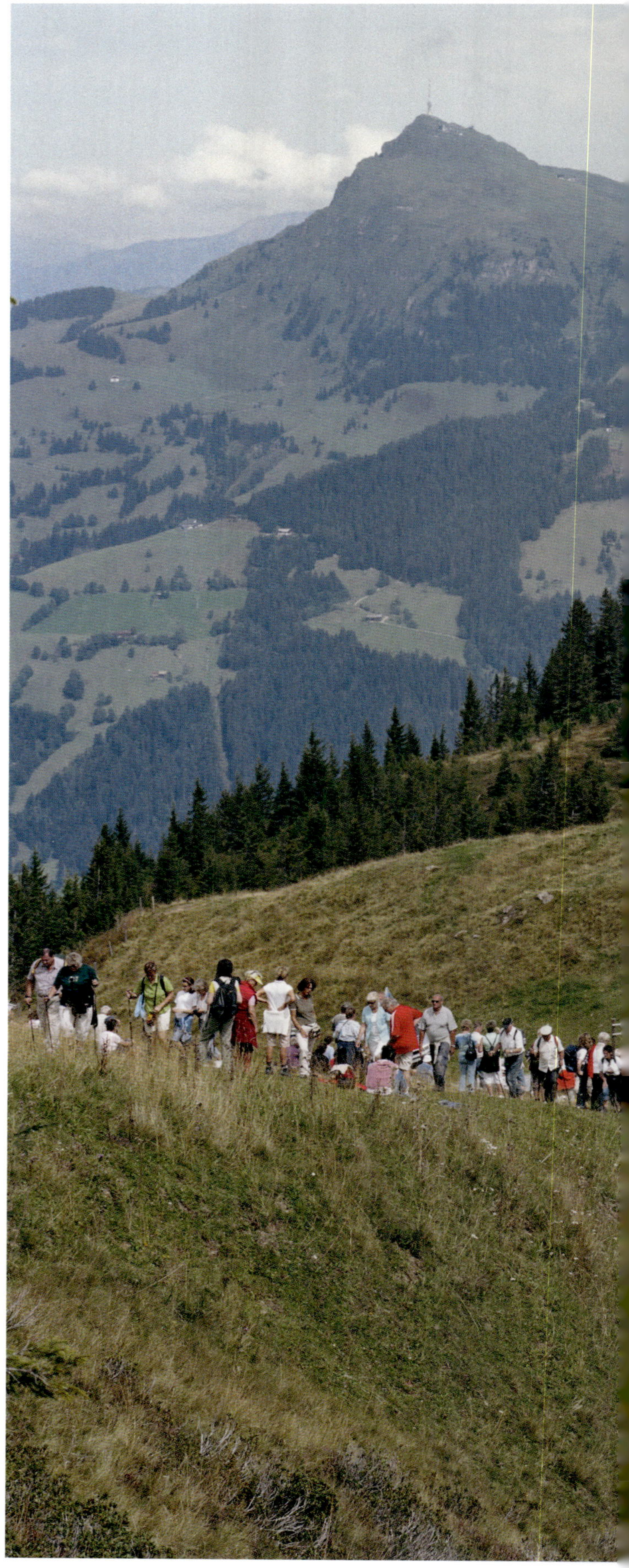

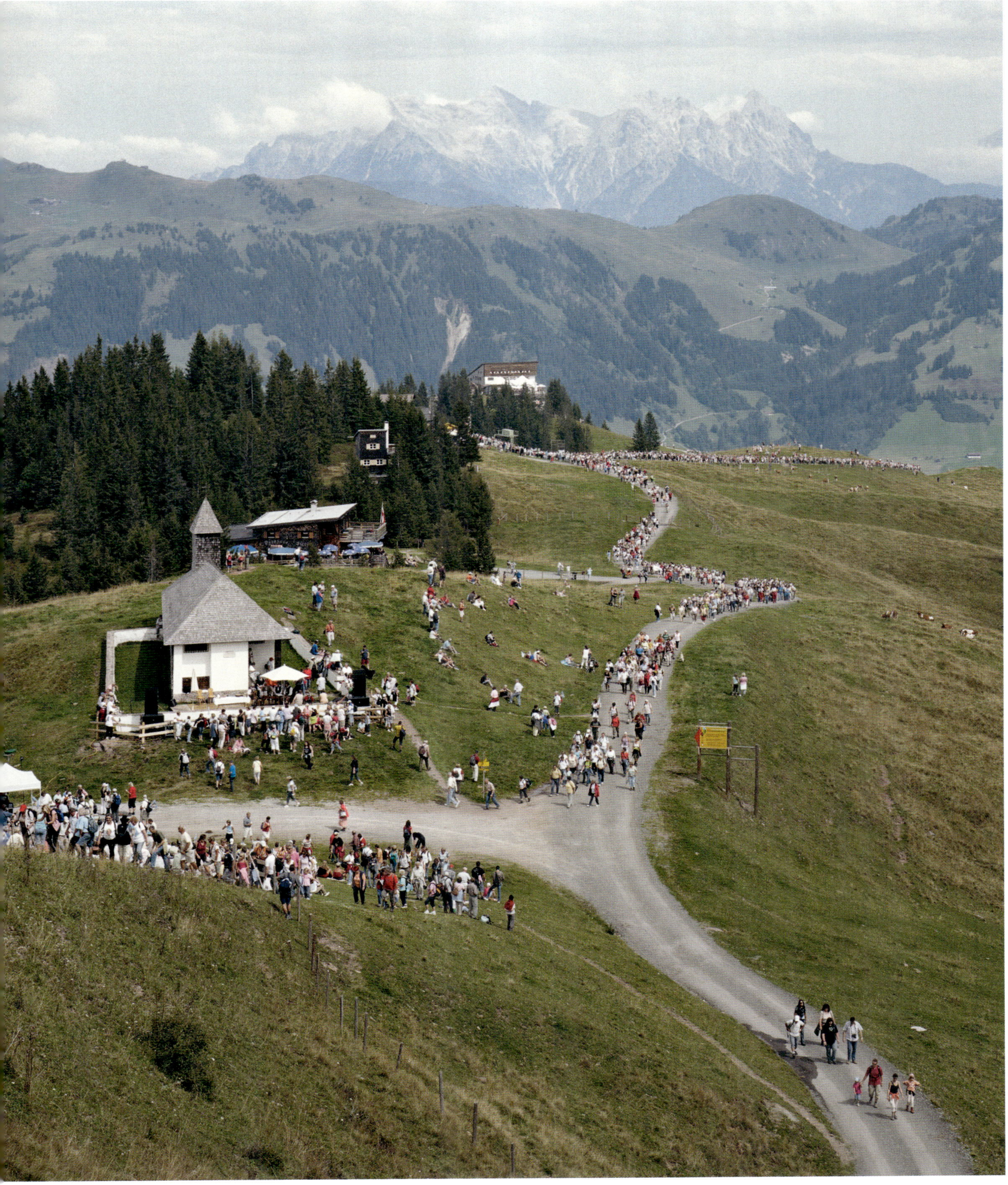

Hansi Hinterseer Fanwanderung
Hansi Hinterseer fan hike

Kitzbühel, Hahnenkamm, 21.8.2008

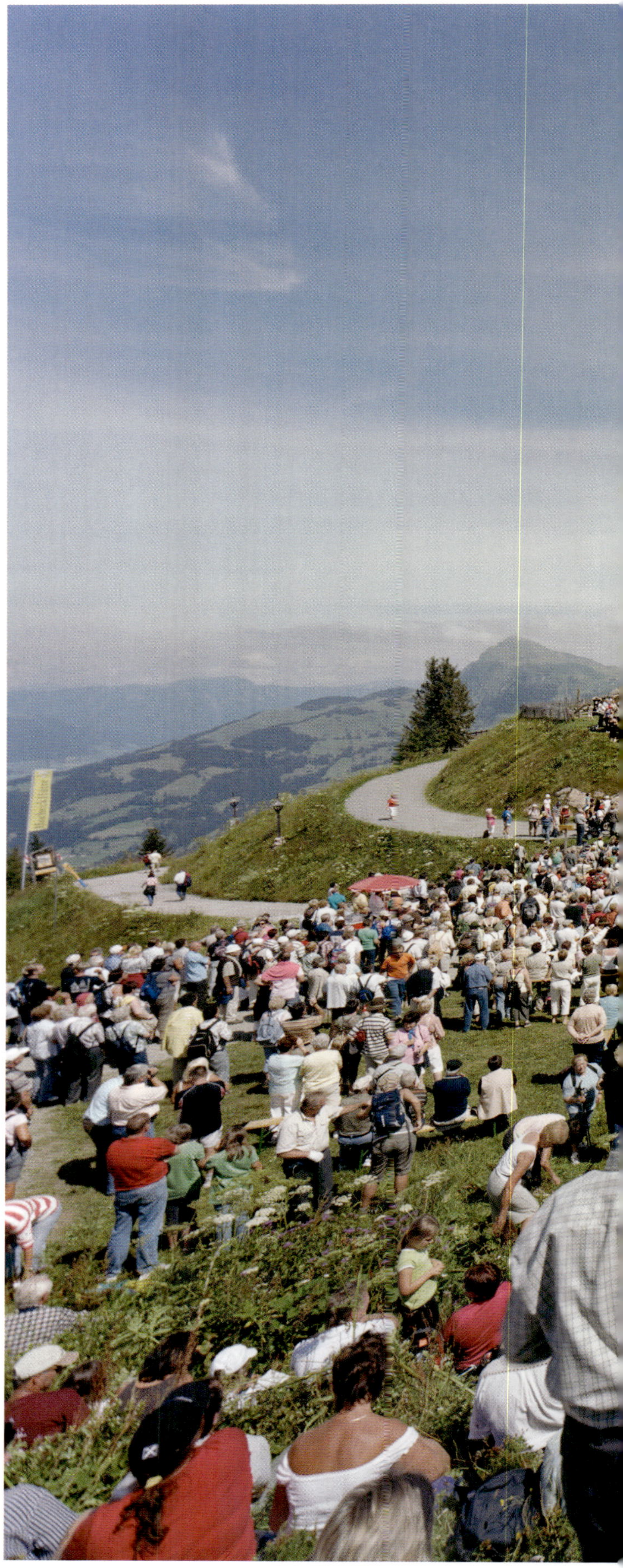

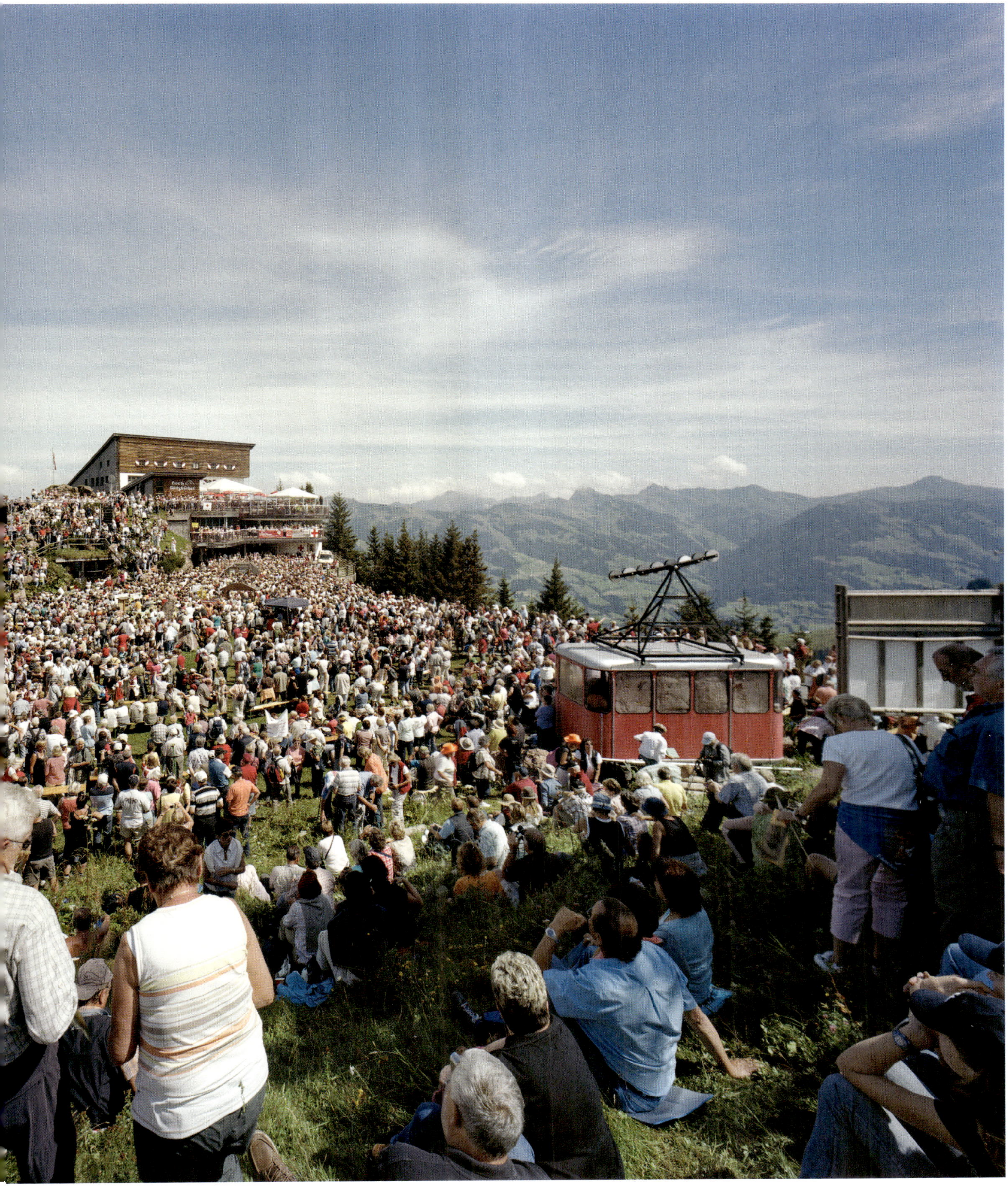

Hansi Hinterseer Fanwanderung
Hansi Hinterseer fan hike

Kitzbühel, Hahnenkamm, 21.8.2008

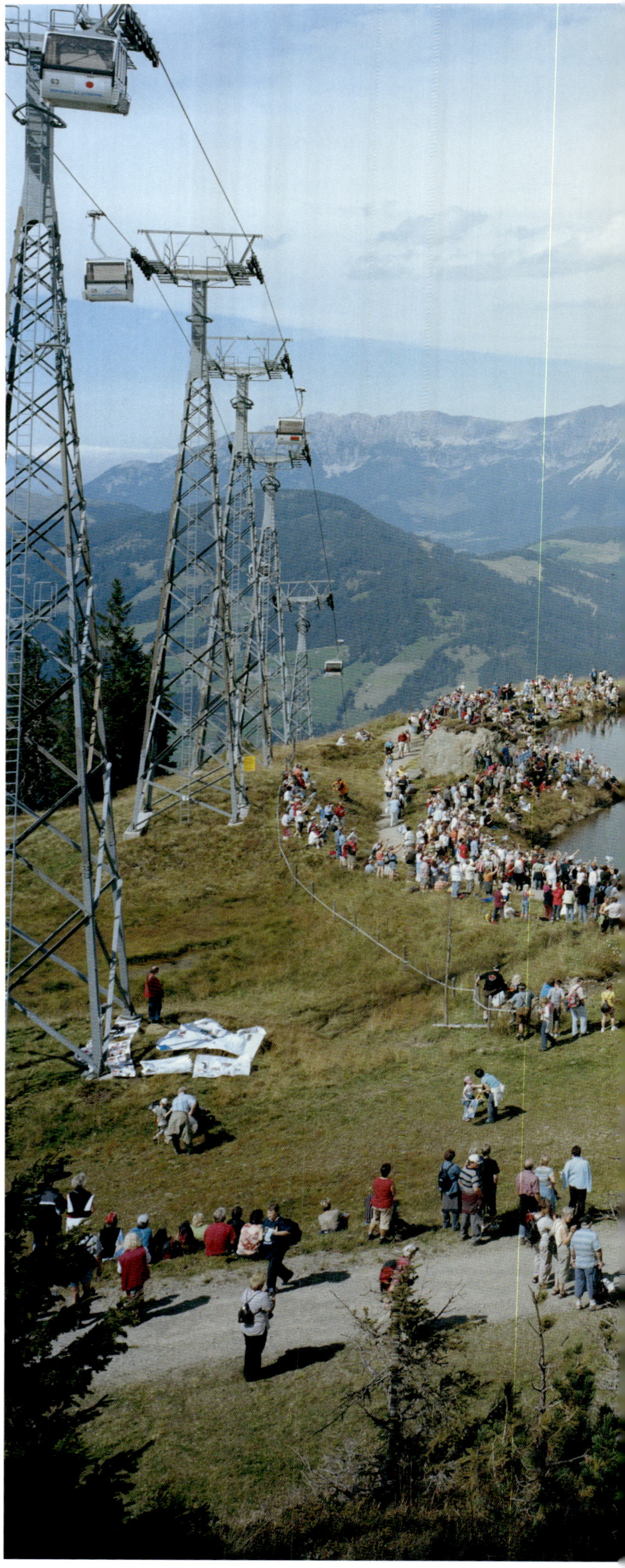

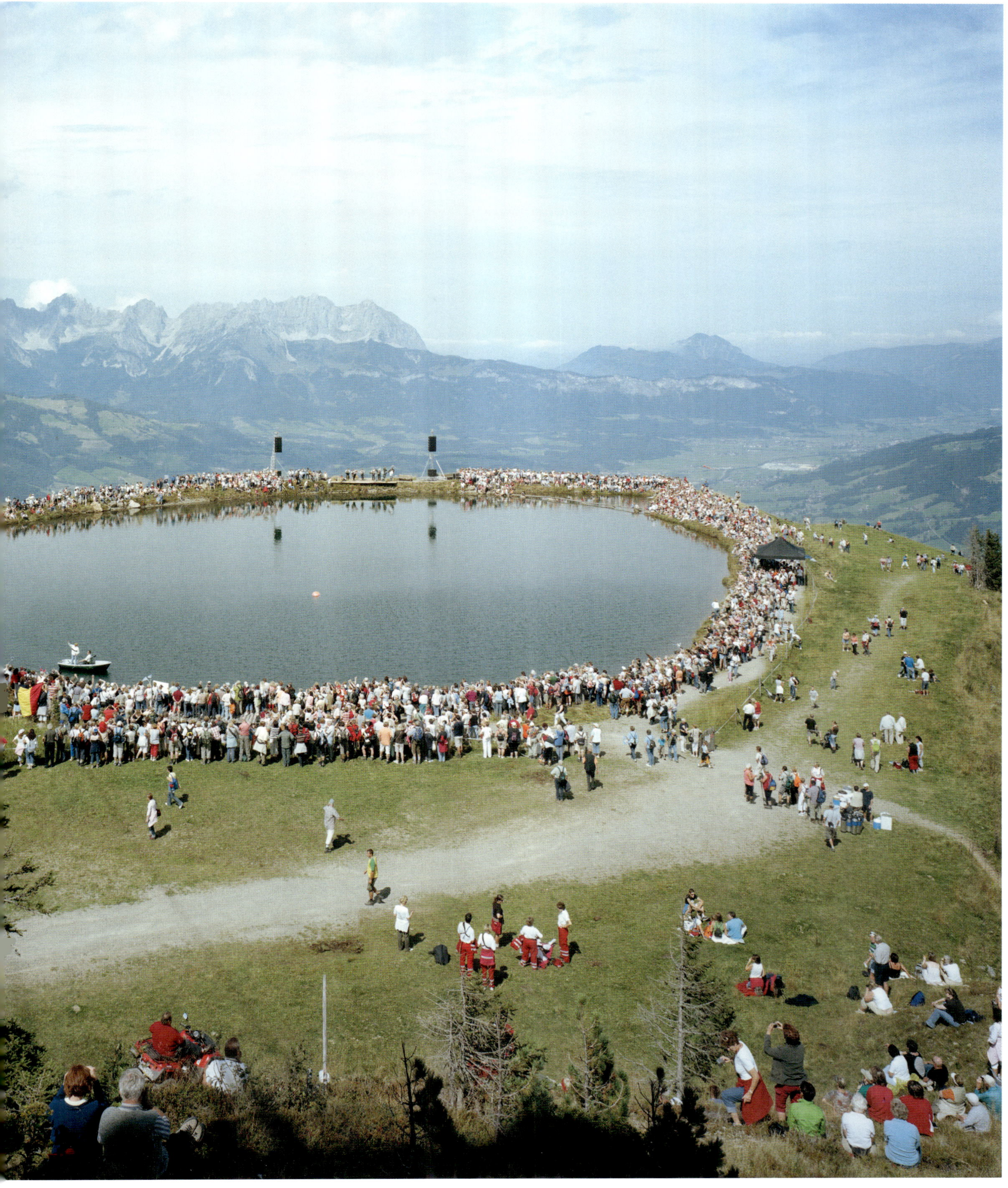

Hansi Hinterseer Fanwanderung, Kunstschnee-Speicherteich
Hansi Hinterseer fan hike, artificial snow reservoir

Ehrenbachhöhe, Kitzbühel, Hahnenkamm, 23.8.2007

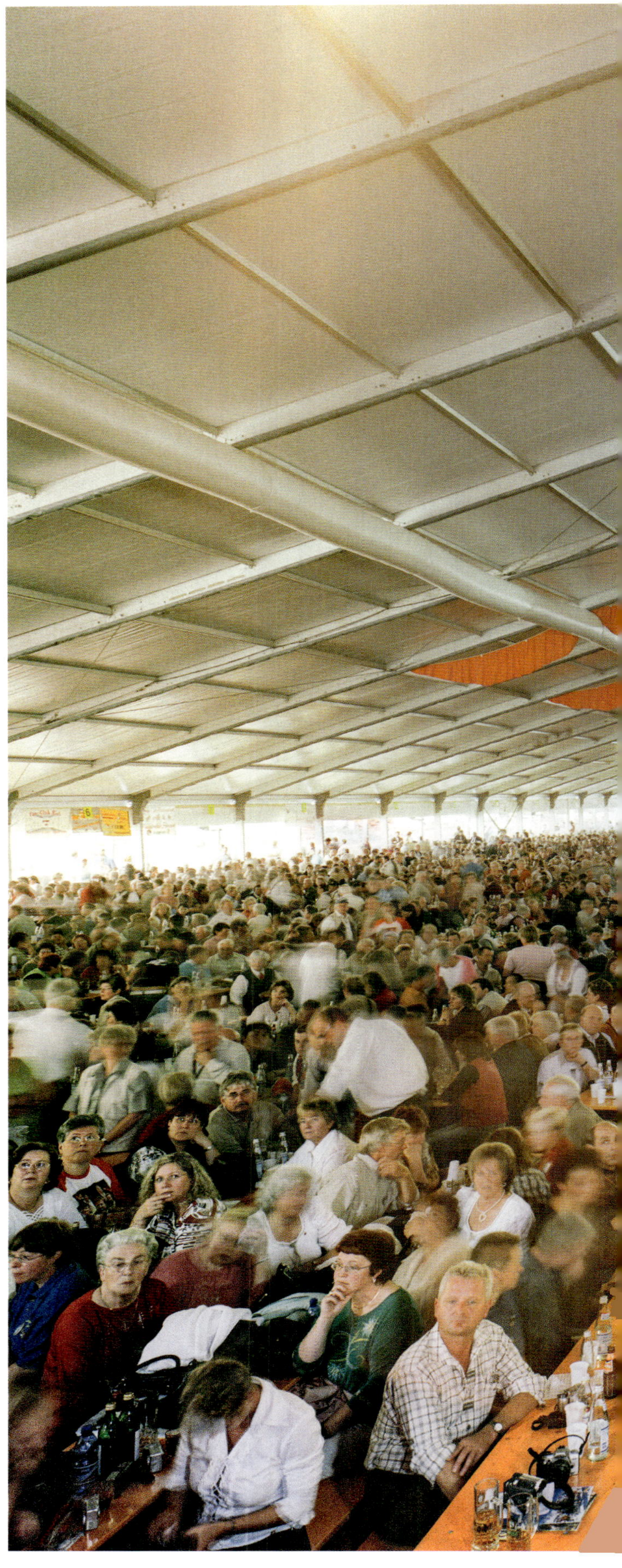

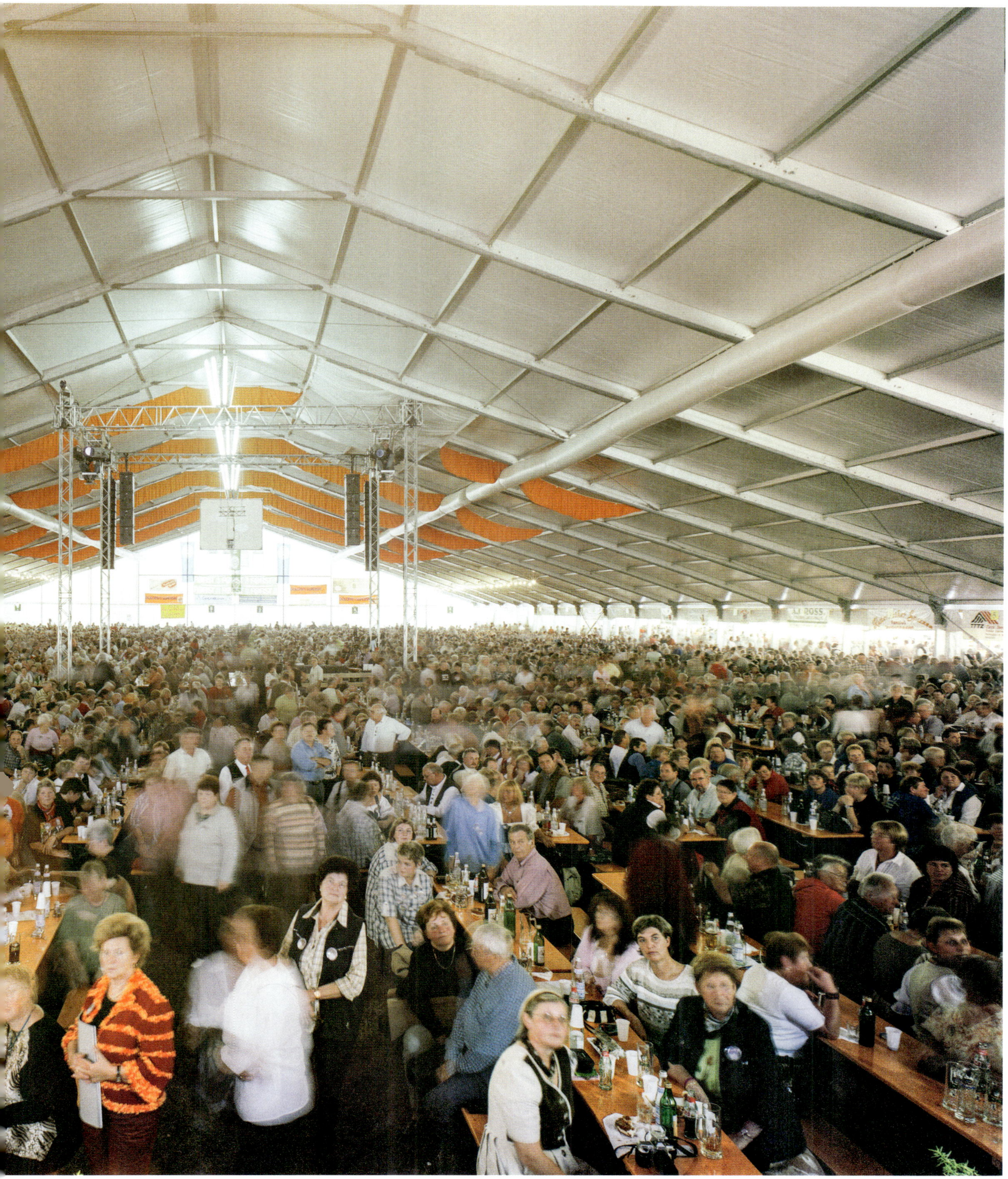

Kastelruther Spatzenfest
Kastelruth, Südtirol, 8.10.2011

Wie klingt Volksmusik im Bild?

Martin Hochleitner

Der österreichischen Künstler Lois Hechenblaikner arbeitet seit 1994 als fotografischer Begleiter, Beobachter und Zeuge von volkstümlichen Konzerten und einer mit ihnen verbundenen Fankultur in seiner Heimat Tirol. Für das Buch *Volksmusik* hat er aus dem bisherigen Gesamtmaterial von knapp 3.000 Aufnahmen dieses Langzeitprojektes eine Auswahl von rund 100 Fotografien getroffen. Die von ihm festgelegte Reihenfolge der Abbildungen zeigt zunächst anonyme Fanmassen bei Open-Air-Konzerten, fokussiert danach teils pittoreske Situationen und Formen von Auftritten und konzentriert sich schließlich konkret auf Fans, die er meist einzeln, paarweise oder in Kleingruppen porträtiert. Obwohl die Bildabfolge eigens für das aktuelle Buch konzipiert wurde, entspricht sie dennoch dem Entstehungsprozess der Serie und dem Wandel von Hechenblaikners Aufmerksamkeit auf das Thema an sich. Im Zuge der Porträtaufnahmen begann sich der Künstler, angeregt durch kurze Gespräche und Wortwechsel mit den Fans sukzessive, mit deren persönlichen Aussagen, unter anderem über ihre jeweilige Motivation für Konzertbesuche, zu beschäftigen. Oder anders gesagt: Mit dem fotografischen Blick auf den einzelnen Menschen wuchs Hechenblaikners Interesse für individuelle Geschichten, denen er bisweilen bis heute nachgeht und die zu einer wichtigen Ebene der Werkgruppe wurden.

So sehr die anonyme Masse der Fans im Rahmen des Gesamtprojektes Gesichter erhielt, so sehr repräsentieren die einzelnen Porträts hinsichtlich Habitus, Kleidung und Accessoires dennoch eine Typologie - die Erzählungen folgen ganz bestimmten Mustern. Gerade die Ähnlichkeit der „typischen" Fans lässt die einzelnen Menschen in einem Kollektiv bzw. in einer Masse aufgehen. In diesem Sinne sind auch die musikalischen Akteure und die Orte ihrer Konzerte nicht nur spezifisch, sondern auch typologisch zu verstehen. Und obwohl es möglich wäre, vergleichbare Projekte auch in anderen Gegenden und Kontexten von Sport- und Großveranstaltungen zu realisieren, vermitteln die Bilder des Buches insgesamt, wie sehr Hechenblaikner mit seiner Serie die eigene Heimat reflektiert, eine Verlustgeschichte von kulturellen Identitäten dokumentiert und Auswüchse einer von Marketingmaschinerien gehypten Volkstümlichkeit seziert. Damit setzt die Publikation *Volksmusik* konsequent den in vorausgegangenen Büchern wie *Off piste* (2009), *Winter Wonderland* (2012) und *Hinter den Bergen* (2015) fassbaren Arbeitsschwerpunkt des Künstlers fort.

*

Rückblickend ist es ein treffender Zufall, dass sich Hechenblaikners Einladung für einen Textbeitrag zu diesem Buch im Herbst 2015 mit dem 25-jährigen Jubiläum der Erstausstrahlung der *Piefke-Saga* von Felix Mitterer im Jahr 1990 verband. Hechenblaikners Bilder lassen unmittelbar an einzelne Szenen denken und machen gleichzeitig den visionären Charakter der Filmserie bewusst. Vieles vom damals Absurden und Abstrusen hat sich zwischenzeitlich erfüllt und wird in den Fotografien Hechenblaikners nun als Realität dokumentiert.

Ein zweiter, persönlicher Zufall bringt eine Perspektivenentwicklung auf das Werk des Künstlers mit meinem beruflichen Wechsel von der Landesgalerie Linz in das Salzburg Museum zusammen und berührt sowohl das Medium Fotografie als auch die Rezeption und Wirkung sowie die Traditionen und Fehlinterpretationen von Volkskulturen. In der Landesgalerie, einer expliziten Institution für moderne und zeitgenössische Kunst, bildet die Fotografie unter besonderer Berücksichtigung der Themen Porträt und Landschaft einen Schwerpunkt des Ausstellungsprogramms. Das Salzburg Museum ist demgegenüber die älteste und umfassendste Sammlungsinstitution zur Kunst- und Kulturgeschichte von Salzburg. Im Sinne dieses Profils eröffnen die großen Bestände an topografisch, biografisch und kulturhistorisch verschlagworteten Aufnahmen in der Fotosammlung sowie die zahlreichen volkskulturellen Bestände entscheidende Fragen zum Wandel und zur Gegenwart einer Kulturlandschaft. Das bisherige Gesamtwerk Hechenblaikners verhandelt viele dieser Fragestellungen in Bildern und zeigt dabei konsequent die Brüchigkeit seiner Heimat Tirol an den Schnittstellen von Natur, Tradition, Brauchtum und Tourismus auf.

Seine Fotografien sind Ausdruck eines persönlichen Nachdenkens über Geschichte(n), Menschen und Kulturen und lassen sich mit zentralen künstlerischen Positionen sowie Themenstellungen des Mediums und seiner Geschichte verbinden: etwa mit der fotografischen

Begegnung von Walker Evans und der amerikanischen Landbevölkerung in den 1930er Jahren und der hierauf bezogenen Entwicklungstradition von dokumentarischen und gleichzeitig gesellschaftsreflexiven Ansätzen in der Fotografie.

Reizvoll ist zudem der Gedanke, welchen spezifischen Beitrag Lois Hechenblaikner zur legendären Ausstellung *New Topographics* (1975) unter besonderer Berücksichtigung des – im Untertitel *Photographs of a Man-altered Landscape* so programmatisch formulierten – kuratorischen Ansatzes hätte leisten können. Denn berichten nicht gerade seine Bilder besonders eindrücklich von den radikalen und durch Menschen herbeigeführten Veränderungen im alpinen Raum? Von den Bruchlinien zwischen exponierten Naturräumen, Sehnsuchtslandschaften und alpinen Freizeitregionen; von transitorischen Orten zwischen Natur und Zerstörung; von beklemmenden Spuren, die bauliche Eingriffe, Events und Aktionen im Gebirge hinterlassen; von Menschenmassen und deren Konsum alpiner Regionen?

Genau bei dieser Frage setzt auch das Buch *Volksmusik* mit seiner Ausrichtung auf das Porträt ein. Hechenblaikner fotografiert den Menschen in einer konzentrierten, meist auch frontalen Ansicht und mit direktem Blickkontakt. In dieser Unmittelbarkeit ist die – mit einer analogen Großbildkamera aufgenommene – Person fokussierter Akteur, Protagonist und Symptom der aufgezeigten Entwicklung. Das Porträt bringt gleichsam vielfältige Entwicklungsschritte und Konzeptüberlegungen des Künstlers auf den Punkt.

*

Für die Geschichte der Fotografie im Allgemeinen und das Porträt im Speziellen bildet das Werk von August Sander (1876-1964) einen herausragenden Orientierungspunkt. Auch für Hechenblaikner erwiesen sich die persönliche Entdeckung von August Sander und das immer intensivere Eintauchen in dessen Konzept und Stil als ein Schlüsselerlebnis. Bis heute fasziniert ihn Sanders in den 1920er Jahren getroffene Entscheidung, für sein epochales Mappenwerk *Menschen des 20. Jahrhunderts* Personen als „Typen" und nicht als konkrete, weil namentlich bekannte Menschen, zu fotografieren. Hechenblaikners Bilder funktionieren als anonyme Porträts von „typischen" Fans. Gleichzeitig sind sie aber auch Bilder von Menschen, die dem Künstler namentlich und mit ihren Wünschen, Motiven, Problemen, Sehnsüchten - somit auch sehr persönlich - bekannt sind. An diesem Punkt berührt Hechenblaikner eine weitere für die Rezeptionsgeschichte von Sanders Mappenwerk *Menschen des 20. Jahrhunderts* zentrale Fragestellung zum Status und zur Wirkung der fotografierten Personen: Sander wollte die Gesamtheit einer Gesellschaft bildlich festhalten. Gerade deshalb war es auch sein Ziel, die Würde der von ihm fotografierten Menschen auf seinen Bildern zu wahren. Dieser Ansatz verdient explizite Erwähnung. Denn zu oft wurden in den letzten Jahren im Zuge zahlreicher fotografischer Serien Menschen geradezu instrumentalisiert. Demgegenüber ist bei Lois Hechenblaiker niemals eine Hierarchie des Blicks zu fassen. Die Menschen seiner Porträts sind Subjekte von Bildern und nicht Objekte eines Fotografen.

*

Bewusst haben die bisherigen Ausführungen die Akteure der volkstümlichen Musik ausgespart. Denn so sehr sich die Fans auch auf konkrete Personen oder Gruppen fokussieren, so sehr sind die „Stars" als zeitliche und gesellschaftliche Phänomene austauschbar und beliebig. Trotzdem erfüllen und bedienen sie – zu ihrem (finanziellen) Vorteil - ganz starke emotionale Sehnsüchte und Projektionen von Menschen, für die sie teilweise auch identitätsstiftend wirken. Sie sind Symptome einer Unterhaltungsindustrie im alpinen Raum, Ausdruck eines vom Massentourismus, von Events, Konsum und Kommerz bestimmten Qualitätsverlustes sowie Erscheinungsform einer brutalen Aneignung und Umdeutung von Brauchtum. Für viele Menschen spielt dies alles keine Rolle. Sie folgen ihren Idolen und werden Teil von Inszenierungen, die in den Fotografien von Lois Hechenblaikner wie Bilder biblischer Szenen (etwa der Bergpredigt) wirken. So schafft es letztlich auch die intensive und jahrelange Arbeit von Lois Hechenblaikner, fotografisch den Klang der volkstümlichen Musik zu beschreiben und damit auch das Schweigen als eine Form des Aufschreis bzw. des Protests und der persönlichen Kritik des Künstlers verstehen zu können.

Gegen Überheblichkeit und Zynismus: Wie Lois Hechenblaikner Fans volkstümlicher Musik fotografiert

Wolfgang Ullrich

Es gehört zu den Topoi des Kulturpessimismus, der heutigen Produkt- und Werbewelt eine Infantilisierung der Gesellschaft vorzuwerfen. Prominenz erlangte dieser Topos durch den US-amerikanischen Politikwissenschaftler Benjamin Barber. Nachdem er 1995 mit dem konsumkritischen Manifest *Jihad vs. McWorld* (dt. *Coca Cola und Heiliger Krieg*) bekannt geworden war, vertrat er in seinem 2007 erschienenen Buch *Consumed!* die These, dass die Angebotsfülle an Produkten zu einer Umpolung der Mentalität geführt und aus Bürgern Kinder gemacht habe. Dass alles leicht und nicht schwierig, einfach und nicht kompliziert, schnell und nicht langsam ablaufen könne, ist für Barber die Botschaft, die die Konsumgüterindustrie permanent aussendet. Bestätigt werde ein „infantiles Traum-Weltbild, wo man nur zu sagen braucht: ‚Ich will, dass es so ist', und schon ist es so".[1]

Barber bringt zahlreiche Beispiele, um seine These eines Siegs der Bequemlichkeit zu belegen. Auch den Musikkonsum hat er dabei im Blick und beklagt, dass alle Formen von Unterhaltungsmusik beliebter seien als (anstrengendere) klassische Musik.[2] Mehrere Aspekte lässt Barber in seiner Analyse jedoch unberücksichtigt; vor allem sucht er nicht nach alternativen Gründen für das von ihm beschriebene Phänomen – und setzt sich auch nicht mit konkurrierenden Deutungen auseinander. So sehen andere Interpreten des Zeitgeists die Kindlichkeit etwa als Privileg und deuten Infantilisierung als Art von Fortschritt und Zeichen von Verwöhntheit im Wohlstand. Für Peter Sloterdijk übernimmt die konsumistische Wohlstandsgesellschaft sogar die Rolle einer Mutter, einer ‚alma mater', sodass die Menschen zu umsorgten Kindern werden dürfen, sich in einen behüteten Urzustand zurückversetzt fühlen und überschüssige „Mutterenergien", ja ein Leben im „Komforttreibhaus" genießen.[3] Infantilisierung wäre demzufolge nicht mit Dekadenz gleichzusetzen; vielmehr muss man sie sich leisten können!

Wer die Fotos von Lois Hechenblaikner betrachtet, die er dem Publikum – und insbesondere den Fans – von volkstümlicher Musik aus Tirol widmet, wird jedoch zu nochmals anderen Überlegungen gelangen. So unvermeidlich Aufnahmen, auf denen eine erwachsene Frau mit Schnuller oder Männer mit Stofftieren abgebildet sind, zu Infantilisierungsdiagnosen führen, so deutlich machen sie auch, dass weder Bequemlichkeit noch Wohlstandsverwöhntheit der Grund für solch extreme Accessoires ist. Im Gegenteil: man sieht hier Menschen, in deren Leben es offenbar nur wenig Schönes gibt, ja die größtenteils den Eindruck machen, sozial schwach, wenig gebildet, enttäuscht und überfordert zu sein. Wurden sie also nicht deshalb Fans, weil ihnen dies eine Geborgenheit und Nähe verheißt, die sie anderswo kaum bekommen können? In diesen musikalischen Heile-Welt-Inszenierungen und bei heimatseligen oder niedlichen Merchandisingartikeln können sie den Imperativen einer Leistungsgesellschaft entkommen. Ausnahmsweise bleibt ihnen hier Scheitern und Verlieren erspart und sie erleben ein Moratorium ihres Erwachsenenalltags.

Während Barber also unterschätzt, dass eine Flucht ins Kindliche für viele Menschen die letzte Gelegenheit bietet, in einem trostlosen Leben doch noch ein bisschen Glück zu finden, er also die soziale, gar therapeutische, zumindest aber palliative Rolle von Produkten und Events übersieht, die Harmonie, gute Laune, Heimatgefühle, Lieblichkeit oder Treue offerieren, geht Sloterdijk von zu positiven Voraussetzungen aus und sieht Infantilität als Steigerung eines an sich schon angenehmen Lebens und damit eher als Luxus denn als Notwendigkeit. Beiden liegt der Gedanke fern, es könnte sich bei regressivem Verhalten auch um den Ausdruck einer extremen emotionalen Bedürftigkeit handeln.

Tatsächlich aber gibt es für die meisten Menschen ernste und ernstzunehmende Beweggründe, wenn sie zu Auftritten von Protagonisten volkstümlicher Musik fahren, sich in Fan-Shops mit Trachtengewand, T-Shirts, Bettwäsche oder Kaffeetassen eindecken und große Teile ihres Geldes dafür verwenden, so oft und innig wie möglich am Leben ihrer Idole teilzuhaben. So sehr man auf den ersten Blick mit Überheblichkeit auf Lois Hechenblaikners Fotos – und die auf ihnen gezeigten Menschen – reagieren mag, so sehr offenbart sich bei genauerer Betrachtung, welch sozialpolitisch bedeutsame Rolle diese kommerzielle Musik- und Gefühlswelt spielt. Gäbe es Figuren wie Hansi Hinterseer oder die diversen Gruppen aus dem Zillertal nicht, ließe das viele der Menschen, die jetzt deren leidenschaftliche Anhänger sind, noch instabiler werden. Gerade weil diese

Art volkstümlicher Musik, wie sämtliche Experten sowohl der Musikwissenschaft als auch der Volkskunde immer wieder deutlich machen, über keine besondere Qualität verfügt, ist sie umso existenzieller für diejenigen, denen alles andere zu anspruchsvoll, zu komplex oder zu voraussetzungsreich ist. Es ist ihre letzte – nicht selten auch einzige – Chance, weshalb sie sich auch so verbissen an das klammern, was ihrem Leben ein wenig Sinn und Freude gibt. Wenn Lois Hechenblaikner Fans vor seine Kamera bittet und sie auf einmal für einen Moment selbst im Zentrum der Aufmerksamkeit stehen, wird erst deutlich, wie bedingungslos sie sich mit allem ausstatten, was ihre Identifikation be- und erzeugt.

Sofort ist deshalb auch der nächste kritische Einwand zur Stelle, der darin besteht, die Fans zu Süchtigen zu erklären, verführt von schamlosen Geschäftemachern, Dealern schlechten Geschmacks. Doch würde man Anhänger bestimmter Opernsänger oder Pianisten, die ihren Idolen ebenfalls nachreisen und ihr Erspartes ausgeben, um in denselben Hotels wie sie nächtigen zu können, auch als Süchtige denunzieren? Hier gilt als freie Entscheidung und gar als kennerschaftliches Verhalten, was nicht minder von einem Drang nach einem emotionalen Halt zeugt als im Fall der Fans volkstümlicher Musik, denen man umgekehrt also genauso zugestehen sollte, einfach nur ihr Menschenrecht auf ein sinnvolles Leben wahrzunehmen.

Obgleich weder die Infantilisierung noch das Ausmaß an Identifikation, das die von Hechenblaikner fotografierten Fans an den Tag legen, als Menetekel drohenden Kulturuntergangs interpretiert werden muss, ist den Verantwortlichen dieses konsumistischen Musik- und Eventmarketings ein anderer Vorwurf kaum zu ersparen. So nehmen auch sie die Fans – ihre eigenen Kunden – nicht ernst genug. Vielleicht ist ihnen klar, wie viel sie diesen bedeuten, aber im Zweifelsfall ist ihnen die Steigerung ihres Profits wichtiger als ein Bekenntnis zur eigenen Rolle als Seelentröster und Gefühlswärmelieferanten. Auch das bräuchte nicht negativ zu beurteilen sein, heißt es doch immerhin, dass die Notlage der Fans nicht ausgenützt werde, um sie zu missionieren oder mit fragwürdigen ideologischen Programmen zu indoktrinieren.

Schlimm ist es jedoch, wenn das Nicht-ernst-Nehmen der eigenen Anhängerschaft dazu führt, dass diese regelrecht bloßgestellt wird. So fällt bei vielen der von Hechenblaikner fotografierten Fans auf, wie sehr diese durch ihr Outfit ins Karikaturenhafte verzerrt oder körperlich geradezu entstellt werden. Zwar dürfte manches T-Shirt und das ein oder andere Accessoire selbstgebastelt sein und daher vor allem vom mangelnden Geschick der Fans zeugen, doch ist auch ein Großteil der käuflichen Artikel – vom Trachten-Verschnitt bis zum Wimpel – so gestaltet, dass sie diejenigen, die sich damit kleiden oder umgeben, ins Lächerliche ziehen. Vielleicht ohnehin schon mit einer Figur belastet, die gängigen Schönheitsidealen widerspricht, können Fans mit dem, was man ihnen zum Anziehen anbietet, also gerade nichts kaschieren; vielmehr werden Problemzonen systematisch weiter exponiert. Jemand, der in Alltagskleidung unauffällig wäre, erscheint in der schrillen Fan-Kluft nicht selten obszön, zumindest aber grotesk.

Man braucht hier keine Verschwörungstheorien in die Welt zu setzen, wonach es darum geht, eine Unterschicht ausdrücklich als solche kenntlich zu machen. Aber man darf zumindest zu dem Schluss gelangen, dass den Produzenten des Fanartikel-Konsumismus das Wohl ihrer Kunden nicht wirklich ein Anliegen ist. Eventuell stehen sie ihrem eigenen Tun selbst lustlos-distanziert oder gar, gelegentlich, leicht angeekelt gegenüber, so dass ein Spaß auf Kosten der Käufer noch am besten motiviert. Sich auszumalen oder im Nachhinein mitzubekommen, wie desavouiert jemand mit einem der schlampig oder überzogen designten Produkte aussieht, bereitet immerhin Schadenfreude.

Die Arbeit von Lois Hechenblaikner, der sich insgesamt den Ausprägungen des Tourismus und der Eventkultur widmet und dabei immer wieder auf neue Spielarten von Zynismus stößt, könnte – und sollte – dazu beitragen, dass künftig mehr Sensibilität gerade gegenüber den Milieus der Gesellschaft entwickelt wird, für die bestimmte Formen von Konsumismus in gesteigerter Weise von kompensatorischer und heilsstiftender Bedeutung sind. Wie es sich etabliert hat, empfindlicher auf Missstände zu reagieren, denen Arbeitskräfte während des Produktionsprozesses ausgeliefert sind, so sollte es auch zum Ziel erklärt werden, dass niemand mehr durch das Design von Produkten bloßgestellt wird. Für Produzenten und Händler sollte es selbstverständlicher Teil ihrer Verantwortung sein, unterprivilegierte Menschen nicht noch tiefer sinken zu lassen. Das gilt selbst dann, wenn man bei genauerer Untersuchung im Fall etlicher Fans zu dem Schluss gelangen sollte, dass ihnen durchaus bewusst ist, wie sehr sie mit ihrem Outfit und Verhalten unter ihr eigenes Niveau gehen, ja dass sie es vielleicht sogar genießen und gezielt anstreben, sich derb, peinlich und würdelos zu präsentieren. Dann kann man Produzenten und Händlern nämlich den Vorwurf machen, sie würden derartige Praktiken zumindest begünstigen, seien also schuld daran, wenn insgesamt Sitten verrohen. Was mancher mutwillig macht, färbt aber zwangsläufig auf andere ab, so dass letztlich die Schwächsten der Gesellschaft umso mehr in einen Status der Entwürdigung geraten.

Das ist noch schlimmer, wenn die Betroffenen auch nur vage spüren, dass sie schlecht behandelt werden. Ob ein Sänger nur mit Playback auftritt und dabei gar noch die Lippen falsch bewegt oder ob ein Trachtenteil nur aus Kunststoff gefertigt ist oder ob das Motiv auf einem T-Shirt schon nach dem ersten Waschen verblichen ist – in all solchen Fällen liegt nahe, dass der Fan bemerkt, wie sehr ihm das, was ihm eigentlich verheißen wird, zugleich vorenthalten bleibt. So ist der krampfhafte Wunsch, endlich etwas Sinn und Freude ins eigene Leben zu bringen, immer von Enttäuschung bedroht. Hechenblaikners Bilder zeigen auf beunruhigende Weise, wie sich gerade auf das, was für die Fans mit den stärksten Gefühlen verbunden ist, Zweifel legen und wie die stabilisierende Kraft, die ihre Idole ihnen sonst vermitteln, dadurch gänzlich schwindet. Am Ende steht dann eine weitere Demütigung und Schwächung, und wer ohnehin schon am Rand der Gesellschaft lebt, gerät noch weiter ins Abseits.

1. Benjamin Barber: *Consumed! Wie der Markt Kinder verführt, Erwachsene infantilisiert und die Demokratie untergräbt,* München 2007, S. 93.

2. Vgl. ebd., S. 91.

3. Peter Sloterdijk: *Sphären III. Schäume,* Frankfurt/Main 2004, S. 801ff.

Zünftige Musik aus dem Pressspan-Bauernschrank

Hans Well

Je weiter nördlich des Weißwurstäquators, desto zuverlässiger die Reaktion: Kaum stimmten wir Biermösln zu Beginn unserer Vorstellung eine Landler-Einleitung an, begann das Publikum wie auf einen Pawlowschen Reflex hin ironisch zu juchzen und zu schunkeln. Unfassbar, aber dieser notorische Bayern-Klischee-Juxreiz, die Verwechslung von Volksmusik mit volkstümlicher Musik, widerfuhr uns sogar an den abgelegensten Orten. In einer südafrikanischen Township zum Beispiel. Oder im Wiener Burgtheater.

Wieso es zu diesem Missverständnis kommt, ist unschwer zu erraten. Eine entscheidende Rolle für die Gleichsetzung von Volksmusik mit volkstümlichem Kitsch spielen vor allem die audiovisuellen Medien. Der *Grand Prix der Volksmusik,* die *Schlagerparade der Volksmusik* und andere „Formate" volkstümlicher Fernsehsendungen kapern den Begriff Volksmusik, weil er ein künstliches Produkt als traditionelle Volkskunst adelt und suggeriert: Hier singt das Volk.

Die mangelnde Fähigkeit vieler Deutscher, echte Volksmusik von volkstümlicher Musik zu unterscheiden, hat zudem auch regionale Gründe. Vor allem Oberbayern ist zusammen mit anderen Alpenregionen das Rückzuggebiet einer bäuerlichen Kultur, in der traditionelle Volksmusik noch existiert. Wo man, wie hier, das Original kennt, ist die Aversion gegen Kitsch ausgeprägter als in anderen Gebieten des deutschen Sprachraums.

Die Substanz volkstümlicher Musik besteht hauptsächlich aus alpenländisch überzuckerten Klischees. Wobei die Liedtexte nur mit einer leichten Dialektfärbung versehen sind, denn sprachliche Exotik soll die Zuhörer nicht abschrecken und damit den Umsatz mindern. Diese Musik ist dem Schlager und der Popmusik wesentlich näher als der originären Volksmusik. Sie besteht typischerweise aus einer Collage von Zitaten, die einen sofortigen Wiedererkennungseffekt garantieren soll. Wie die Schlagerbranche lebt die volkstümliche Musikszene vom Bedürfnis nach Illusionen, nach heilen Scheinwelten (in denen Scheine eine große Rolle spielen). Männer und Frauen spielen darin die Rollen, die sie in volkstümlichen Genres halt so spielen, Bezüge zur Realität müssen positiv sein oder sie finden nicht statt. Für Augenzwinkern und gute Stimmung sorgt der Alkohol, das wichtigste Instrument dieser originalen Musikanten ist die Musikanlage – für ein bäriges Playback. In ihrer Instrumentierung, den Arrangements und der Rhythmik gibt sich diese Musik traditionell. Gleichwohl werden, um den Anschein von Enge und Provinzialität zu vermeiden, aber auch gerne Zitate neuerer musikalischer Trends eingebaut – sofern sie eingängig und massentauglich sind.

Bei Gruppen wie den Zillertaler Schürzenjägern und ihren musikalischen Erben ist deutlich zu erkennen, wie sie, die Zielgruppe der inzwischen gealterten Rock-Generation im Visier, Elemente volkstümlicher Musik mit Phrasen der Rock- oder Popmusik vermischen. Wer allerdings durchs Zillertal fährt, bekommt einen Eindruck davon, wenn gemäß der Stadlpost „Heimat und Musik im Einklang sind", wie symbiotisch die Heimatmusik der „Zischü", „Die Mayrhofner" usw. zu den Betonjodlerbettenburgen und dem Gesicht eines durch Massentourismus deformierten Tales passt. Sie liefert die perfekte Tonspur zum Kahlschlag für Speicherseen und Parkplätze und vom Skizirkus verödetete Landschaften. Sie ist der stimmige Heimatsound zur Baumarkt-Schnäppchenkultur, zum zünftigen Pressspan-Bauernschrank vom Möbelparadies.

Musikalische Geräusche von Hansi Hinterseer, den Kastelruther Spatzen und Co. umgarnen die Hörnerven ihrer Fans wie ein Alpen-Burger von der Filiale neben der Tankstelle die Geschmackssinne der Fast-Food-Konsumenten.

Tümlich kommt, so hab ich's gelesen, von *so tun als ob*. Wer hier allerdings so tut, als ob, ist keineswegs das Volk, sondern eine geschäftstüchtige Industrie, und die tut so in bester Kumpanei mit öffentlich-rechtlichen oder privaten Sendern und cleverem Tourismusmarketing. Der volkstümliche Anstrich täuscht leicht drüber weg, dass es sich bei diesen lustigen Musikanten um ziemlich ausgefuchste Geschäftsleute handelt, die ihre Kundschaft mit ausgeklügelten Merchandising-Methoden abzocken. Die Fans ihrer Musik fallen drauf rein wie Kinder auf die bunten Verpackungen von Süßigkeiten. So gesehen müssten Lieder vom Hansi Hinterseer oder Andreas Gabalier eigentlich mit dem Warnhinweis versehen sein: „Für Diabetiker nicht geeignet".

Die Sehnsucht vieler Menschen nach Zugehörigkeit, Identität und Heimat – ein wachsendes Grundbedürfnis in Zeiten der Globalisierung – wird raffiniert ausgenutzt. Der ehemalige Unterhaltungschef des Bayerischen Rundfunks Hannes Böck äußerte bei einer Tagung der Tutzinger Medientage 1992: „Je schwerer und je kälter die Menschen die Welt erleben, (...) umso mehr entsteht das Bedürfnis bei vielen Zuschauern, dafür ein Äquivalent zu bekommen (...) Texte und Melodien sollen für wenige Stunden vom Druck der Realität ablenken."

Ohne gleich den Untergang des Abendlandes beschwören zu wollen: Aber der Niedergang unseres volksmusikalischen Erbes und seine Ablösung durch billigen Kitsch ist eher kein Zugewinn für unsere von Politikern so gern beschworene Leitkultur.

Aufmärsche der Protagonisten dieser Jodelhorrormonstershows wirken auf mich wie absurde Begegnungen der dritten Art. Sie stecken voll peinlicher Provinzialität und wirken dabei fast schon wieder komisch: so viel Originalitätsbeteuerung, so wenig tatsächliche Originalität. Bisweilen kommen mir tatsächlich Zweifel: Tümeln da im Fernsehen echte Menschen oder sind das Trachtenandroiden, die ohne Bühnenbeleuchtung und Strom fürs Playback sofort in sich zusammenfallen?

Leider weigern sich viele traditionelle Volksmusikanten, aus dem Heimatmuseum aus- und in die Lebenswirklichkeit einzutreten. Denn die traditionelle Volksmusik ist um Welten vielfältiger und reicher als ihr volkstümlich-einfältiger Abklatsch. Wer jemals Innviertler Landler, Gstanzl oder Jodler nach Art der Geschwister Simböck gehört hat, wird Punk für beschauliche Altherrenmusik halten und die Toten Hosen für zahnlose Dackel. Inzwischen hat sich nach Gruppen wie Goisern, unserer Biermösl Blosn, Aniada a Noar, Attwenger und anderen eine Szene junger Volksmusikanten formiert, die Traditionen unbefangen nutzen und sie bewahren, indem sie alle möglichen Musikstile einbeziehen – anders als die Volkstümlichen allerdings mit individueller Ausprägung und ohne Fixierung auf den Massengeschmack. Formationen wie Jütz, Herbert Pixner, Kofelgschroa, Federspiel und viele andere Volksmusikanten stehen für eine musikalische Klasse und Vitalität, die all die Gabaliers, Hinterseers, Kastelruther Spatzen und Juzis uralt ausschauen lässt.

Da muss doch irgendwo ein Fehler sein

Schriftliche Zusammenfassung eines Gespräches zwischen Lois Hechenblaikner und dem Hansi Hinterseer-Fan Monika S. aus Bayern, geboren 1962, Beruf: Verkäuferin; aufgezeichnet am 10.9.2009

Seine Musik ist ja auch gar nicht immer die meine. Früher habe ich die Rolling Stones und die Beatles gehört. Viel mehr als zwanzig Hansi-Hinterseer-Konzerte kann ich pro Jahr nicht besuchen, wegen der hohen Kosten. Kürzlich musste ich die Eintrittskarte für das Hinterseer-Konzert in Wien verkaufen, denn ich konnte mir die Reise nach Wien und das Hotel einfach nicht mehr leisten. Ich zahle 580 Euro allein für die Miete einer kleinen Zwei-Zimmer-Wohnung. Oft gehe ich samstags schon sehr früh am Morgen auf den Flohmarkt, um Sachen zu verkaufen, damit ich mir die Eintrittskarten für die Hinterseer-Konzerte finanzieren kann.

Als Hansi dieses Jahr in einer Kleinstadt nahe der polnischen Grenze auftrat, da habe ich erfahren, dass Hansi dort im Hotel „Goldener Hirsch" übernachtet. So habe ich dann auch dort übernachtet. Wir haben dann gemeinsam mit Hansi auch frühstücken dürfen. Meine Arbeitskolleginnen sagen, dass ich bereits weit oberhalb meines Kopfes spinne, weil ich so sehr dem Hansi hinterherlaufe. Ich weiß es nicht, was der Hansi mit uns Frauen macht. Viele sagen, der ist ein Schleimer und ein Depp. Mir ist das egal, wenn er mir hilft.

Es wird kaum irgendwelche normalsterbliche Menschen geben, die zum Hansi gehen, die zu Hause nicht irgendeinen Stress, Sorgen oder Kummer haben, egal welchen. Für die wenigen Stunden die ich beim Hansi bin, kann ich alle Probleme und Sorgen des Lebens vergessen und einfach nur glücklich sein. Zu Hause ist der Himmel grau, und wenn wir beim Hansi waren, da wurde der Himmel blau. Ich konnte da viel freier atmen.

Meine Vermieterin in Kitzbühel kennt eine Frau, die hatte immer wieder Depressionen gehabt. Die brauchte nur die Lieder von Hansi hören und ihn sehen, im Nu ging es ihr wieder gut. Sie sprach auch mit ihrem Arzt darüber. Der sagte zu ihr: „Na gut, wenn Ihnen das hilft, dann hören Sie doch einfach weiterhin diese Lieder vom Hansi". In ihrem Gästezimmer hatte sie förmlich einen Altar aufgebaut: Kissen mit Bildern von Hansi Hinterseer, Wecker mit dem Bild von Hansi Hinterseer, Bilderrahmen mit Hansi Hinterseer, Schlüsselanhänger mit Hansi Hinterseer und ein Foto von Hansi Hinterseer in ihrer Geldbörse. Stell dir mal vor, du bist mit so einer Frau verheiratet, da bist du ganz schön arm dran. Vielleicht hat sie inzwischen einen anderen Vogel.

Ja ich weiß, dass Hansi nicht singen kann und bei seinen Konzerten nur Playback singt. Einmal, da bin ich vorne bei der Bühne gestanden und da habe ich gesehen, wie falsch Hansi das Kufsteiner Lied gesungen hat. Das kann ja sogar ich noch besser singen. Aber all das macht nichts bei Hansi. Mein Sohn hat Hansi Hinterseer öfter gesehen als seinen leiblichen Vater. Hansi kennt meinen Sohn auch schon beim Namen.

Wenn ich unter Hansi-Hinterseer-Fans bin, wie zuletzt beim Konzert in Kitzbühel, wo ich dann auch zwei Wochen in dieser Stadt bleibe, dann geht es mir sehr gut. Doch wenn ich danach nach Hause fahren muss, spätestens ab dem Chiemsee werde ich depressiv. Zu Hause höre ich mir dann gleich eine CD von Hansi an, dann geht es mir wieder ein wenig besser. Ich bin ein Mensch, der das braucht. Denn der Hansi ist einer, den man braucht, wenn es einem schlecht geht. Mein Doktor sagt immer: „Wenn du einen Mann fürs Bett brauchst, dann stellst dich einfach auf die Straße, dort findest du sofort einen. Aber einen Mann fürs Herz zu finden, das ist sehr schwer." Dafür habe ich den Hansi. Ich täte aber keinen Hansi mehr brauchen, wenn du mir einen richtigen Mann schickst. Einen, der dich jeden Tag drückt und dir sagt, dass du ein gutes Essen gekocht hast.

Das Umfeld der Hansi-Fans ist für mich schon auch sehr wichtig. Man trifft sich immer wieder, geht gemeinsam auf Konzerte, man kennt sich. Meine Freundin geht auch mit auf die Fanwanderung von Hansi. Sie sagte einmal: „Wir zwei wissen zumindest, dass wir in dieser Hinsicht einen Vogel haben, aber die anderen achttausend, die da bei der Fanwanderung mitgehen, die wissen das wahrscheinlich nicht".

Was ich schon Strafzettel bezahlt habe nur wegen dem Hansi, nur weil ich wegen ihm zu schnell nach Kitzbühel gefahren bin. Einmal war ich im Auto nicht angegurtet, weil mein Sohn in die Hose machte. Da hatte mich die Kitzbüheler Polizei erwischt. Ohne Hansi wäre ich nie nach Kitzbühel gekommen. Man meint ja, in dieser Stadt leben nur Millionäre.

Vorgestern war ich in der Nähe von Nürnberg in einem Saturn-Markt. Da hatte Hansi eine Autogrammstunde abgehalten. Und je näher man dann zu ihm hinkommt, desto größer ist die Erwartung, dass er einem Aufmerksamkeit schenkt. Aber ich war diesmal sehr enttäuscht, weil man sich ja auch einbildet, dass der einen jedes Mal angrinsen soll. Einmal war er so, und ein andermal so unnahbar.

Fortsetzung der schriftlichen Zusammenfassung (Gespräch vom 16.7.2016; sieben Jahre später):

Heute interessiert mich die ganze volkstümliche Musik überhaupt nicht mehr. Als 2011 meine Mama gestorben ist, da war für mich auf einmal auch der Hansi nicht mehr da, er existierte nicht mehr für mich, das war wie abgeschnitten. Ich bin ja eigentlich durch meine Mama zum Hansi gekommen. Mein Sohn war mittags immer bei meiner Mama zum Essen, und dort ist immer eine CD vom Hansi gelaufen. Dann hatte ich meiner Mama Karten für Konzerte gekauft, und da bin ich dann auch immer mitgegangen. So hatte ich mich immer mehr in den Hansi hineingesteigert. Das ist nur so mit mir dahingegangen. Irgendetwas hat der erste Konzertbesuch bei mir ausgelöst. Weißt schon, die Liebe. Mein Sohn ist ohne seinen Vater aufgewachsen. Da hat man sich schon an etwas festgehalten.

Als dann meine Mama gestorben war, kaum war der Sargdeckel zu, da war auch der Hansi für mich nicht mehr interessant. Am Sterbebett, als meine Mutter nur noch ganz schwach atmen konnte, da hatte ich ihr noch ein Bild vom Hansi und vom Papa hingestellt. Dann hatte ich ihr noch ein Lied von der Hansi-Hinterseer-Weihnachts-CD vorgespielt. Ich weiß es noch genau, beim Lied Nr. 15 oder 16, ich glaube das Lied heißt *Schlaf´ ganz ruhig,* da ist meine Mama dann friedlich eingeschlafen. Das war am Vormittag des Heiligen Abend 2011.

Früher sind wir sogar extra zum Wildpark nach Aurach bei Kitzbühel gefahren, nur um den Hansi zu sehen. Wenn wir das Glück hatten ihn zu sehen, dann habe ich sofort meine Mama angerufen und ihr gesagt: „Mama, wir haben ihn gesehen!" Dann hat auch meine Mama gejubelt, weil wir gerade einen Tag erwischt hatten, wo wir den Hansi sehen konnten. Trotzdem dass meine Mama vor Ort nicht mit dabei sein konnte, war das für sie eine große Freude am Telefon zu erfahren, dass wir den Hansi sehen konnten. Beim Saturn-Markt, bei der CD-Vorstellung vom Hansi, da lernte ich eine Kinderpsychologin kennen, die auch wegen eines Autogramms mit mir in der Schlange stand. Wir hatten uns daraufhin etwas angefreundet. Ich rief sie auch vom Wildpark Aurach aus an, dass ich den Hansi gesehen habe. Daraufhin war sie so eifersüchtig und sauer, dass sie sich nie mehr bei mir gemeldet hat. Es kann doch nicht sein, dass man so verrückt ist? Und dann ist sie eine Kinderpsychologin auch noch.

Heute ist mir schon klar, dass manches nicht richtig war, wie ich mich früher verhalten habe. Ich hatte Einladungen zu Geburtstagsfeiern abgesagt, nur weil ein Konzert von Hansi für mich wichtiger war. Wer sich zwanzig Mal im Jahr dasselbe Konzert anhört, da muss doch irgendwo ein Fehler sein. Meine frühere Chefin sagte, ich war bereits am Montag schon nicht mehr ansprechbar, wenn am darauffolgenden Wochenende ein Auftritt von Hansi Hinterseer war.

Ich schaue mir heute nicht mal mehr eine Fernsehsendung mit Hansi an. Ab und zu google ich schon noch und schaue, wo er gerade ein Konzert hat, aber das geht heute spurlos an mir vorbei. Leid tut mir der Hansi heute nicht. Der hat sich seinen Beruf doch selbst ausgesucht. Damit muss er dann schon selbst zurechtkommen, mit all den verrückten Weibern, die ihm da nachlaufen. Wer A sagt, der muss auch B sagen.

How does folk music sound in a photograph?

Martin Hochleitner

Since 1994 in his native Tirol Austrian artist Lois Hechenblaikner has followed, observed and photographically recorded folk music concerts and the fan culture that goes with them. For his book *Volksmusik* he selected 80 photographs from the total of close to 3,000 images he has produced for this long-term project to date. Hechenblaikner himself has decided the order in which these appear in the book. Beginning with anonymous masses of fans at open air concerts, the volume then hones in on individual, in part rather quaint, scenes and types of gigs, before finally placing the focus on specific fans, who are here portrayed individually, in pairs or small groups. Although Hechenblaikner came up with a special layout for the book, it nevertheless corresponds with the way in which the series evolved: It reflects the changes that took place over time in what attracted the artist's attention while following this musical genre and the milieu that accompanies it. Over the course of making these portraits Hechenblaikner, inspired by the conversations and exchanges he had with the fans as he photographed them, began to take an interest in what had motivated each of them to visit the concerts. Or, to put it differently: By observing these people photographically, Hechenblaikner's interest in their respective stories began to grow. In some cases he has to this day continued to follow the one or other life story, and these personal narratives have become another important facet of his work complex.

As much as the anonymous mass of fans turned into a group of individuals as the project progressed, the separate portraits still form a typology in terms of the poses the persons shown here assume, their outfits and the accessories they sport. What's more, their stories follow particular patterns. It is the similarities between these "typical" fans that turn these individual persons into members of a collective or mass. In this sense the music players and the venues at which they perform must be understood not just in specific but also in typological terms. And even though it would be possible to execute similar such projects in different regions or in the context of sports events or other mass gatherings, the images in this book, as a whole, reveal the extent to which Hechenblaikner reflects on his own home country in this series. What he documents here is the story of the loss of cultural identities and the excrescences of a marketing-driven, hyped imitation of folkloric traditions. *Volksmusik* thereby forms a consistent continuation of the focus of Hechenblaikner's work as developed in his previous books, including *Off piste* (2009), *Winter Wonderland* (2012) and *Hinter den Bergen* (2015).

*

In retrospect it seems like a lucky coincidence that Hechenblaikner's invitation to contribute a text to this volume in autumn 2015 coincided with the 25th anniversary of the first broadcast of the "Piefke-Saga" by Felix Mitterer in the year 1990. Hechenblaikner's photographs instantly conjure up particular scenes and at the same time underline the visionary character of the film series. Much of what seemed absurd and abstruse at the time has since come to pass, and is documented as reality in Hechenblaikner's photographs.

A second, personal coincidence brings together the progression in terms of perspective in the artist's work and my own professional move from Landesgalerie Linz to Salzburg Museum. This touches both upon the medium of photography itself as well as on the reception and impact as well as the traditional and misinterpretations of folkloric cultures. At Landesgalerie Linz, an institution with an explicit focus on modern and contemporary art, photography (in particular as regards portrait and landscape work), forms a core element in the exhibition program. By contrast, Salzburg Museum is the oldest and most comprehensive institution collecting works attesting to Salzburg's artistic and cultural history. In accordance with this profile, the museum's large collections of photographic recordings, where images have been tagged with topographic, biographical and cultural-historical terms, along with the extensive folkloric cultural collections open up fundamental questions on the shifts in and the status quo of a cultural landscape. Hechenblaikner's oeuvre to date deals with many of these issues through photographic images while consistently highlighting the precarious conditions prevalent in his home region of Tirol in terms of the interfaces between nature, tradition, old customs and tourism. His photographs are expressions of his personal meditation on history and stories, people and cultures; they can be linked to important artistic positions and core themes addressed in the medium and of its history: For example to the photographic encounter between Walker Evans and the American rural population in the 1930s and the related tradition of developing approaches in the photographic genre that are both documentary and socio-critical at the same time.

The thought experiment as to which specific contribution Lois Hechenblaikner could have made to the curatorial concept of the legendary "New Topographics" exhibitions of 1975 is quite appealing, especially when considering the show's programmatic subtitle "Photographs of a Man-Altered Landscape". For don't his images provide an exceptional and rather profound account of the radical man-made changes that have been made to the Alpine landscape? Of the fault lines between exposed natural habitats, landscapes that inspire romantic longing and Alpine leisure zones; of transitory places between nature and destruction; of heartbreaking scars left in the landscape by constructional interventions, events and happenings held in the mountains, of masses of people and their consumption of Alpine regions?

Volksmusik cues its approach to portraiture by taking precisely this line of questioning. Hechenblaikner photographs people in a concentrated, often frontal view as they hold direct eye contact with the camera. This direct view turns the individuals portrayed with an analog large-format camera into direct agents, protagonists and symptoms of the development highlighted. The portrait encapsulates all of the multifaceted stages in the evolution of this project and its underlying concepts in a single image.

*

The work of August Sander (1876-1964) provides an exceptional point of orientation to the history of photography in general, and to portrait photography in particular. Hechenblaikner also found that his personal discovery of and ever closer preoccupation with Sander's work was crucial to the development of his own methodology. He is still fascinated by the decision Sander took in the 1920s to record the people sitting for his epochal work "People of the 20th Century" as "types" rather than individuals and to further abstain from listing their names. Hechenblaikner's photographs work as anonymous portraits of *typical* fans. At the same time they are also portraits of people the artist knows by name, and he has listened to their aspirations, motivations, problems and desires – he knows them on a personal level. At this point Hechenblaikner touches on a further question historically central to the reception of Sander's portfolio work "People of the 20th Century", namely regarding status and perception of the persons photographed: Sander's aim was to record an entire society in photographic images. For this very reason he also aimed to safeguard the dignity of the people he photographed. And this notion should be explicitly mentioned. For in recent years, we have seen sitters being downright instrumentalized in any number of photographic series. By contrast, Lois Hechenblaiker's work never exhibits a hierarchy of the gaze. The people he portrays are individuals who have been recorded in photographs, but never a photographer's objects.

*

The agents of commercial folk music have thus far been deliberately excluded from these deliberations. For as much as the fans might be focusing on actual persons or groups, their "stars" remain interchangeable and arbitrary as temporal and social phenomena. Yet to the star's own (often considerable financial) advantage, they fulfil and satisfy their fans' in part very strong emotional needs and projections, and these can in fact contribute to the fans' sense of identity. The stars are symptoms of an entertainment industry operating in the Alpine regions; they are a reflection of a loss of quality through mass tourism, events, consumption and commercialism as well as a manifestation of a brutal appropriation and reinterpretation of traditions. This is not an issue for many people. They follow their idols and become part of productions that in Hechenblaikner's photographs appear almost like depictions of biblical scenes (such as the Sermon on the Mount). Hechenblaikner's intensive and longstanding work on the subject then manages to photographically describe the sound of commercialized folk music, while revealing silence to be a possible form of outcry or protest. The artist silently provides us, his audience, with an insight into his personal criticism of the prevailing circumstances.

Countering arrogance and cynicism: On Lois Hechenblaikner's photographs of folk music fans

Wolfgang Ullrich

Accusing our current product and advertising world of infantilizing society is a popular theme among the culture pessimists. This topos gained prominence through the work of US political scientist Benjamin Barber. Having first taken the stage with his consumerism-critical manifesto *Jihad vs. McWorld* in 1995, in his book *Consumed!*, published in 2007, he argued that the overabundance of choice had led to a reversion in terms of mindset and turned citizens into children. Barber believes the message being permanently broadcast by the consumer goods industry is the promise that everything can be easy rather than difficult, simple rather than complicated, fast rather than slow. This, he found, promoted an "infantile dream-worldview, where one just had to say: 'I want it to be this way' for things to be that way."[1]

Barber cites numerous examples in his book as evidence for his theory on the triumph of convenience. In the process, he also looks at the consumption of music and bemoans the fact that all forms of entertainment music are currently more popular than the (more demanding) genre of classical music.[2] Yet Barber disregards several aspects in his analysis; most importantly, he does not look for alternative reasons underlying the phenomenon he describes – and he also doesn't address concurrent interpretations. For example, other interpreters of the zeitgeist see childishness as a privilege and interpret infantilization as progress of sorts and a sign of our being spoilt in prosperity. Peter Sloterdijk believes that affluent consumer society assumes the mothering role of an "alma mater", allowing humans to become cared for like infants, returned to a sheltered primordial state and enjoying abundant "motherly energies" or even a life in the "comfort greenhouse".[3] According to this line of reasoning, infantilization should not be equated with decadence but rather a matter of being able to afford it!

Looking at those of Lois Hechenblaikner's photographs where he focuses on the audience – and in particular the fans – of folk music from Tirol, we will find ourselves actually reaching yet another set of conclusions. Even though these images showing grown women with pacifiers and adult men with cuddly toys may inevitably lead us to diagnoses of infantilization, they do make it abundantly clear that the reason these people reach for such extreme accessories lies neither in laziness nor in their being spoiled by affluence. On the contrary, we see human beings whose lives evidently involve little beauty. Most of them give the impression of being socially deprived, disappointed and overstretched and having received little education. Did they not in fact become fans precisely because this provided them with a sense of belonging and intimacy that they were unable to obtain anywhere else? The sphere of musical stagings of home-sweet-home and patriotic or cute merchandising articles allows them to escape the imperatives of a performance-oriented society for a short while. This is a place where as an exception they are spared failure and loss, one that provides respite from their adult existence.

Barber underestimates the fact that fleeing into childishness provides that last opportunity for some people to find a little bit of bliss in their otherwise bleak lives and overlooks the social, even therapeutic, or at the very least palliative role played by products and events offering harmony, cheerfulness, the feeling of home, mellifluousness or loyalty. And Sloterdijk assumes the preconditions to be far more positive than they often are and sees infantilism as the amplification of an already pleasant life, thereby discounting it as a luxury rather than a necessity. Neither seems to give much thought to the possibility that this regressive behavior may express extreme emotional need.

However, most of those attending performances by protagonists of the folk music genre, acquiring traditional costumes, T-shirts, bedding or coffee mugs in fan shops and investing considerable proportions of their income in taking part in the lives of their idols as often and intimately as possible do in fact have serious and sobering reasons for doing so. As much as Hechenblaikner's photographs may at first glance illicit a certain amount of arrogant contempt, a closer look will reveal the socio-political importance this commercial world of music and feelings holds. If figures such as Hansi Hinterseer or the diverse groups from the Ziller valley did not exist, many of their passionate fans would be even more unstable than they already are. It is precisely because this kind of folksy music possesses no special quality – as experts of both musical science and European ethnology have stated time and again – that it becomes all the more essential to those who find everything else too challenging, complex, or laden with prerequisite knowledge. It is their last – and often only – chance, which is why they cling so stubbornly to this final possibility for investing their life with a bit of meaning and happiness. When Hechenblaikner asks fans to pose for his photographs and they suddenly find themselves the center of attention, it becomes clear just how comprehensively they fit themselves out with anything that serves to create a sense of identification and attest to it.

This of course instantly gives rise to the next critical argument declaring these fans addicts, seduced by brazen profiteers and dealers of bad taste. But would we decry the supporters of particular opera singers or pianists – who equally travel long distances in order to see their idols perform at different stations of the latter's tours or spend their savings to sleep in the same hotels as their heroes – as addicts? In such cases this kind of behavior, which bears witness to a desire for emotional stability just as much as that of folk music fans does, is generally seen as a voluntary decision and even as an act of connoisseurship. By the same token, we should just as much concede the human right to a meaningful life when it comes to fans of folk music.

Even though neither the infantilization nor the extent of identification with their idols which the fans photographed by Hechenblaikner exhibit need necessarily be read as portending the imminent demise of our culture, those responsible for the consumerist music and event marketing involved here cannot however be spared being reproached for something else. Namely, that they do not take the fans – their very own customers – seriously enough. Whether or not they realize how much their products mean to the fans, they certainly are more interested in maximizing their profit than they are in acknowledging their own role in providing consolation and comforting feelings. This would not necessarily need to be judged negatively either, as it does at least mean that the fans' needs are not exploited in order to proselytize or indoctrinate them with questionable ideological programs.

But the situation turns sinister when not taking one's own devotees seriously results in their being made to look like downright fools. What becomes evident in the cases of many of the fans photographed by Hechenblaikner is the extent to which these outfits deform their bodies, sometimes making them look like grotesque caricatures. Of course some T-shirts and the one or other accessory seen in these images will be homemade, attesting to the fans' lack of craft skills, but the great majority of the purchased articles (from imitations of traditional costumes to pennants) have also been designed in such a way that they will expose those wearing or surrounding themselves with these items to ridicule. If they are already burdened with possessing a physique diverging from commonly held ideals of beauty, fans will find themselves unable to conceal any physical "problem zones" they might have – in fact, these are systematically exposed and highlighted. Some people who would look inconspicuous in clothes for everyday wear not seldom appear obscene or at least grotesque in such garish fan outfits.

This does not call for conspiracy theories that claim this to be about making those who belong to the lower classes explicitly identifiable as such. Yet it is still possible to deduce that the producers of fan article goods do not really prioritize their customers' well-being. Maybe they themselves have an unenthusiastically distanced stance towards their product or even sometimes feel slightly disgusted by the market they serve, so that their activity becomes motivated by making a joke at someone else's expense if by nothing else. Imagining or realizing in retrospect just how compromised someone else will look in a badly designed or totally exaggerated product will at least give rise to a certain amount of schadenfreude.

Lois Hechenblaikner's work, which he dedicates to the manifestations of tourism and event culture, finding within his subject matter ever new displays of cynicism, could (and indeed must) help increase a sensitivity towards those social milieus that find a greater degree of compensatory and salvific meaning in certain forms of consumerism. In the same way we have become accustomed to reacting more sensitively to grievances to which workers are subjected during the production process, we should declare it a goal that no one be humiliated through the design of products. It ought to be an intrinsic aspect of the work of both producers and vendors to ensure that underprivileged persons are not debased any further. This is true even if on closer inspection one might establish that in the case of many fans they actually know just how strongly their outfits and behavior is below them, indeed that they possibly even enjoy the fact and consciously seek to present themselves in a crass, embarrassing and undignified vein. Then one can at least accuse the producers and vendors of pandering to such an audience, and therefore being guilty of contributing to the gradual erosion of social mores. What the one or other does deliberately invariably rubs off on the others so that in the final instance the weakest in society have the status of being stripped of any dignity.

This in turn is even worse if the persons in question have even a vague feeling of being treated badly. Whether this pertains to a singer merely performing to playback, possibly even miming the wrong words, or a costume being made entirely from plastic, or the print on a T-shirt fading in the first wash – all these cases lead to the fan realizing that they have been denied what they were promised. The desperate desire to invest one's life with a little bit of meaning and joy is then always threatened with disappointment. Hechenblaikner's photos show, in a disconcerting way, how it is precisely what the fans feel the most strongly about that is then undermined by doubt. The stabilizing energy they usually gain from their reverence is thereby entirely negated. This ends in a further humiliation and weakening, and those already living on the margins of society are pushed even further onto the periphery.

1. Benjamin Barber: *Consumed! Wie der Markt Kinder verführt, Erwachsene infantilisiert und die Demokratie untergräbt,* (Munich, 2007), p. 93.

2. See ibid., p. 91.

3. Peter Sloterdijk: *Sphären III. Schäume,* (Frankfurt/Main, 2004), pp. 801ff.

Jocose music and farmhouse furniture made from particle board

Hans
Well

The further north of what is locally referred to as the "Weisswurst equator" we traveled, the more commonly we encountered the following response: As soon as we, the Biermösln group, began playing our "Landler", the audience began to sway, or as we would say in Bavaria, "schunkel" to the music and emit ironic whoops. Incredibly we encountered this notorious itch to conform to the cliché about Bavaria and the tendency to confuse traditional folk music with folksy sounding music even in the most remote of places. For example in a South African township. Or at the Burgtheater, the Imperial Court Theatre in Vienna. It is hard to guess just why this misunderstanding arises time and again. It is the audio-visual medium first and foremost that plays a crucial role here, as it tends to equate traditional folk music with popular folksy kitsch. The *Grand Prix der Volksmusik, die Schlagerparade der Volksmusik* and other TV "formats" have hijacked the term folk music because it ennobles a contrived product as traditional folk art while suggesting that what we are listening to is actually the voice of the people.

The inability many Germans have when it comes to differentiating between real folk music and folksy sounding music can also be attributed to regional differences. Upper Bavaria and some other Alpine regions are the only areas where a particular type of peasant culture lives on and traditional folk music is still played. In places such as these, where people are familiar with the original version of this kind of music, the aversion to kitsch is more pronounced than in other areas of Germany, Austria and Switzerland.

Folksy sounding music is based for the most part on saccharine clichés on Alpine living. In this genre, song texts are performed with only a hint of dialect, as the makers of this type of music do not want to lose listeners – and in turn revenue – over linguistic exoticism. This music is more closely related to popular chart music and Pop than it is to original Alpine folk music. Typically, it rattles off a mélange of citations geared at instant recognizability. Similar to the German Schlager pop music industry, the folksy music scene subsists on the desire for illusions, for ideal make-believe worlds (and it is generally driven by the wish to cash in on this longing). In this scene, men and women play the roles they always play in folksy spectacles, and reality must be referenced in a positive way or not at all. Alcohol ensures good humor and a raucous mood, and the most important instrument of these enterprising musicians is the stereo – to which they perform a stupendous lip-sync. This music aims to sound traditional in terms of its instrumentation, arrangement and rhythm. At the same time, more recent musical trends are readily included in order to avoid seeming limited and provincial – as long as these are catchy and suitable for mass markets. It is easy to see how groups such as the Zillertaler Schürzenjäger and their musical offspring mix elements of folksy music with phrases lifted from Pop or Rock in order to reach their target audience, the now aging Rock generation. Those driving through the Ziller valley will gain a sense of what it's like when, as the Stadlpost likes to call it, "home country and music are in harmony with each other", and of just how symbiotic the country music of "Zischü" and "Die Mayrhofner" is with the gigantic concrete yodeler dormitories and the face of a valley disfigured by mass tourism. For it provides the perfect soundtrack to the deforestation carried out in order to make space for reservoirs and car parks and to the landscapes ravaged by the ski circus. It is country music that fits this land of home improvement bargain-hunter culture, with its hokey particle board farmhouse furniture from the XXL interiors store, to a T.

The musical noise of Hansi Hinterseer, the Kastelruther Spatzen and the like caress their fans auditory nerves in the same way an Alpine burger from the chain store next to the petrol station caresses the taste buds of a fast-food consumer.

This is make-believe country music, music that *feigns* to be the real thing. And it is in no way the people who are generating this make-believe, but a shrewd industry sector, whose make-believe is propagated by its chums in the public and private radio stations and by smart tourist marketeers. The country-esque veneer hides the fact that these cheery musicians are actually rather cunning business people that rip off their customer base with sophisticated merchandizing methods. And the fans of this type of music fall for their tricks like children for colorful sweets packaging. In this sense, the songs of a Hansi Hinterseer or Andreas Gabalier should actually carry the warning: "Not suitable for diabetics".

The desire for belonging, identity and home that many people feel – a growing and basic need in times of globalization – is ingeniously exploited here. At a convention held in the context of Tutzinger Medientage in 1992, Hannes Böck, the former head of entertainment at Bavarian public-service radio and television broadcaster Bayerischer Rundfunk, commented: "The more difficult and cold people experience the world to be (...) the more many viewers feel the need to find an equivalent to this (...). They want text and melody that distracts them from the pressures of reality for a few hours."

Without wanting to conjure up the decline of the West: The diminution of our country music heritage and the genre's supersession by cheap kitsch seems less advantageous for the Leitkultur our politicians are so eager to uphold.

Mass gatherings surrounding the protagonists of these yodel horror monster shows always seem like absurd close encounters of the third kind to me. They drip with embarrassing provinciality, and at times appear almost comical with their desperate assertions of originality and near total lack of actual originality. Sometimes I do begin to wonder: Are those real people we see on TV, or are they androids in pseudo-traditional garb that will slump and deflate as soon as the stage lighting and the electricity for their play back is turned off?

Sadly, many traditional folk musicians refuse to step out of the museum of local history and into the everyday reality we all share. Because traditional folk music is, in terms of its diversity and musical wealth, worlds apart from the meager imitation that is commercialized après-ski folk. Those encountering the music of the Innviertler Landler, Gstanzl and the yodelers in the vein of the Simböck siblings for the first time will come to see Punk as rather placid and sedate and groups such as the Toten Hosen as somewhat insipid. Following the footsteps of groups such as Goisern, Die Biermösl Blosn, Aniada a Noar, Attwenger and others, a scene of younger Alpine folk musicians has formed that uninhibitedly draws on the region's musical traditions by including as many musical styles as possible – however, in contrast to the nostalgic pseudo-folk, they do so in their own very distinct ways and without focusing on what might be most suitable to mass tastes. Formations such as Jütz, Herbert Pixner, Kofelgschroa, Federspiel and many other folk musicians stand for a musical class and vitality that made all the Gabaliers, Hinterseers, Kastelruther Spatzen and Juzis look fairly foolish in comparison.

There must be something wrong somewhere

Written summary of a conversation between Lois Hechenblaikner and a fan of Hansi Hinterseer by the name of Monika S. from Bavaria, born 1962, profession: salesperson; recorded on September 10, 2009.

His music hasn't always been my style. I used to listen to the Rolling Stones and the Beatles. I can't attend many more than twenty Hansi Hinterseer concerts a year because it costs too much. Recently I had to sell my ticket for the Hinterseer concert in Vienna because I simply couldn't afford to pay for the journey to Vienna and a hotel there. I pay 580 euros just to rent a small two-room apartment. On Saturdays I often go to the flea market very early to sell things to help me pay for tickets to Hinterseer concerts.

When Hansi gave a concert in a small town near the Polish border earlier this year, I found out that he was staying in the Goldener Hirsch hotel, so I decided to stay there too. That meant we were also able to have breakfast with Hansi. My colleagues at work say that I am out of my mind following Hansi so much. I don't know what Hansi makes of all us women. Many people say he is slimy and a bit of an idiot, but it makes no difference to me as long as all this helps me.

I imagine that among us mere mortals who turn to Hansi, there is not one who doesn't have some kind of stress, worry or heartache at home, whatever it might be. For those few hours when I'm around Hansi, I am able to forget all the problems and worries of my life and just be happy. At home the sky is grey, but around Hansi we found it became blue. I was able to breathe much more freely there.

My landlady in Kitzbühel knows a woman who had always suffered from repeated bouts of depression. She needed only to listen to Hansi's songs and to see him, and in an instant she felt better again. She even talked to her doctor about this. He said to her: "Very well, if that helps you then just keep listening to Hansi's songs." In her guest bedroom she literally created an altar: cushions with pictures of Hansi Hinterseer, an alarm clock with a picture of Hansi Hinterseer, photo frames with Hansi Hinterseer, keyrings with Hansi Hinterseer and a photo of Hansi Hinterseer in her wallet. Imagine being married to a woman like that, how unfortunate! Perhaps she's found herself another chap by now.

Yes, I know that Hansi can't sing and just mimes at his concerts. Once, when I was at the front near the stage, I saw how badly Hansi sang the "Kufsteiner Lied". Even I could sing it better than that. But none of that matters with Hansi. My son has seen Hansi Hinterseer more often than his biological father. Hansi even knows my son by name.

When I'm among Hansi Hinterseer fans, as I was recently at the concert in Kitzbühel, where I then spent two weeks, I feel really good. But when I have to go home afterwards, I start to get depressed again, by the time I get to Chiemsee at the latest. Once at home I immediately put on a CD by Hansi, and then I feel a bit better again. I'm someone who needs that. Hansi is someone you need when things aren't so good. My doctor always says: If you need a man for your bed then just go out onto the street – you'll find one immediately there. But finding a man for your heart – that's a lot harder. I've got Hansi for that. But I wouldn't need Hansi anymore if you gave me a real man, one who each day gave you a squeeze and said you'd made a good dinner.

The environment of the Hansi fans is also very important to me. We meet again and again, go to concerts together, know each other. A girlfriend of mine is also a Hansi fan. Once she said: At least we both know that we've got a screw loose in this regard, but the other eight thousand on the fan trail probably don't know it.

I dread to think of what I've already paid in fines because of Hansi, simply because I drove too fast to get to Kitzbühel to see him. Once I wasn't wearing my seatbelt in the car because my son had wet himself. The Kitzbühel police caught me that time. Without Hansi I would never have come to Kitzbühel. People say only millionaires live in this town.

The day before yesterday I was in a Saturn store near Nuremberg, where Hansi was signing autographs. The nearer you get to him, the greater the expectation that he'll pay you some attention. But this time I was very disappointed, because you imagine that he's going to grin at you every time, but sometimes he does and other times he's more unapproachable.

Continuation of the written summary
(conversation on July 16, 2016; seven years later):

These days I'm no longer interested in the whole popular music scene. When my mum died in 2011 I found that all of a sudden Hansi was no longer there for me, it was like he no longer existed for me, as if he had been cut off. It was actually through my mum that I found Hansi. My son always went to my mum's house for lunch, and a Hansi CD was always playing there. Then I bought my mum tickets for concerts and I started going along to them too. So I got more and more into Hansi. With me it just happened like that. The first concert I went to just triggered something within me. Love, you know. My son grew up without his father, so this was something to cling to.

Then when my mum died, no sooner was the coffin closed than Hansi was no longer of any interest to me. At my mum's death bed, when she was struggling to breathe, I showed her a picture of Hansi and of my dad. Then I played her another song from the Hansi Hinterseer Christmas CD. I still remember exactly, it was song number 15 or 16, I think it's called "Schlaf' ganz ruhig", and my mum fell into a peaceful sleep. That was the morning of Christmas Eve 2011.

Previously we had even made an extra trip to the wildlife park in Aurach near Kitzbühel, just to see Hansi. When we were lucky enough to see him, I immediately called my mother and said to her: "Mum, we saw him!" And then my mum celebrated too, because we had managed to grab one day when we could see Hansi. Even though my mum was not able to be there in person, it made her really happy to hear over the telephone that we had been able to see him. At the Saturn store, at the presentation of Hansi's CD, I met a child psychologist who was standing in the queue waiting for an autograph with me. We subsequently became quite good friends. I called her from the wildlife park too, to tell her that I had seen Hansi, but afterwards she was so jealous and sulky that she never got in touch with me again. How can it be that people are so crazy? And she was even a child psychologist!

Now it's clear to me that something wasn't right in the way I behaved before. I turned down invitations to birthday parties simply because a Hansi concert was more important to me. Anyone who goes to the same concert twenty times in a year must have something wrong somewhere. My former boss said that it was hard to talk to me even on the Monday before a weekend when I was due to see Hansi Hinterseer.

These days, I no longer watch any TV programs with Hansi in them. Now and again I search online to see where he's giving a concert, but it no longer has any impact on me. Today I don't feel sorry for Hansi at all. He chose to do his job after all, so he just has to deal with all the crazy women that follow him around. As you make your bed, so you must lie in it.

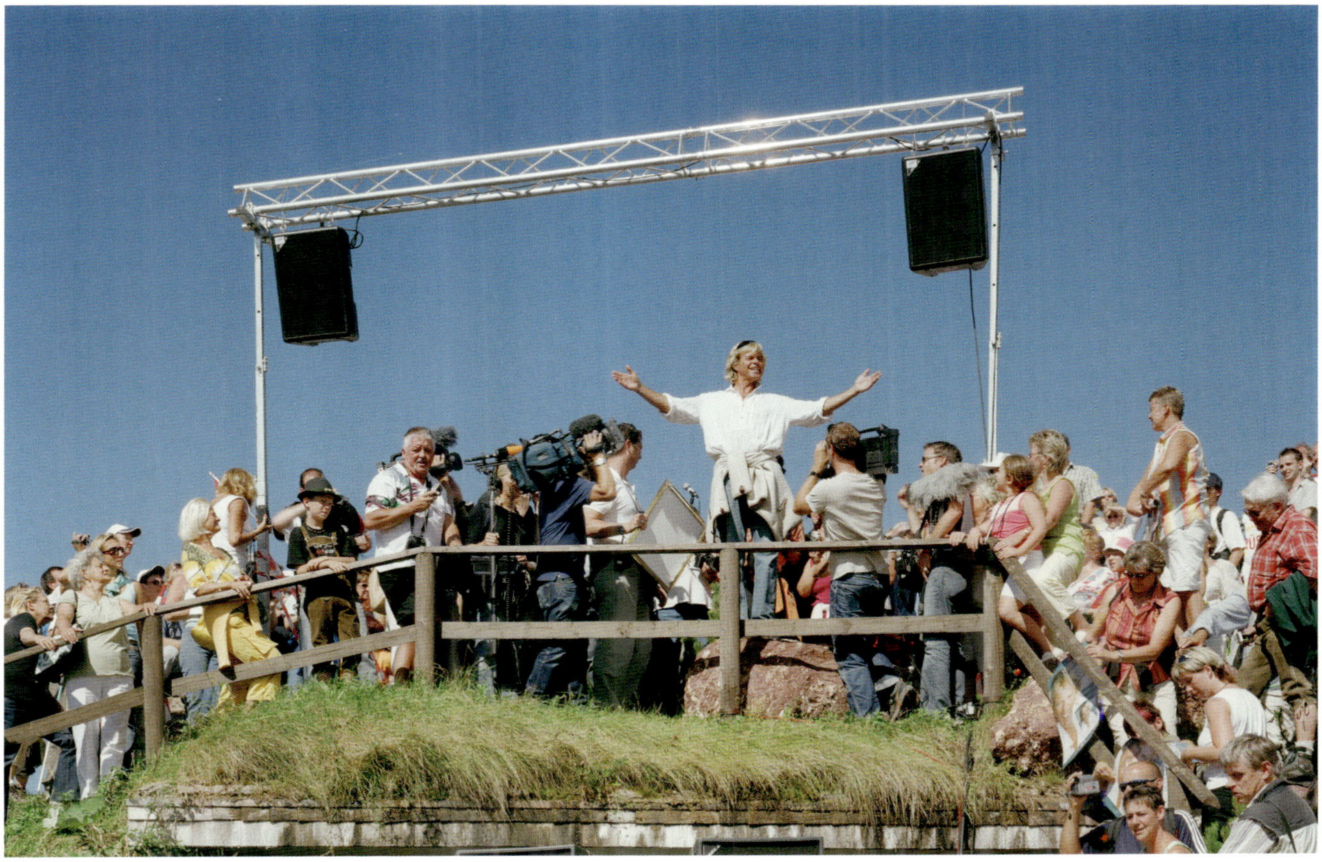

Hansi Hinterseer Fanwanderung
Hansi Hinterseer fan hike

Kitzbühel, Hahnenkamm, 21.8.2007

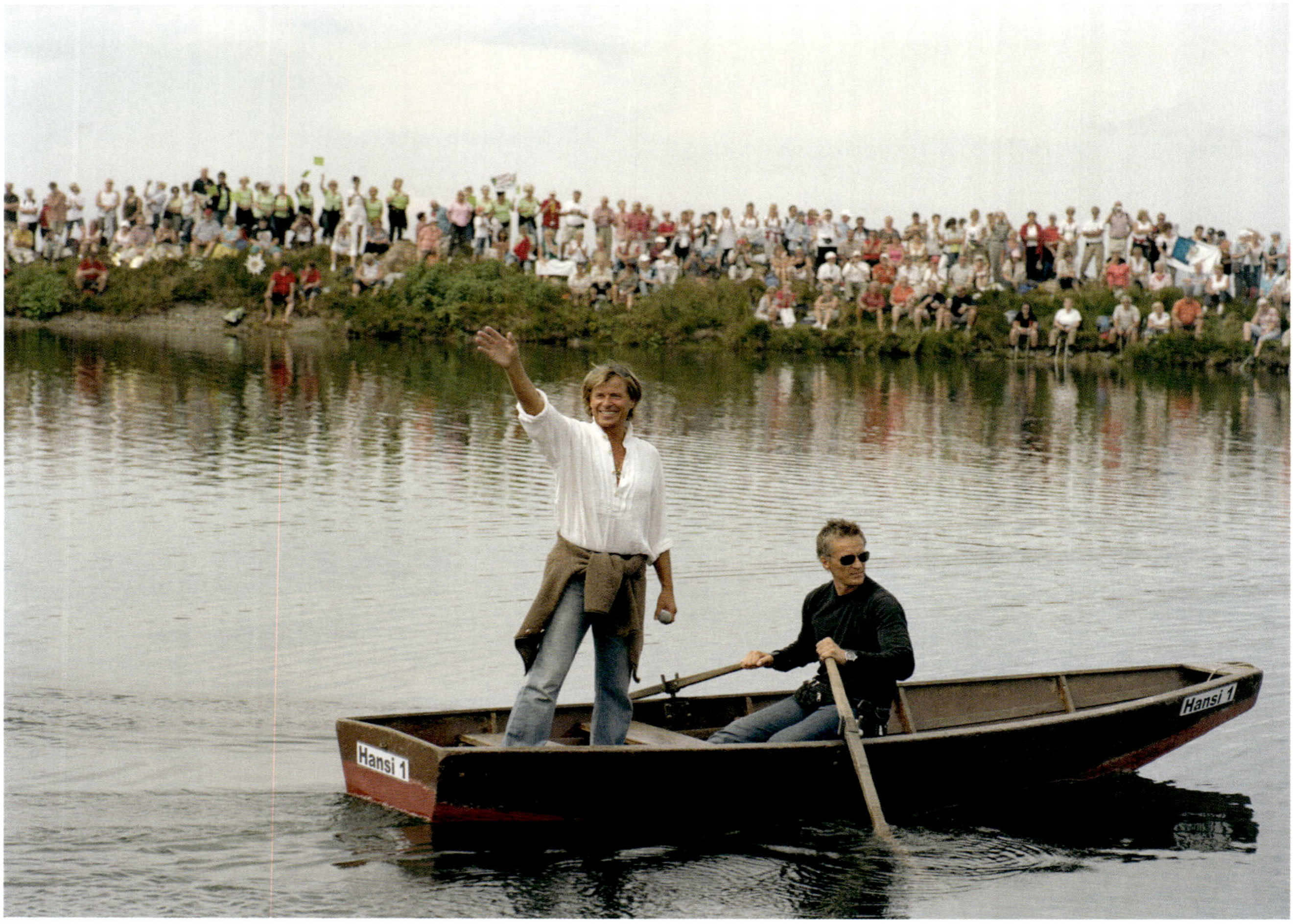

Hansi Hinterseer Fanwanderung, Kunstschnee-Speicherteich
Hansi Hinterseer fan hike, artificial snow reservoir

Kitzbühel, Hahnenkamm, 21.8.2007

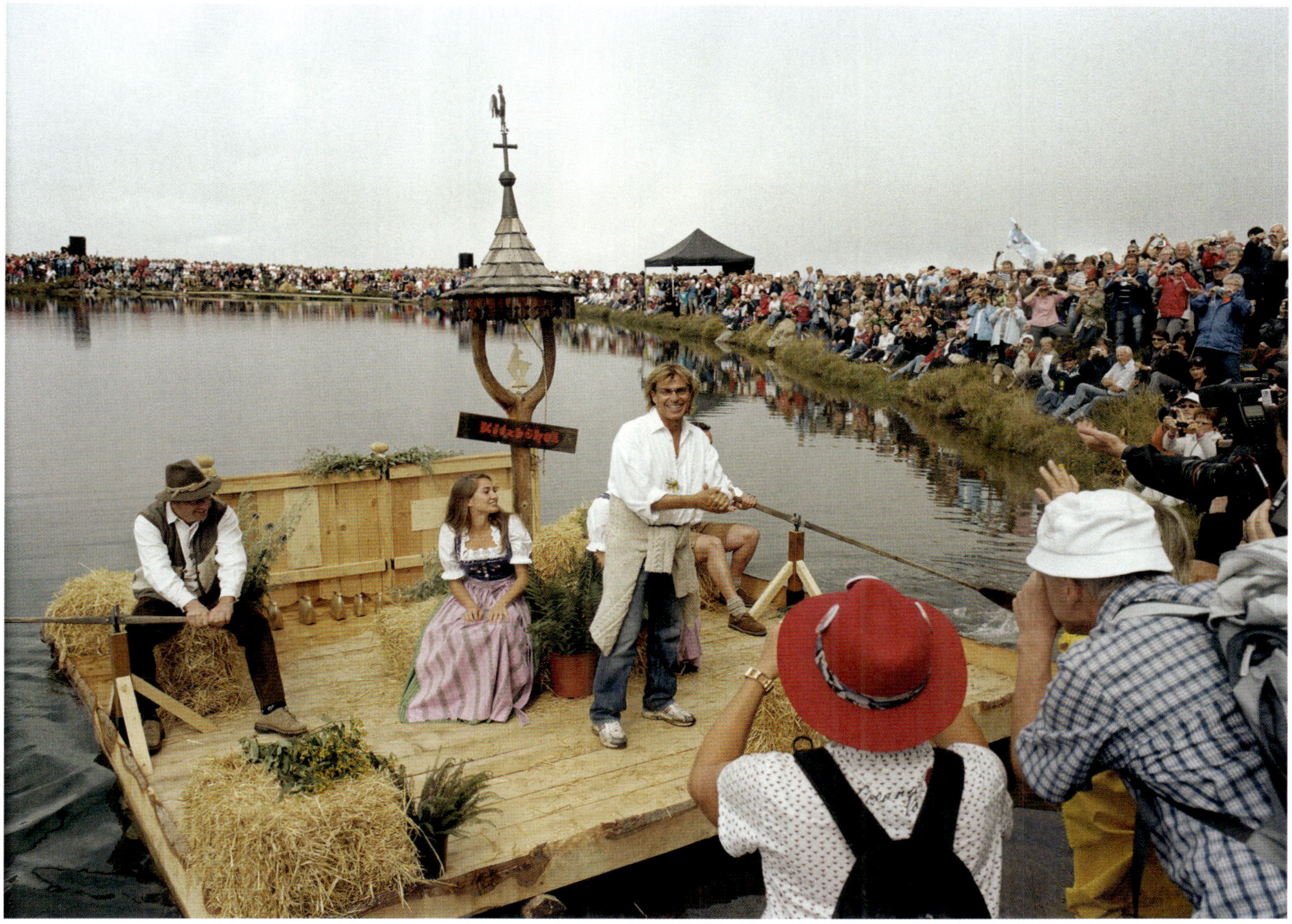

Hansi Hinterseer Fanwanderung, Kunstschnee-Speicherteich
Hansi Hinterseer fan hike, artificial snow reservoir

Kitzbühel, Hahnenkamm, 26.8.2010

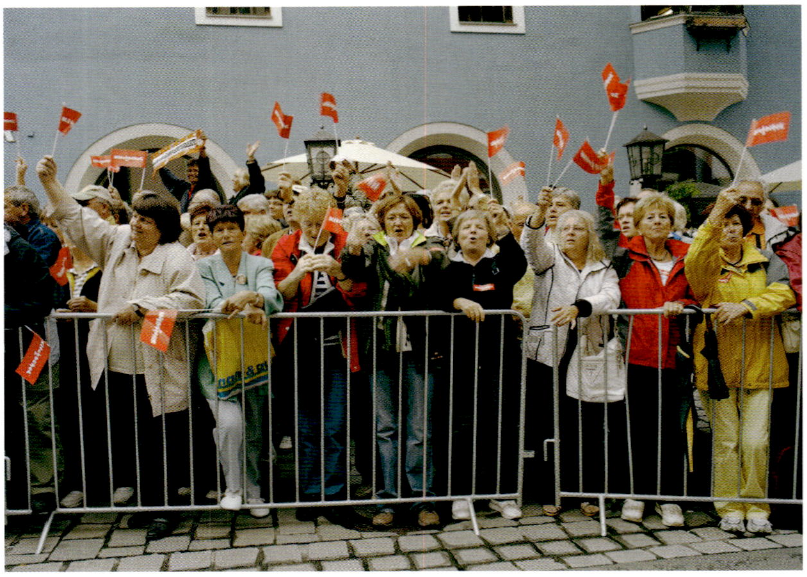

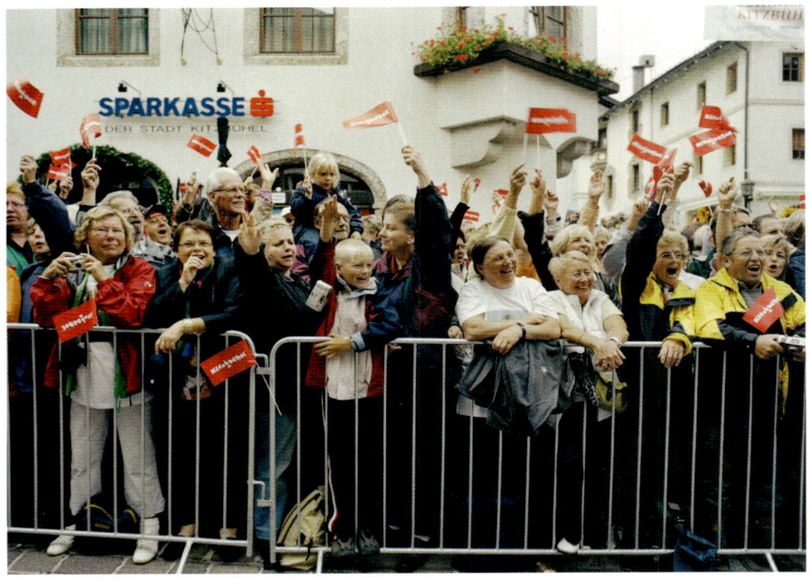
SPARKASSE

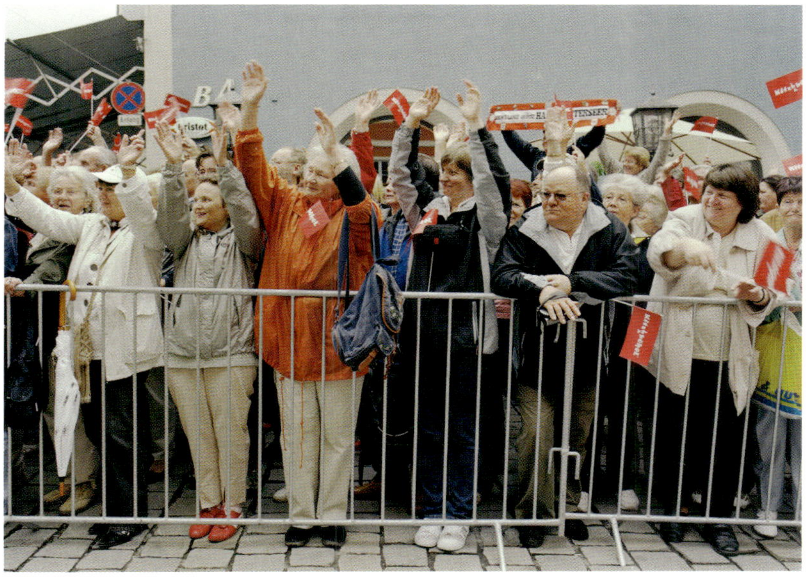

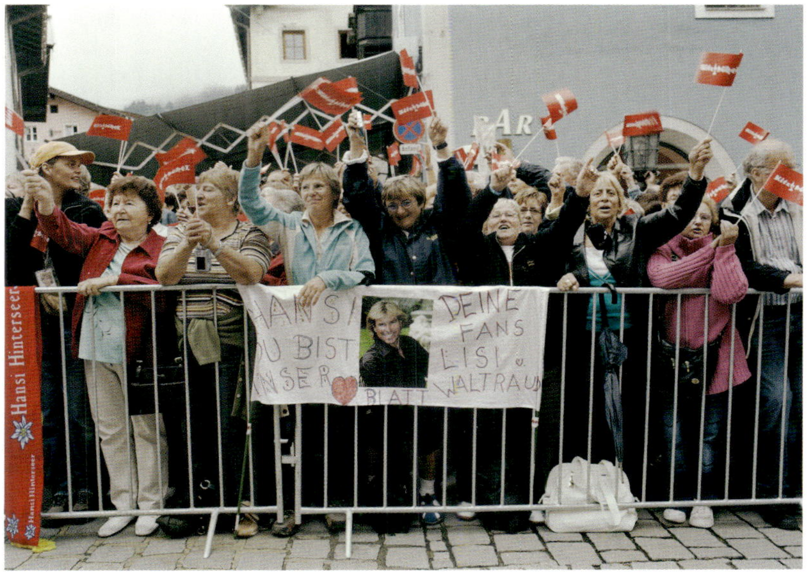

Hansi Hinterseer Fan-Wochenende, Einmarsch in die Stadt
Hansi Hinterseer fan weekend, march into the city

Kitzbühel, 23.8.2008

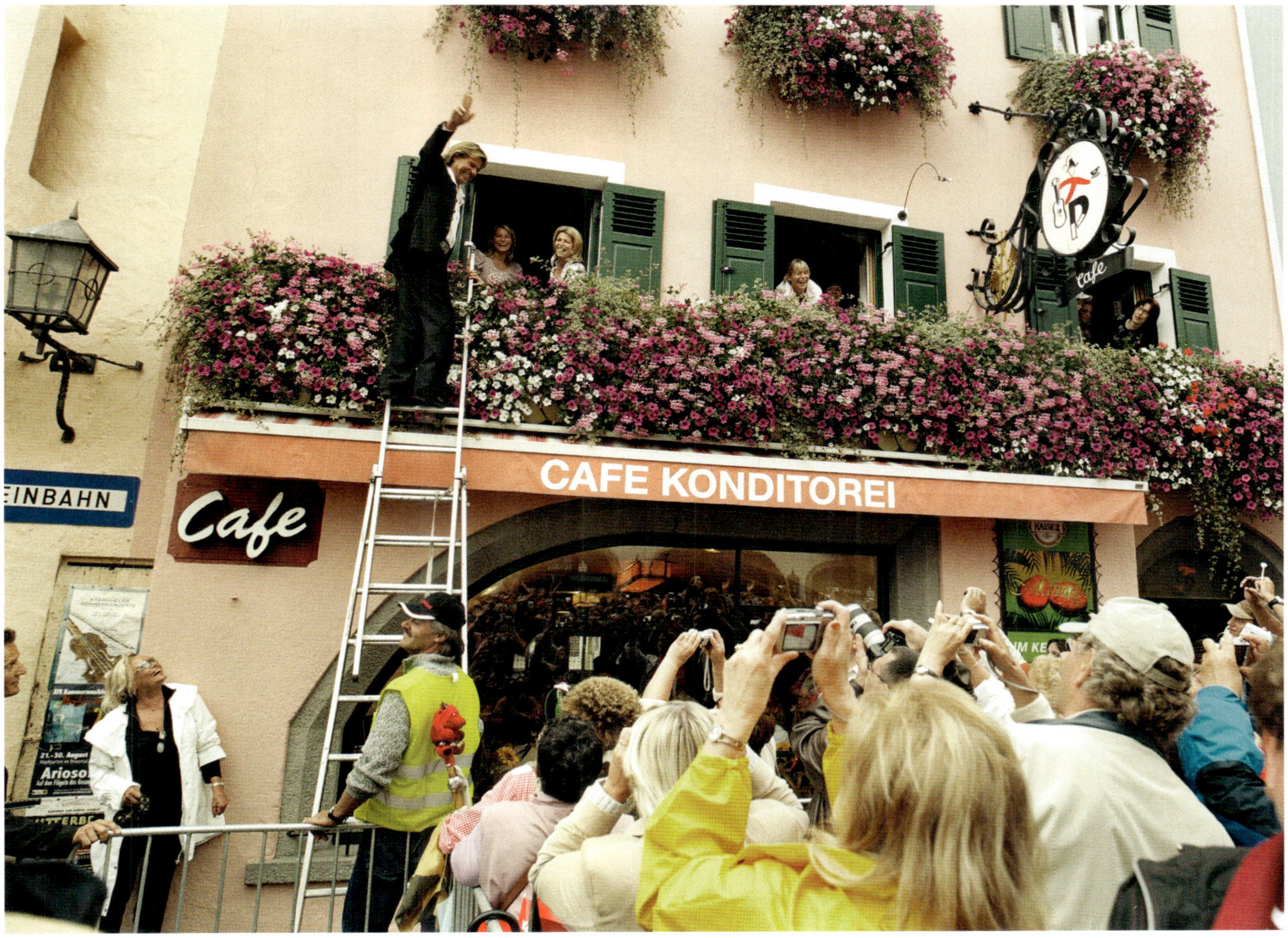

Hansi Hinterseer Fan-Wochenende
Hansi Hinterseer fan weekend

Kitzbühel, 23.8.2008

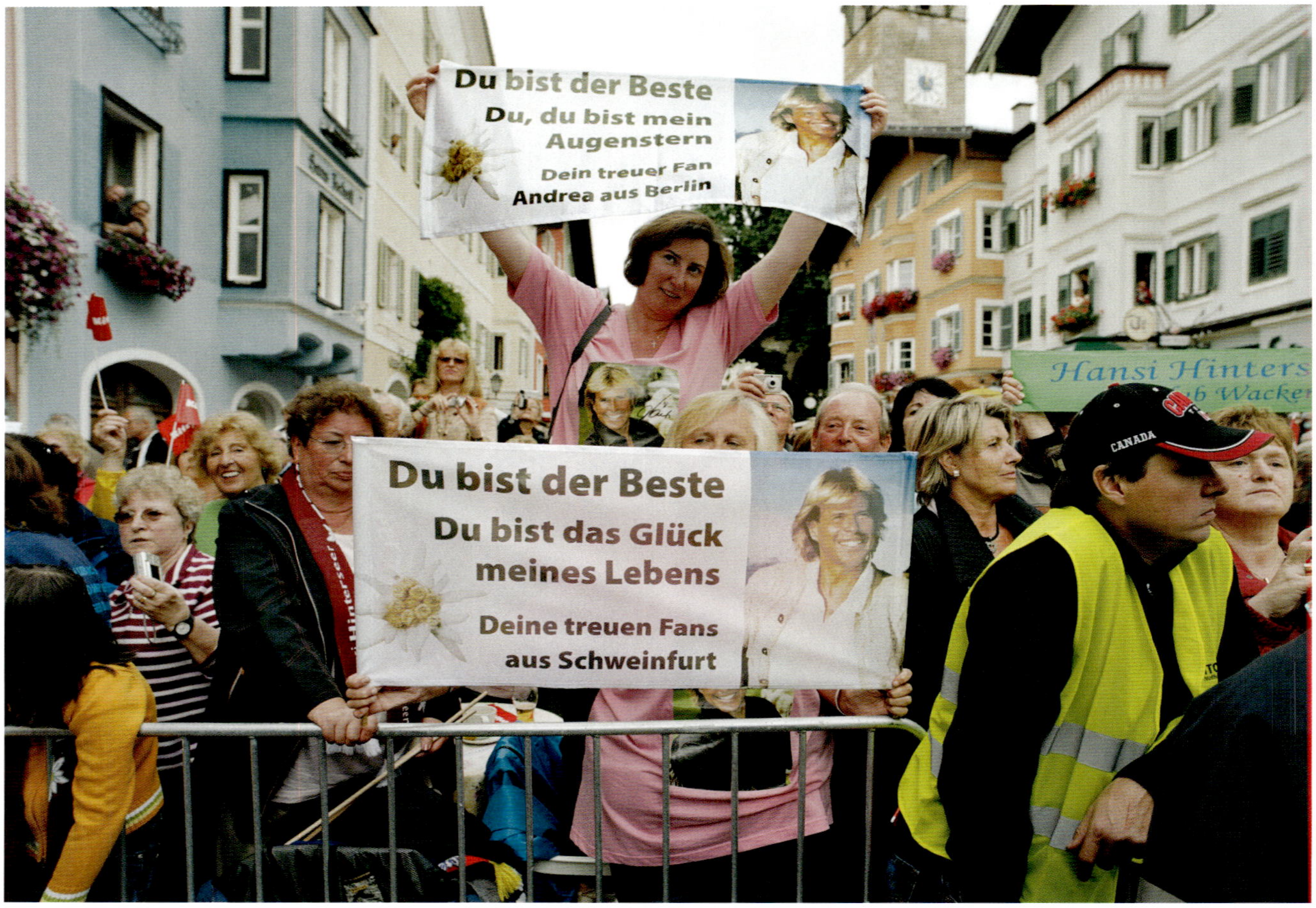

Hansi Hinterseer Fan-Wochenende, Einmarsch in die Stadt
Hansi Hinterseer fan weekend, march into the city

Kitzbühel, 23.8.2008

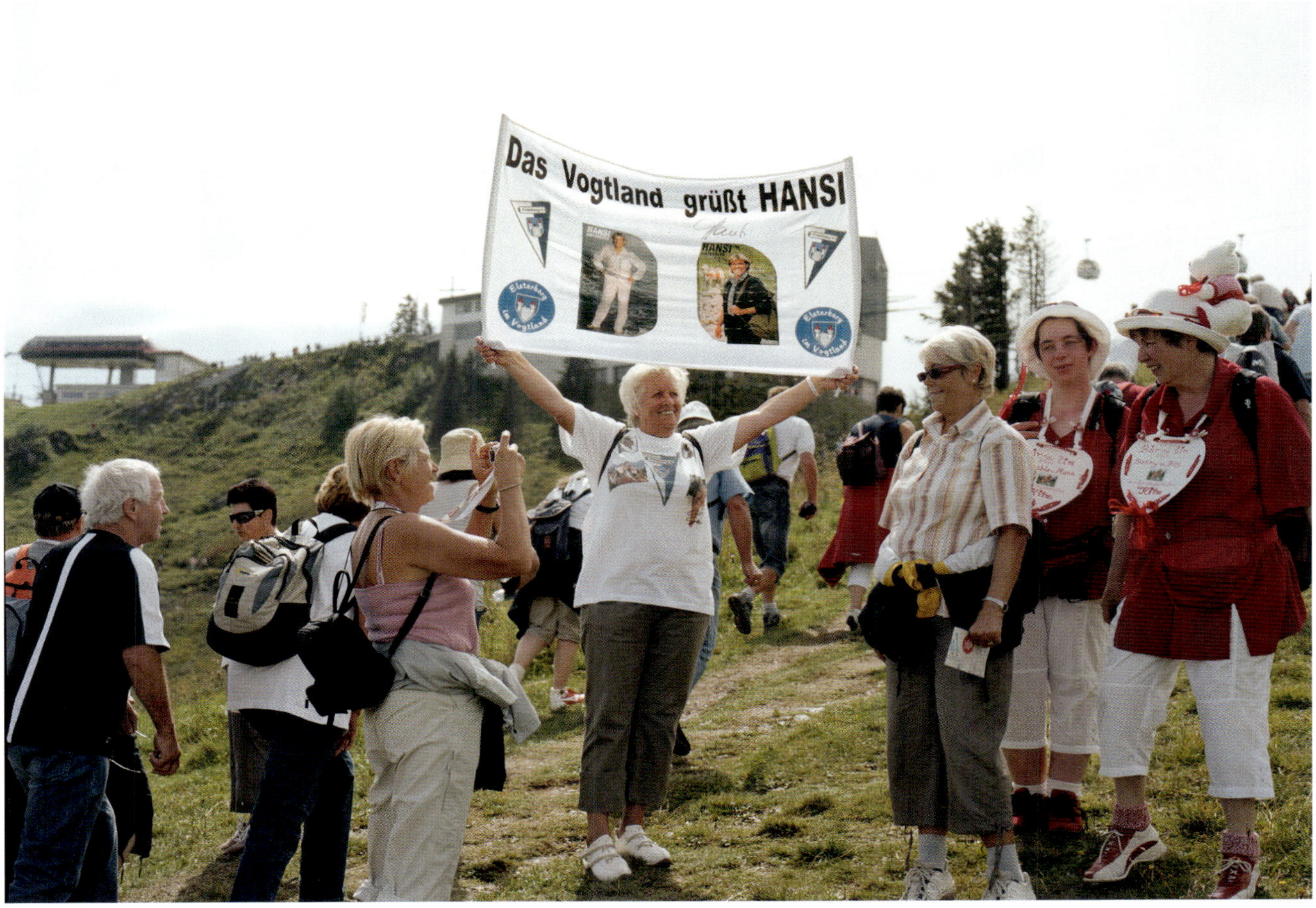

Hansi Hinterseer Fanwanderung
Hansi Hinterseer fan hike

Kitzbühel, Hahnenkamm, 23.8.2007

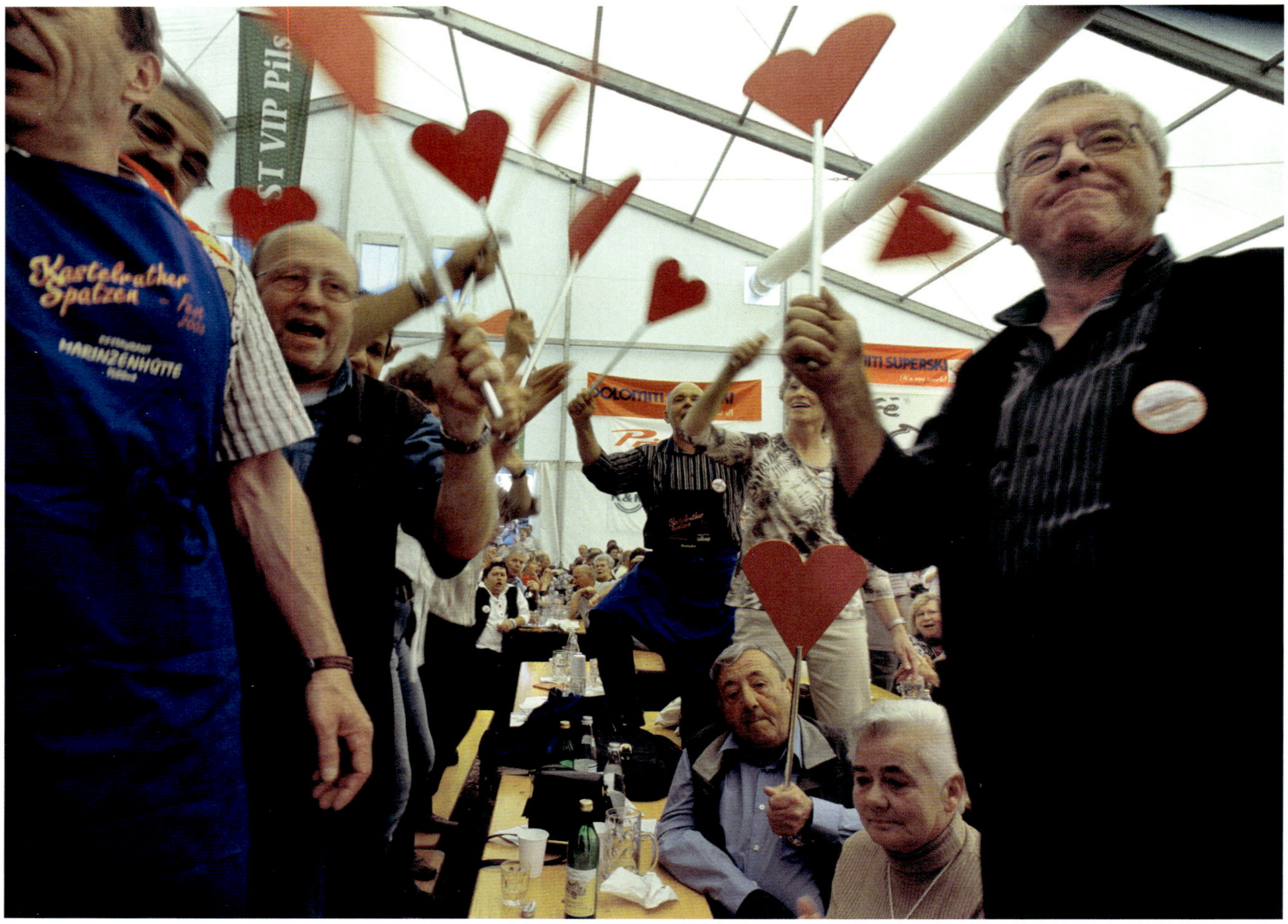

Kastelruther Spatzenfest
Kastelruth, Südtirol, 11.10.2003

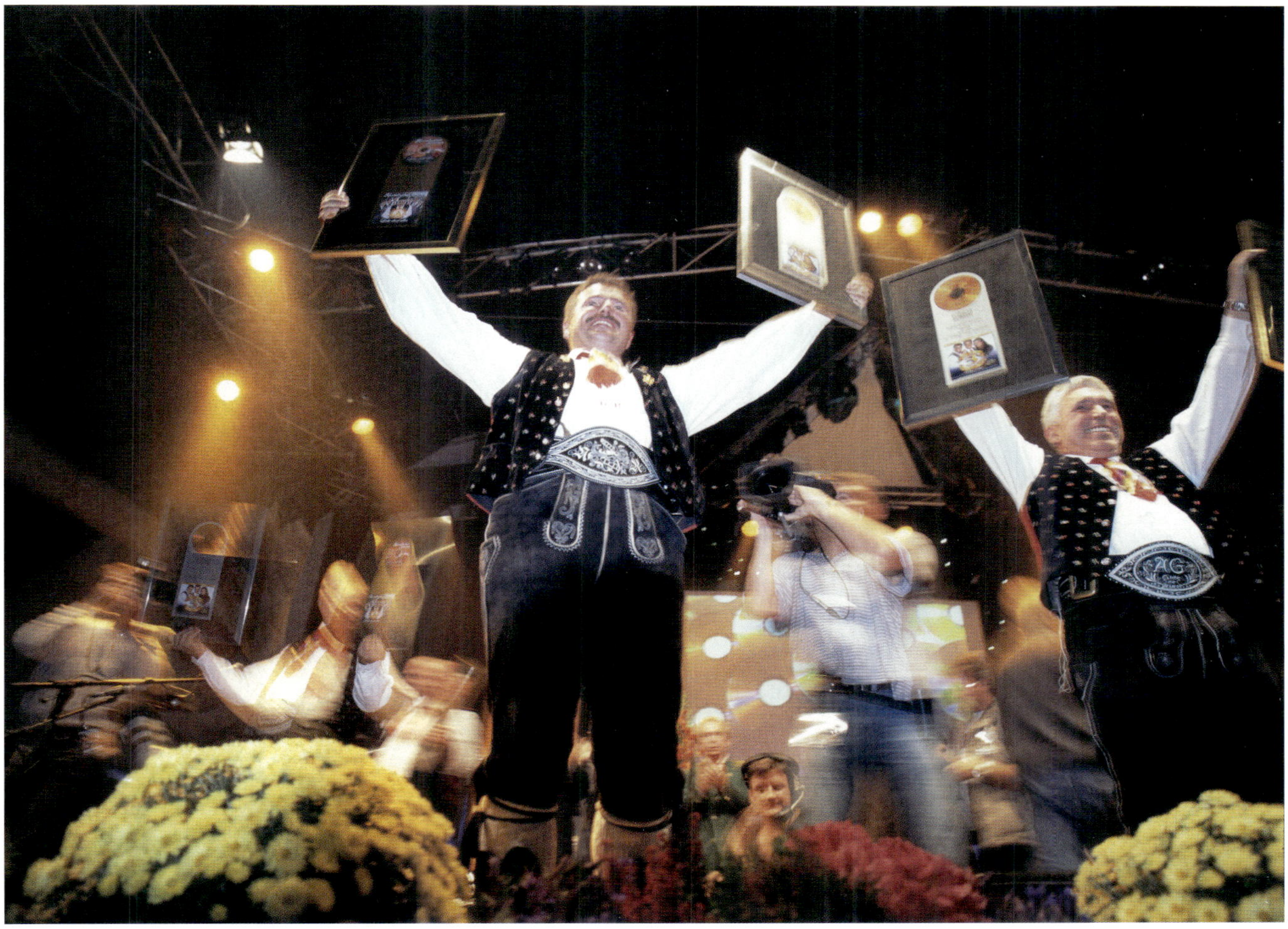

Kastelruther Spatzenfest
Kastelruth, Südtirol, 10.10.2003

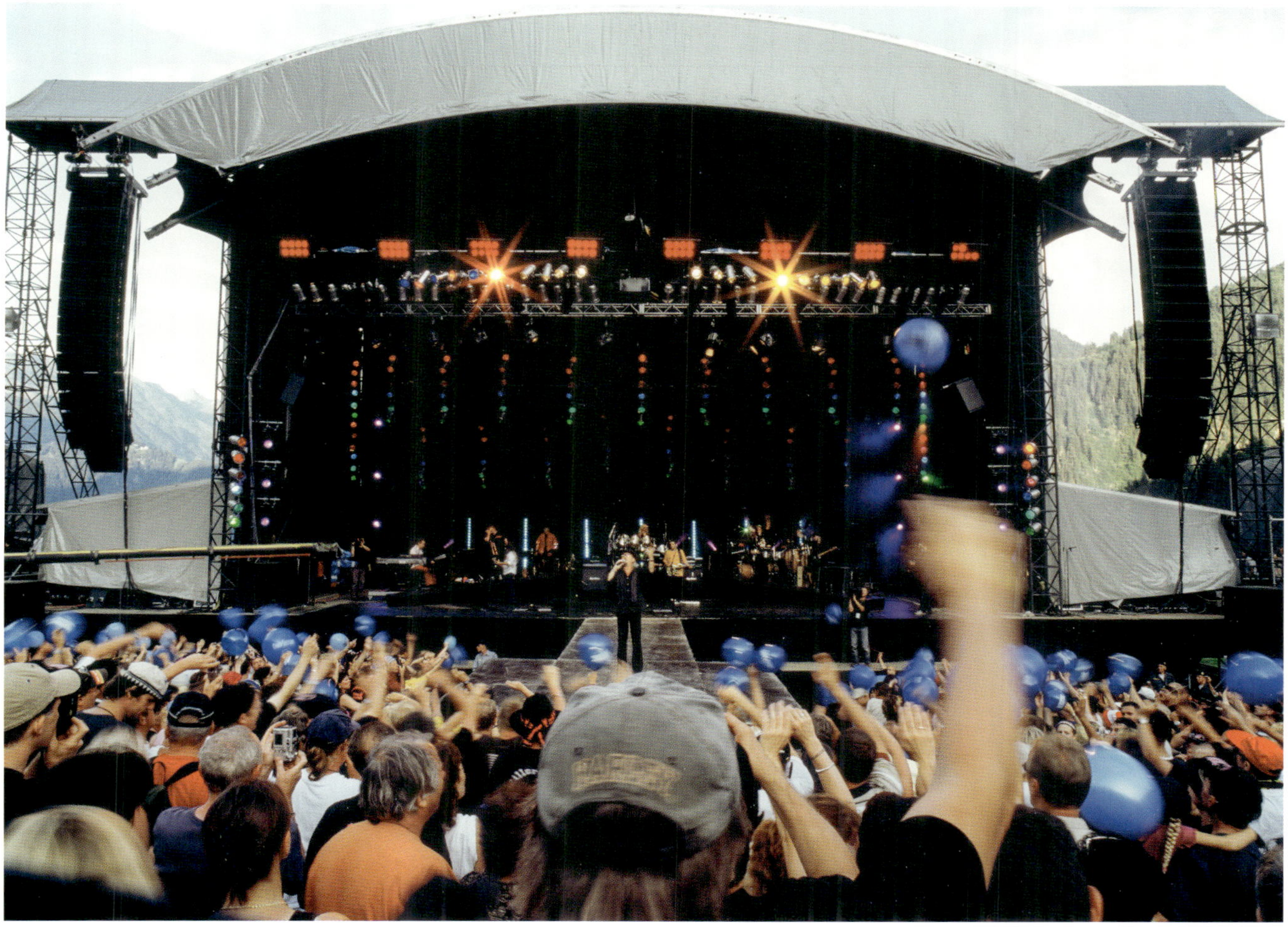

Schürzenjäger Open Air
Finkenberg, Zillertal, 21.7.2007

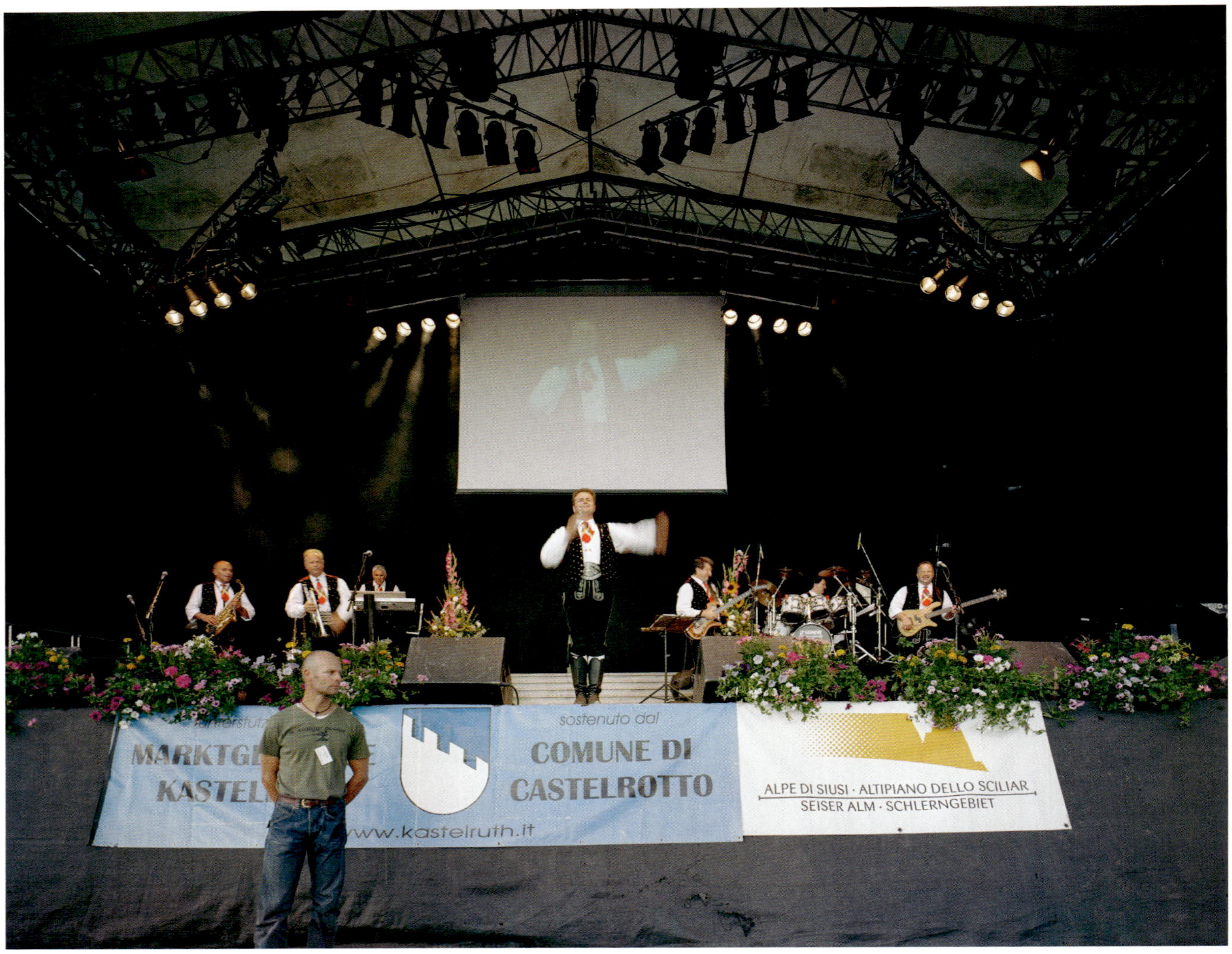

Kastelruther Spatzen Open Air
Kastelruth, Südtirol, 14.6.2008

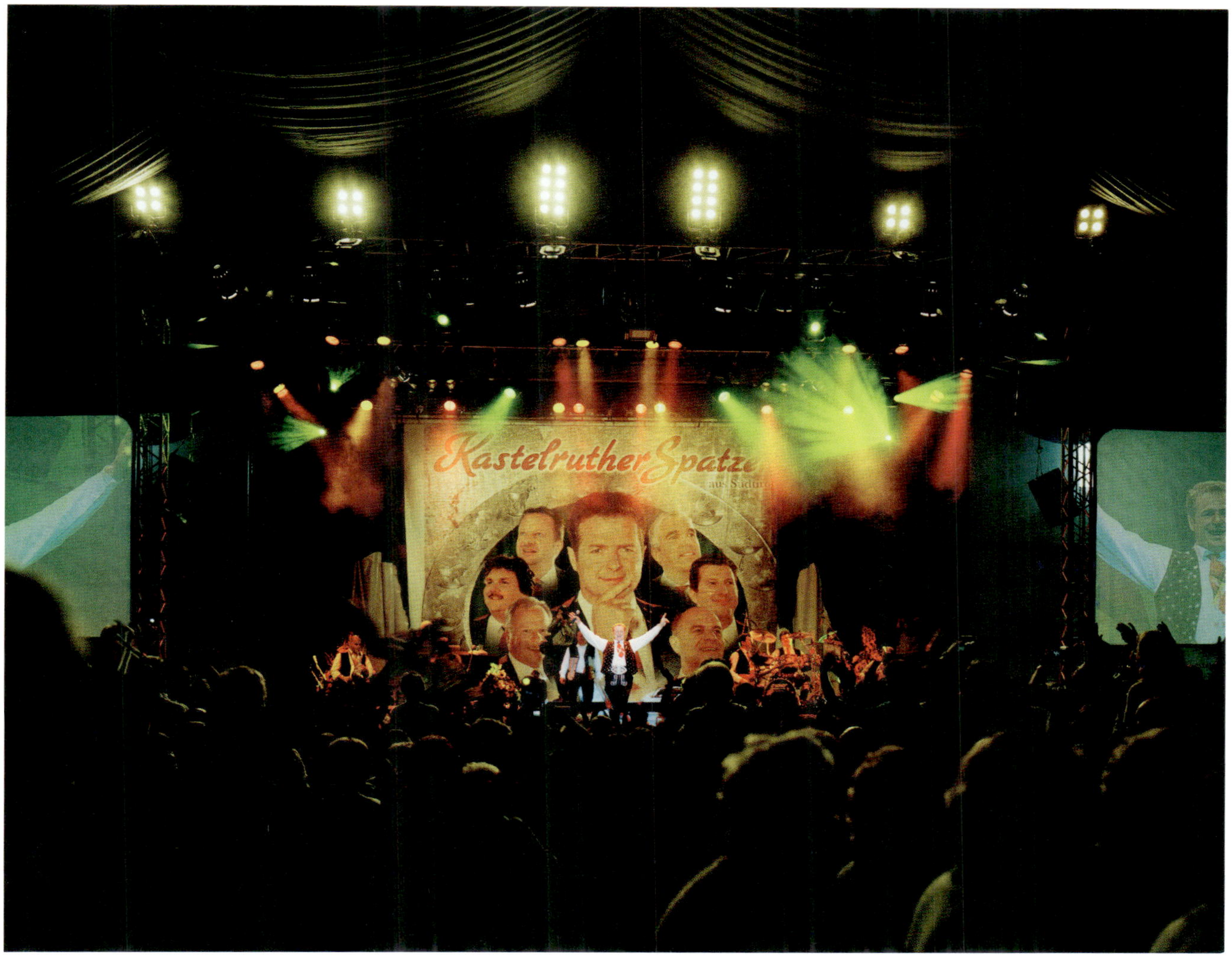

Kastelruther Spatzenfest
Kastelruth, Südtirol, 11.10.2003

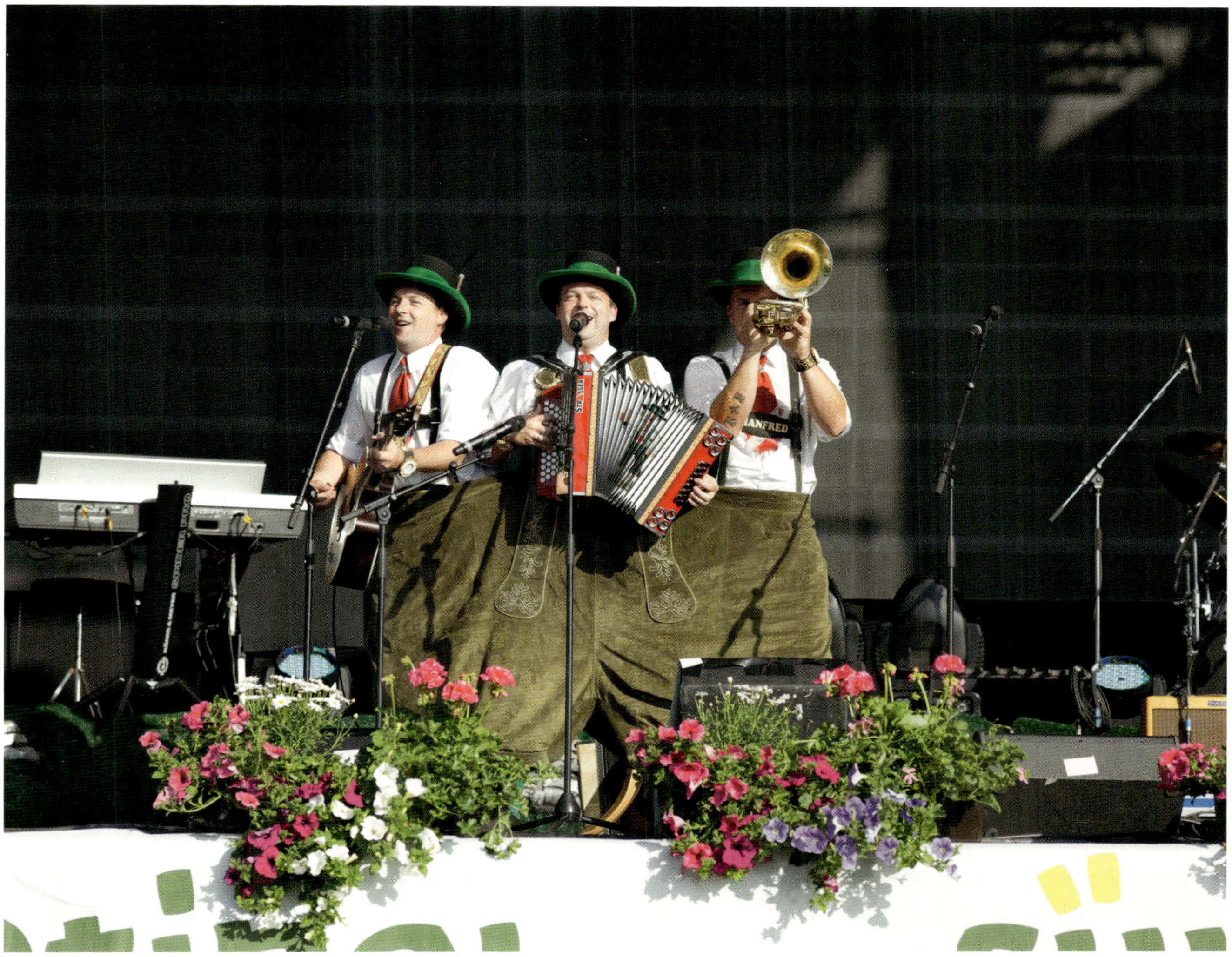

Schneiderwirt Trio, Kastelruther Spatzen Open Air
Seis am Schlern, Südtirol, 6.6.2014

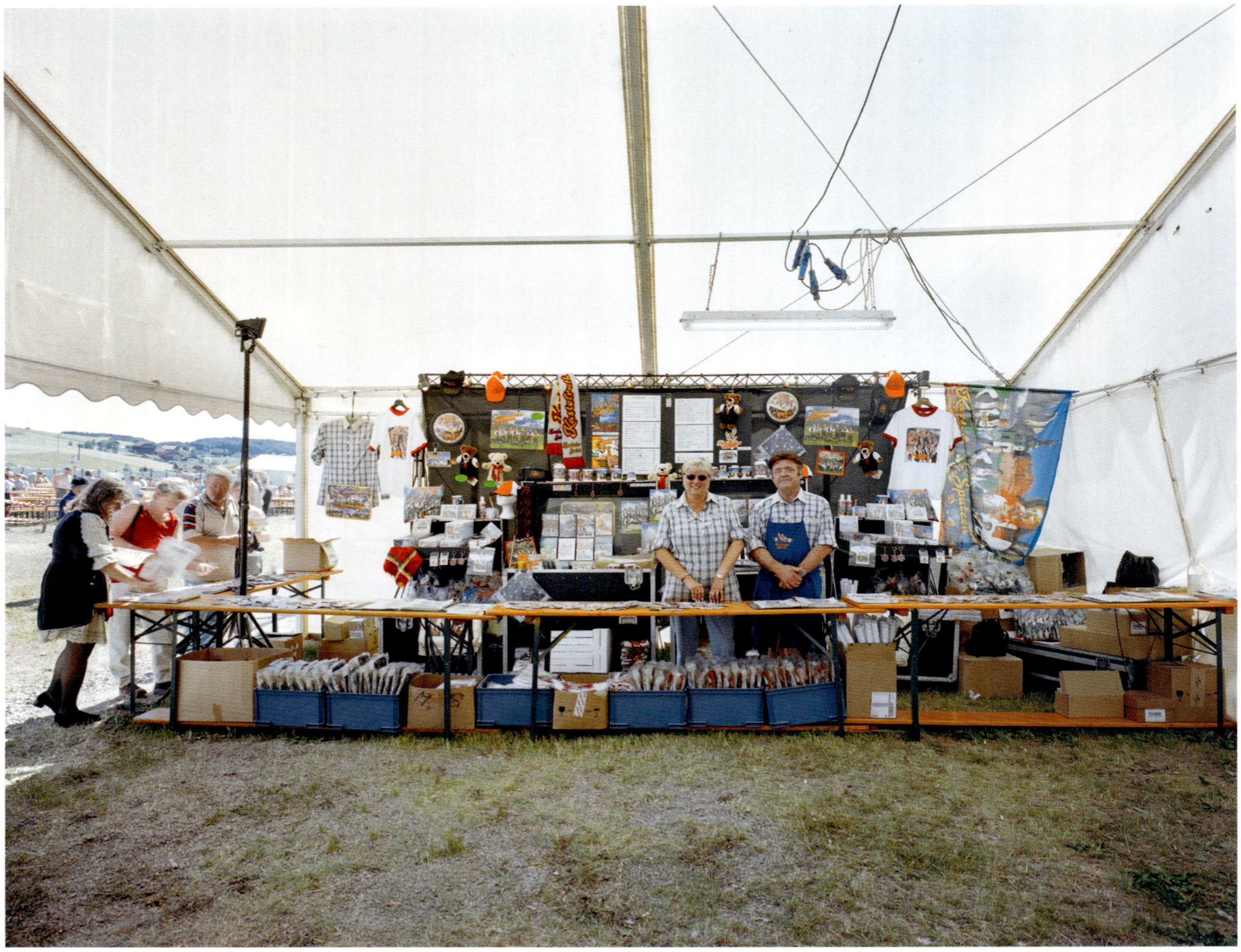

Kastelruther Spatzenfest
Kastelruth, Südtirol, 7.10.2011

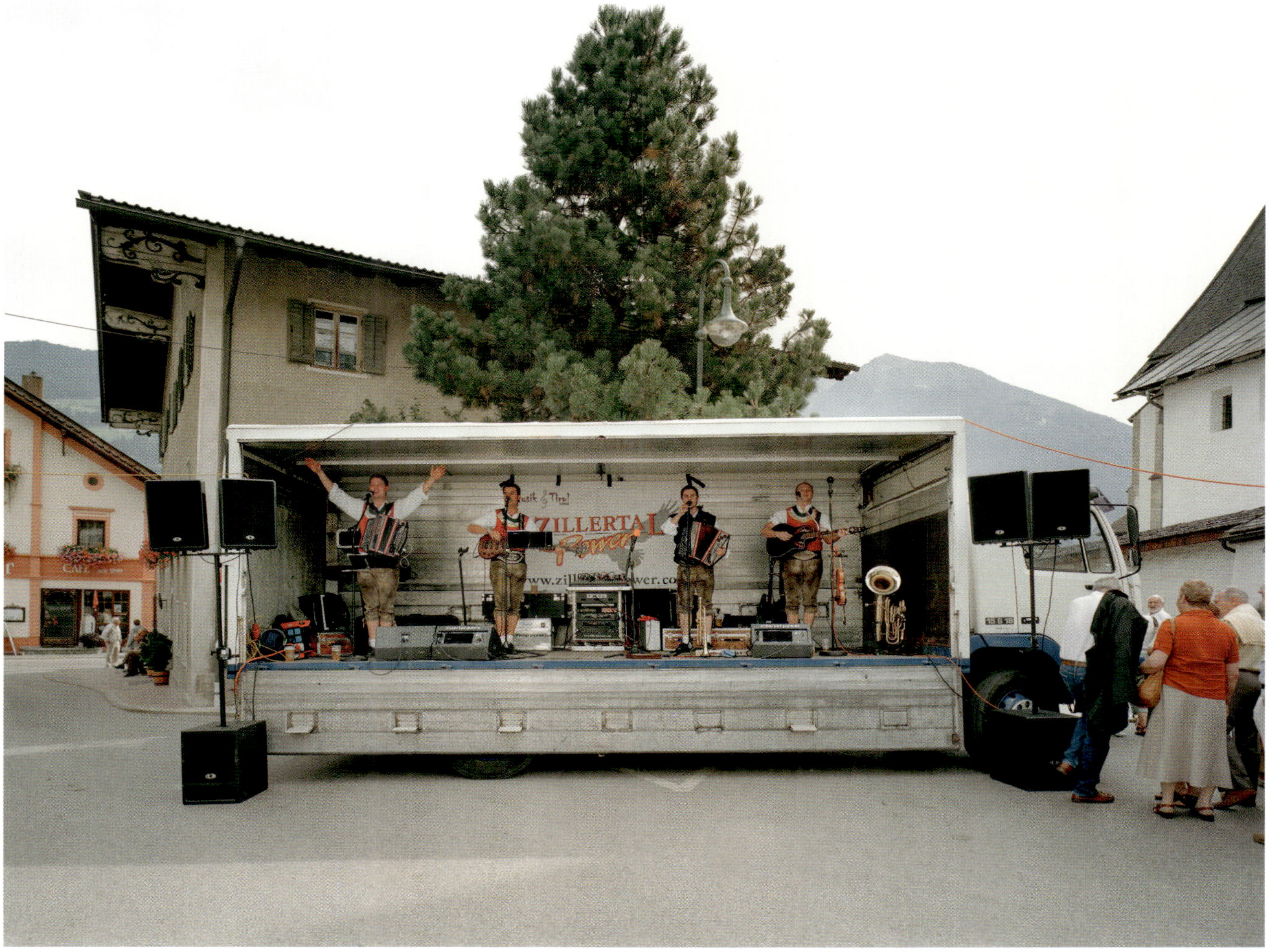

Zillertal Power
Fügener Almabtrieb
Zillertal, 15.9.2007

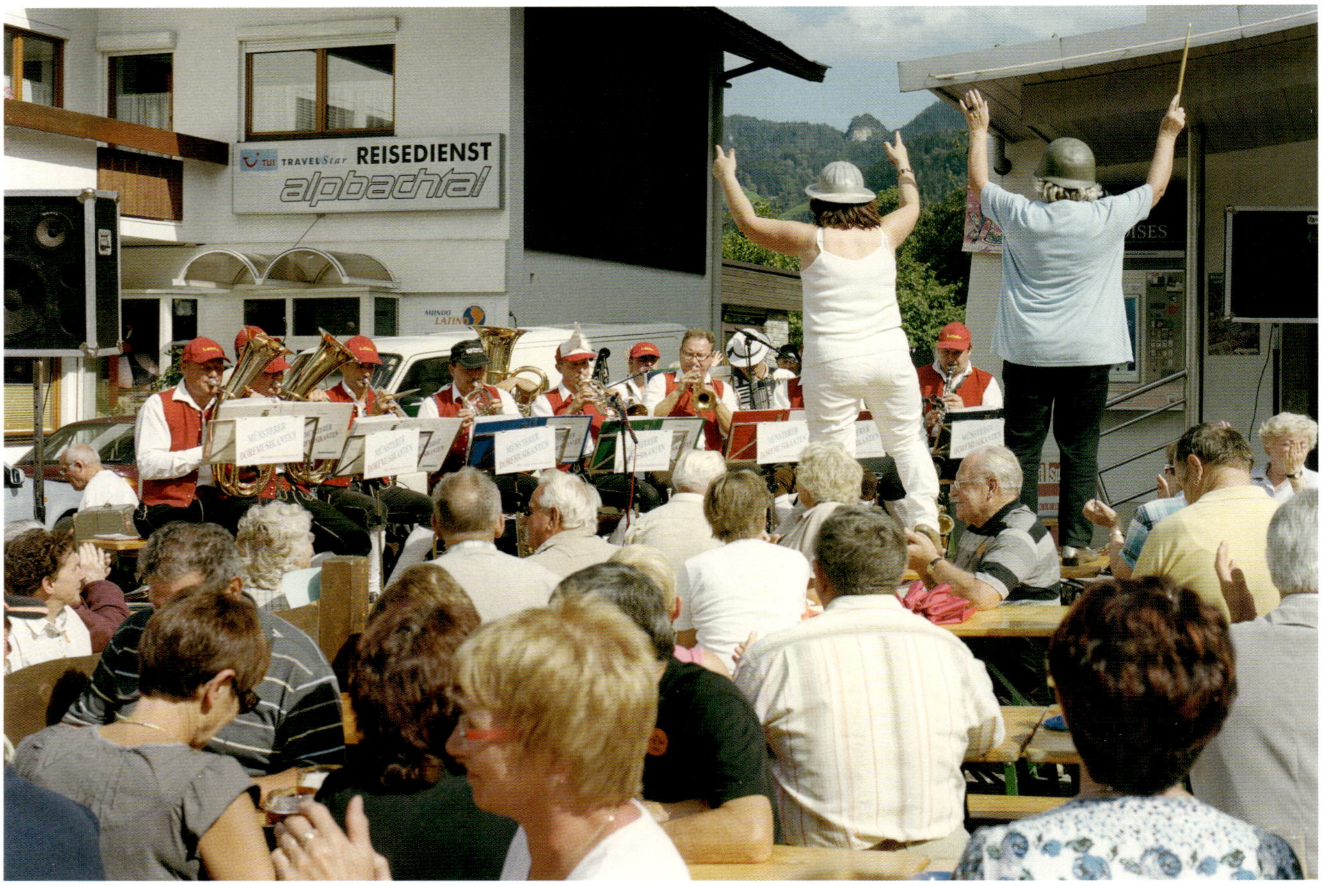

Münsterer Dorfmusikanten
Münster village musicians

Reither Almatriebsfest
Reith im Alpbachtal, September 2006

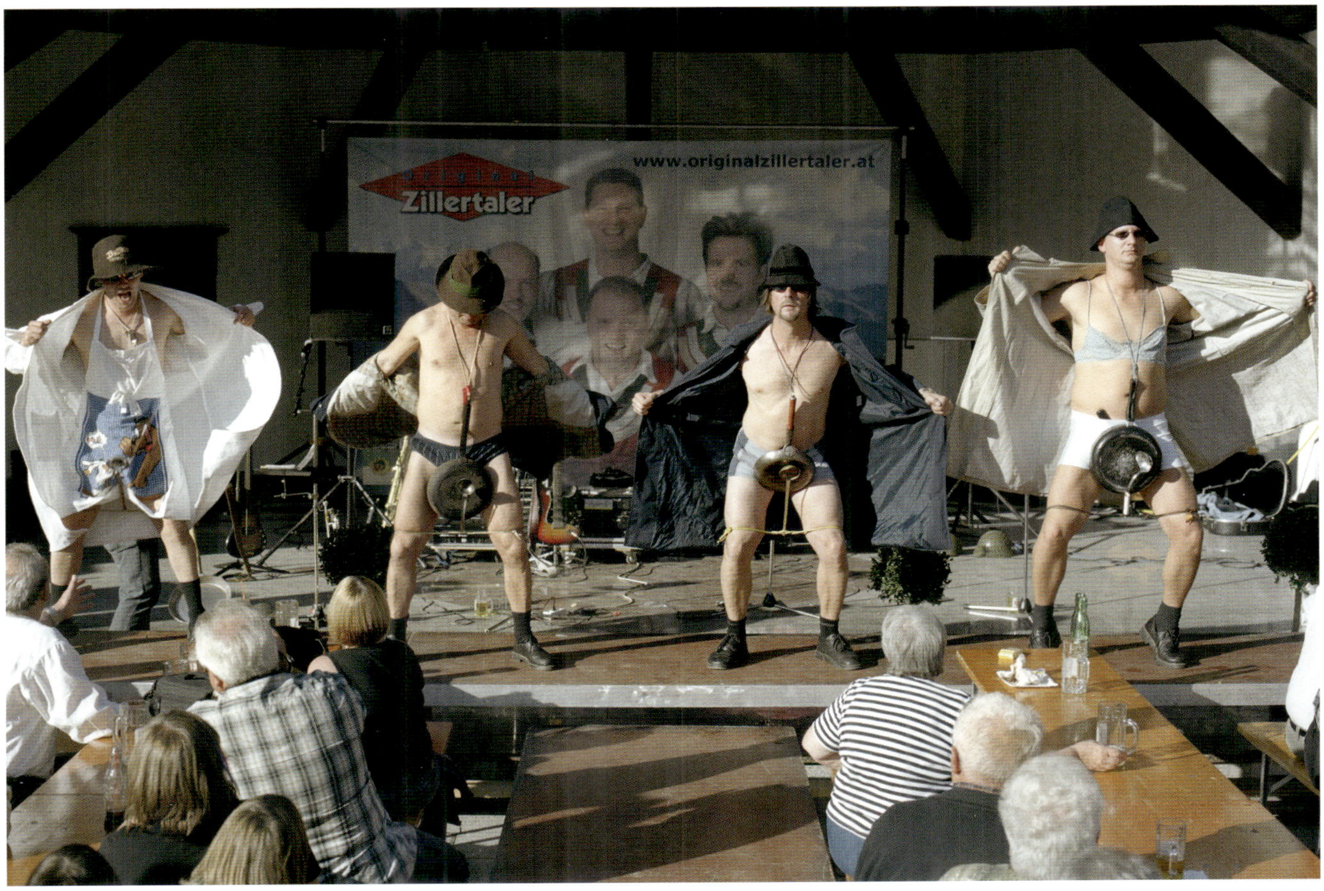

Original Zillertaler Musikanten
Original Zillertal musicians

Reither Almabtriebsfest
Reith im Alpbachtal, September 2006

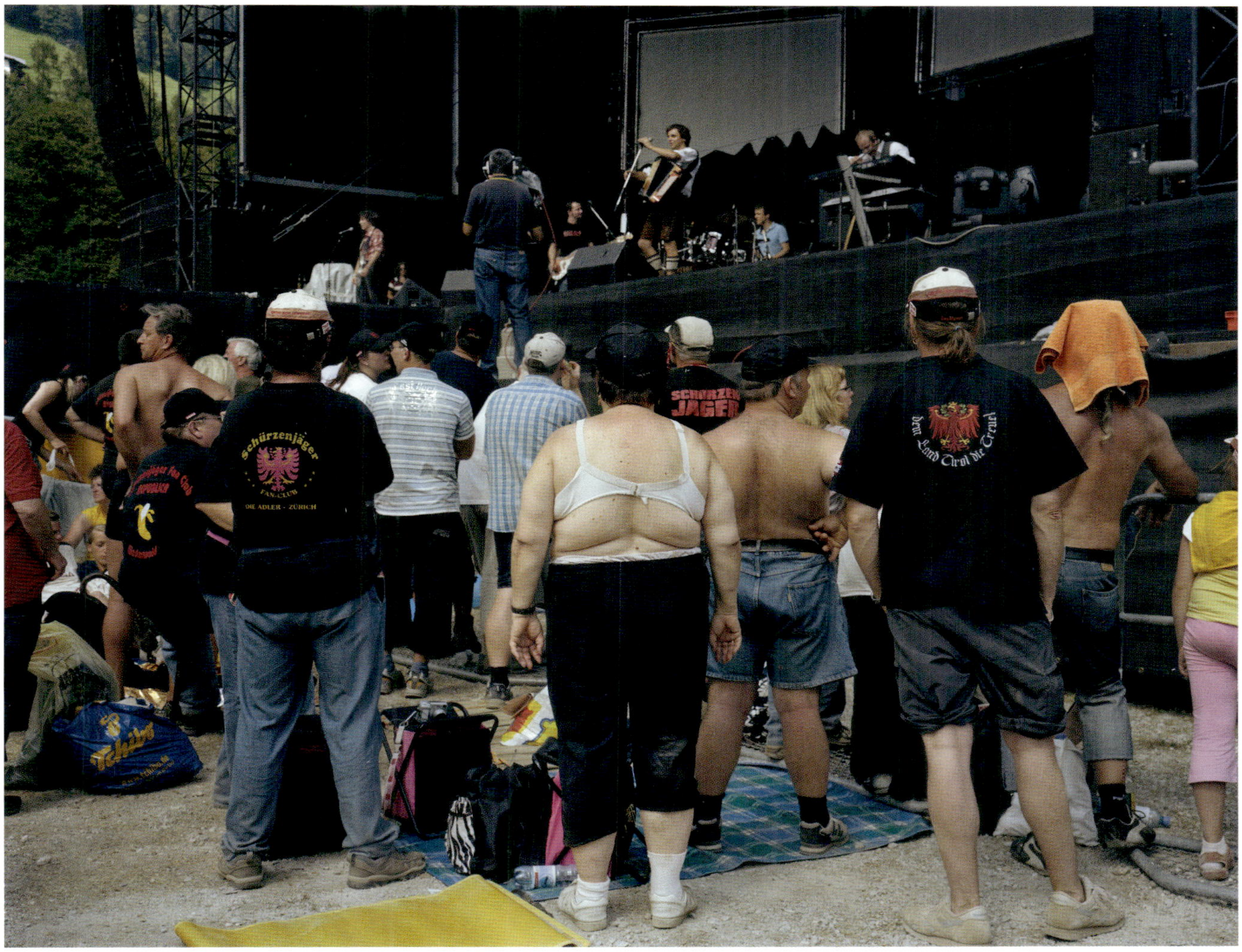

Schürzenjäger Open Air
Finkenberg, Zillertal, 21.7.2007

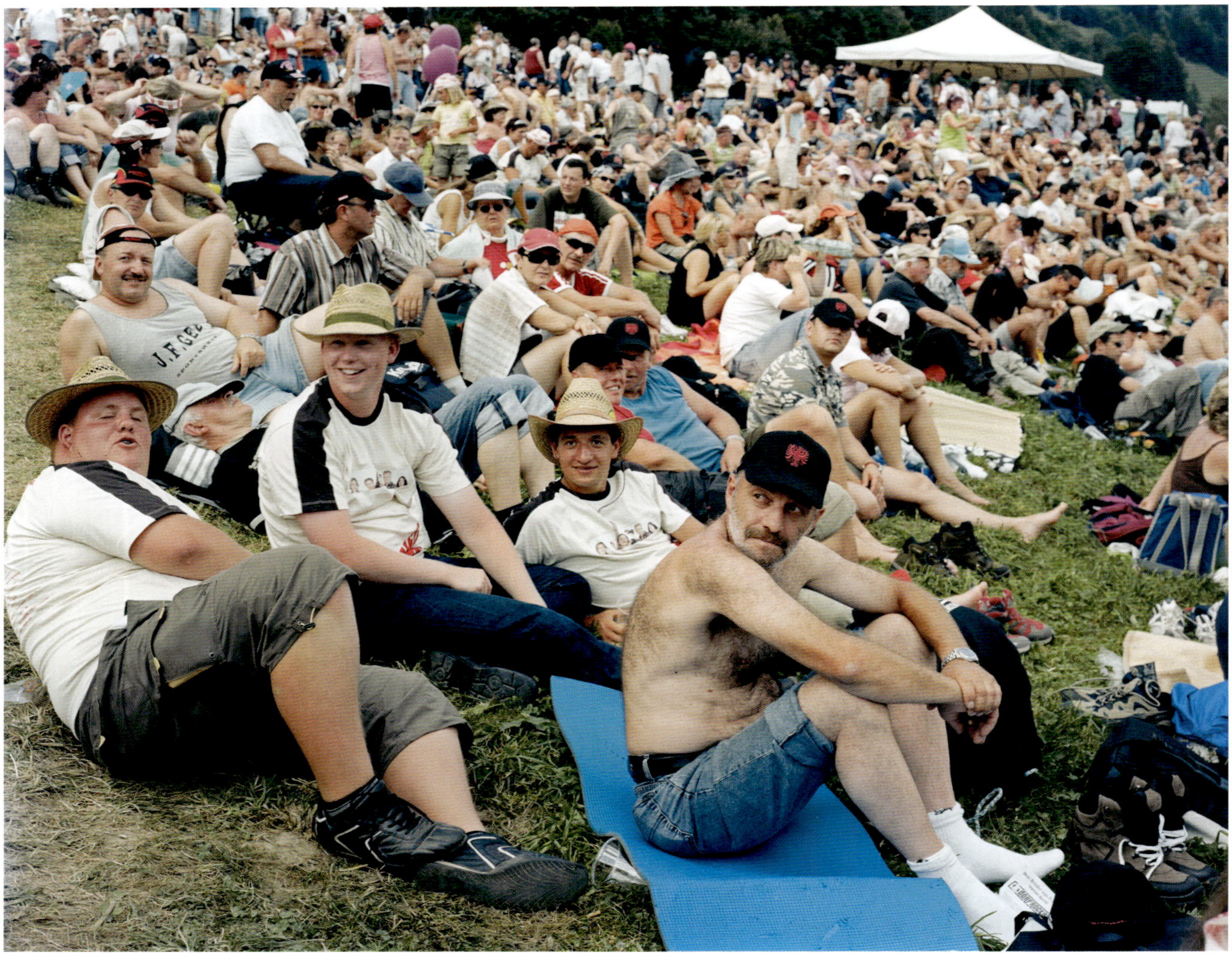

Schürzenjäger Open Air
Finkenberg, Zillertal, 21.7.2007

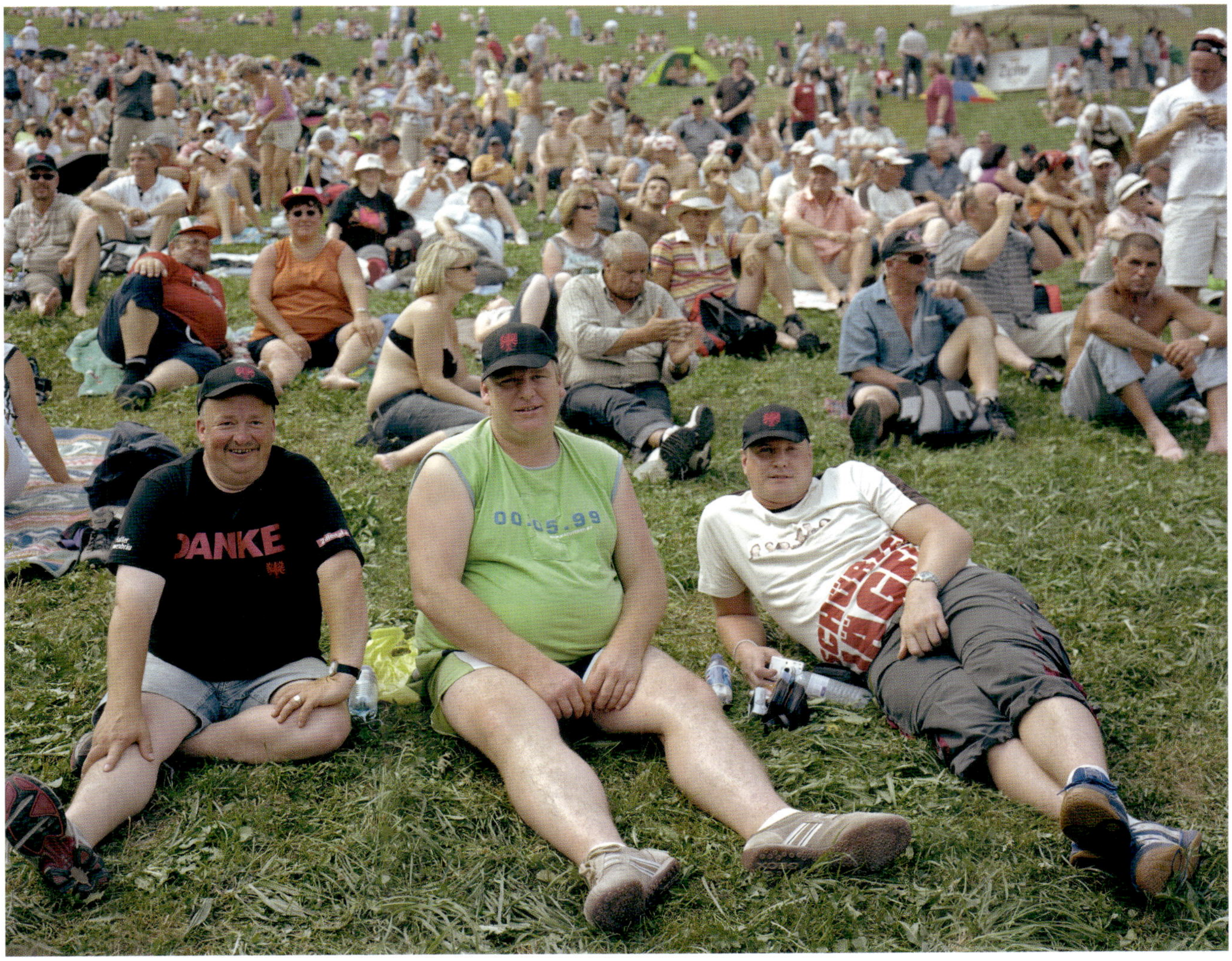

Schürzenjäger Open Air
Finkenberg, Zillertal, 21.7.2007

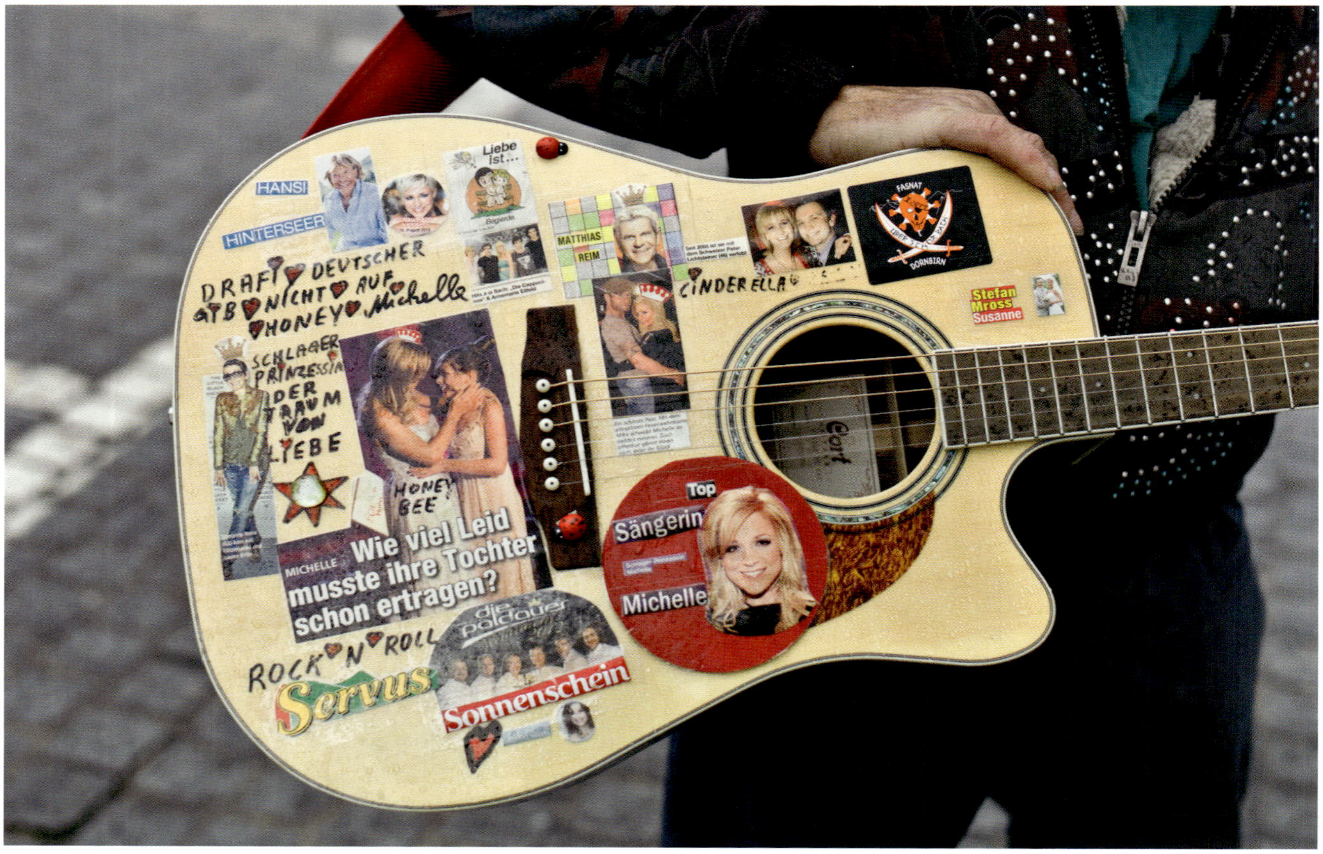
HANSI
HINTERSEER
Liebe ist...
MATTHIAS
REIM
DRAFI DEUTSCHER
GIB NICHT AUF
HONEY Michelle
SCHLAGER PRINZESSIN
DER TRAUM VON LIEBE
CINDERELLA
FASNAT
DORNBIRN
Stefan
Mross
Susanne
HONEY BEE
MICHELLE
Wie viel Leid musste ihre Tochter schon ertragen?
Top
Sängerin
Michelle
ROCK 'N' ROLL
Servus
die Paldauer
Sonnenschein

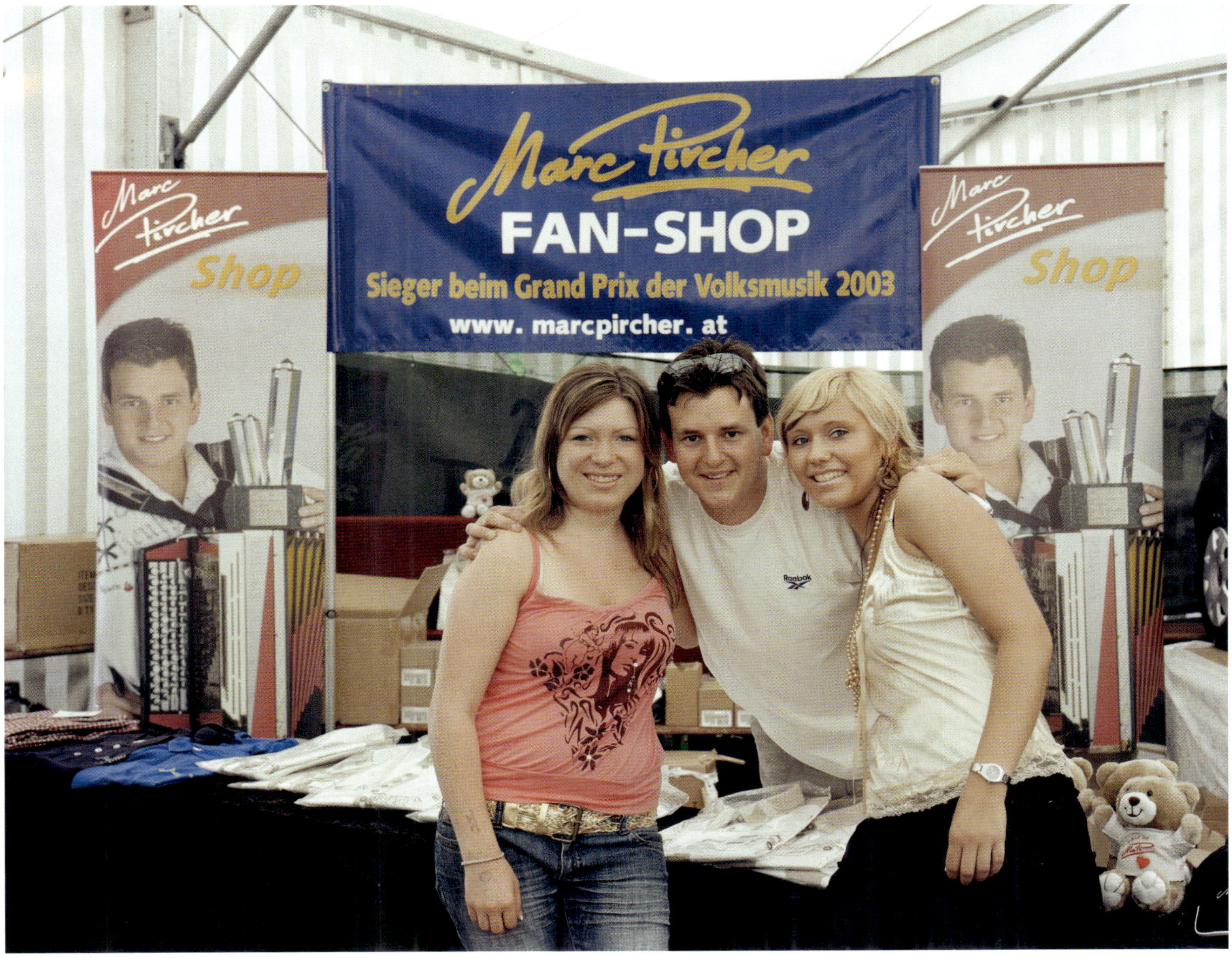

Marc Pircher Fest
Marc Pircher party

Kaltenbach, Zillertal, 25.6.2006

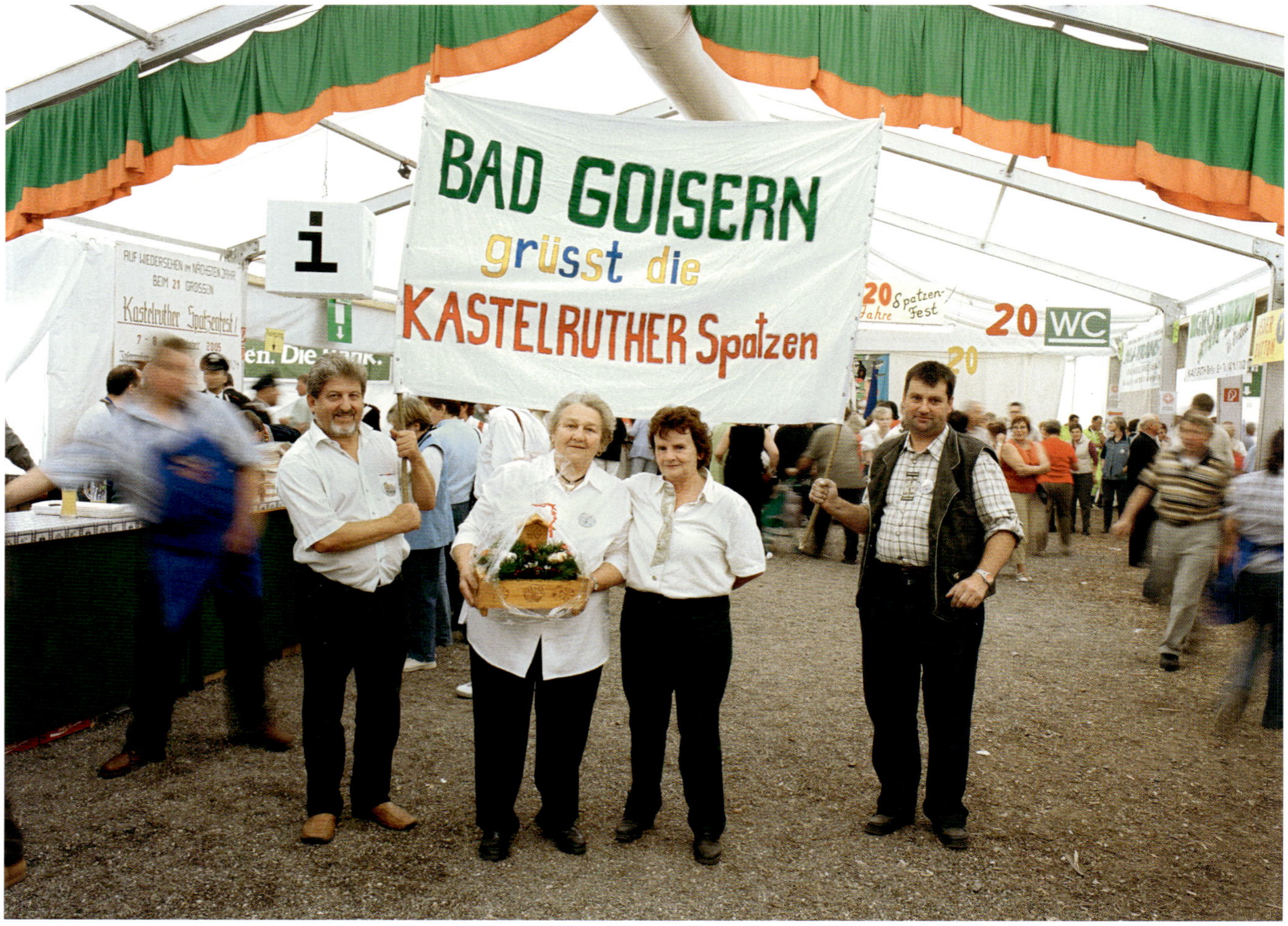

Kastelruther Spatzenfest
Kastelruth, Südtirol, 9.10.2004

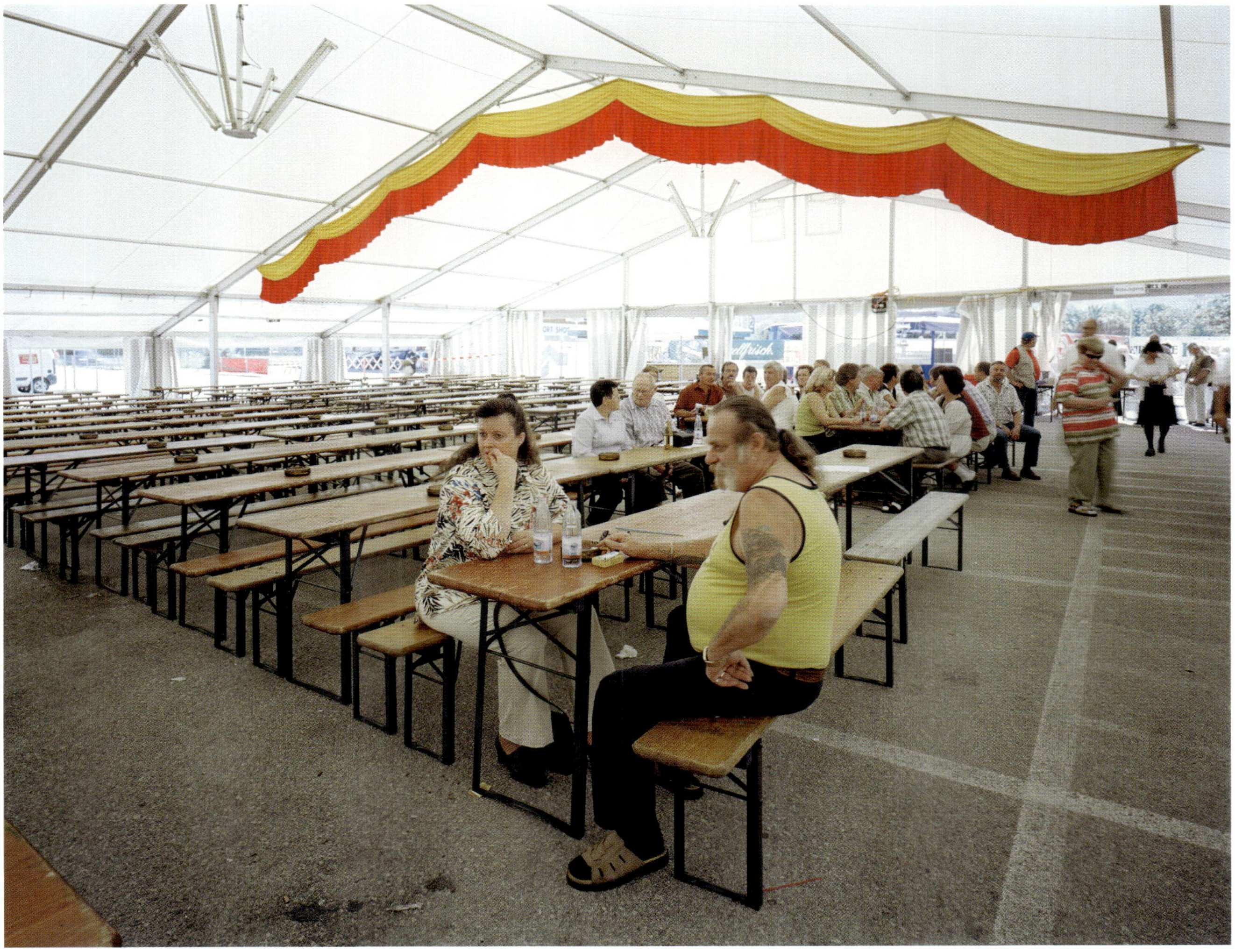

Marc Pircher Fest
Marc Pircher party

Kaltenbach, Zillertal, 22.6.2008

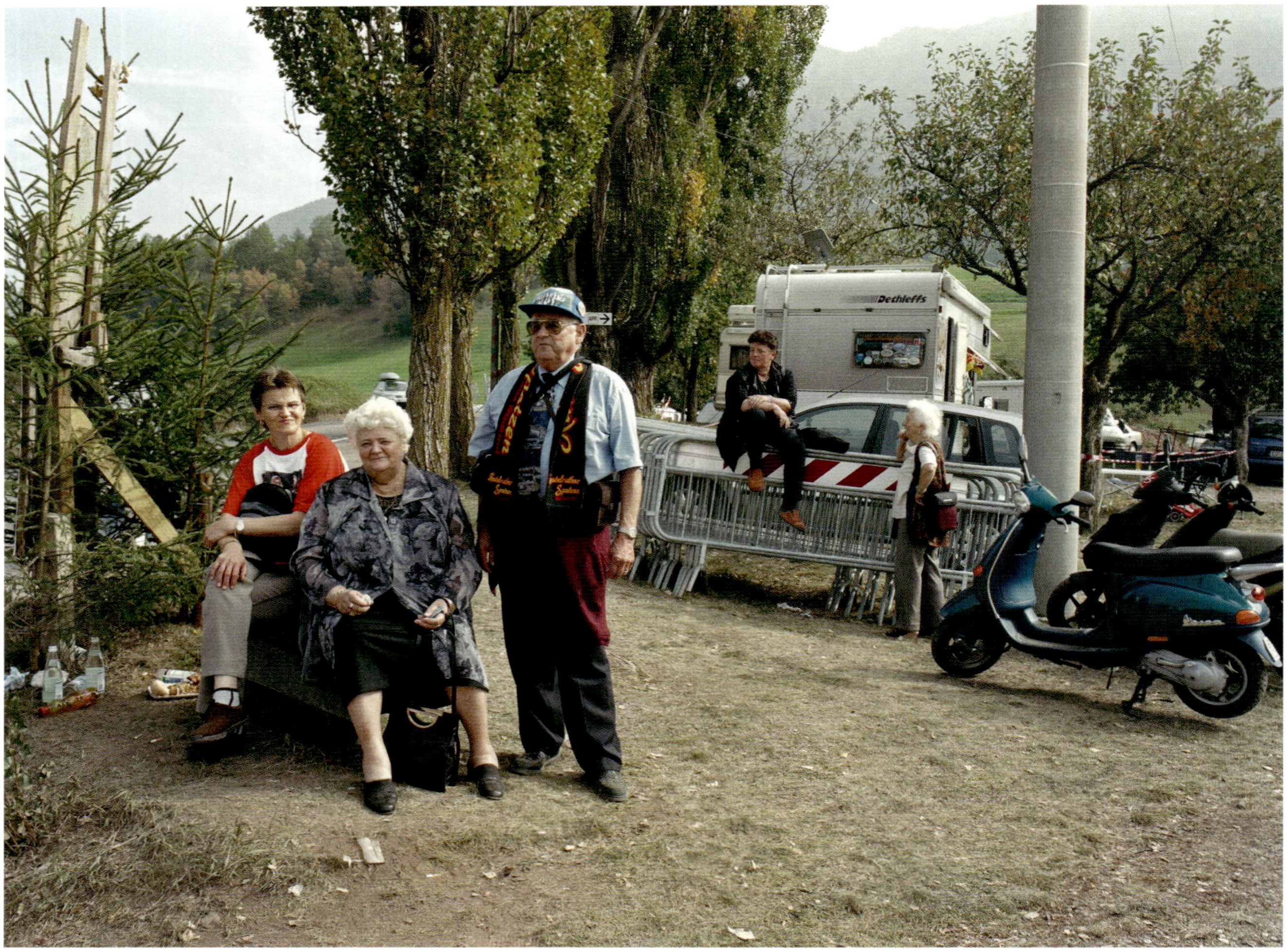

Kastelruther Spatzenfest
Kastelruth, Südtirol, 10.10.2003

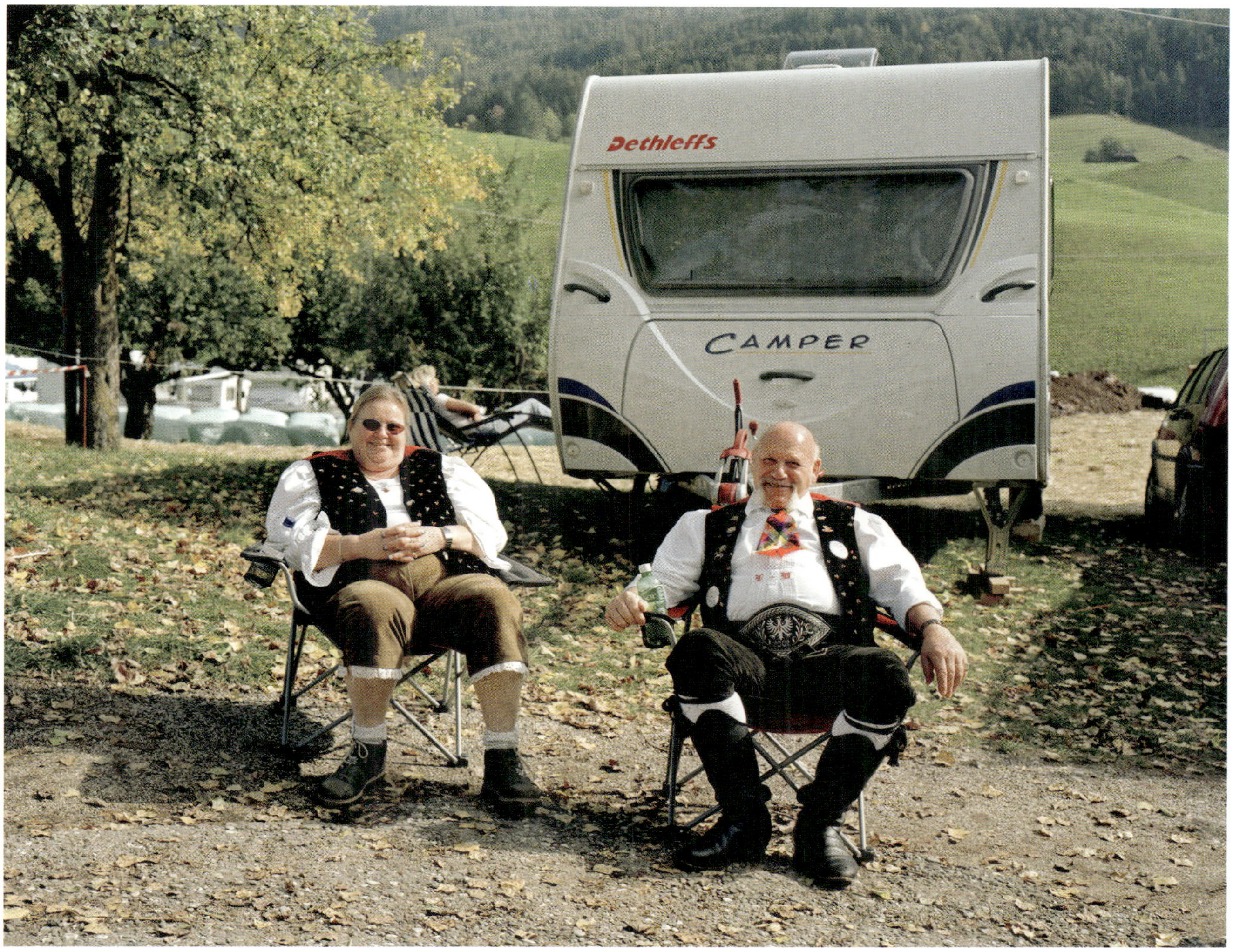

Ruth & Otto L.

Rentner aus dem Aargau, Schweiz
Retirees from Aargau, Switzerland

Kastelruther Spatzenfest
Kastelruth, Südtirol, 10.10.2003

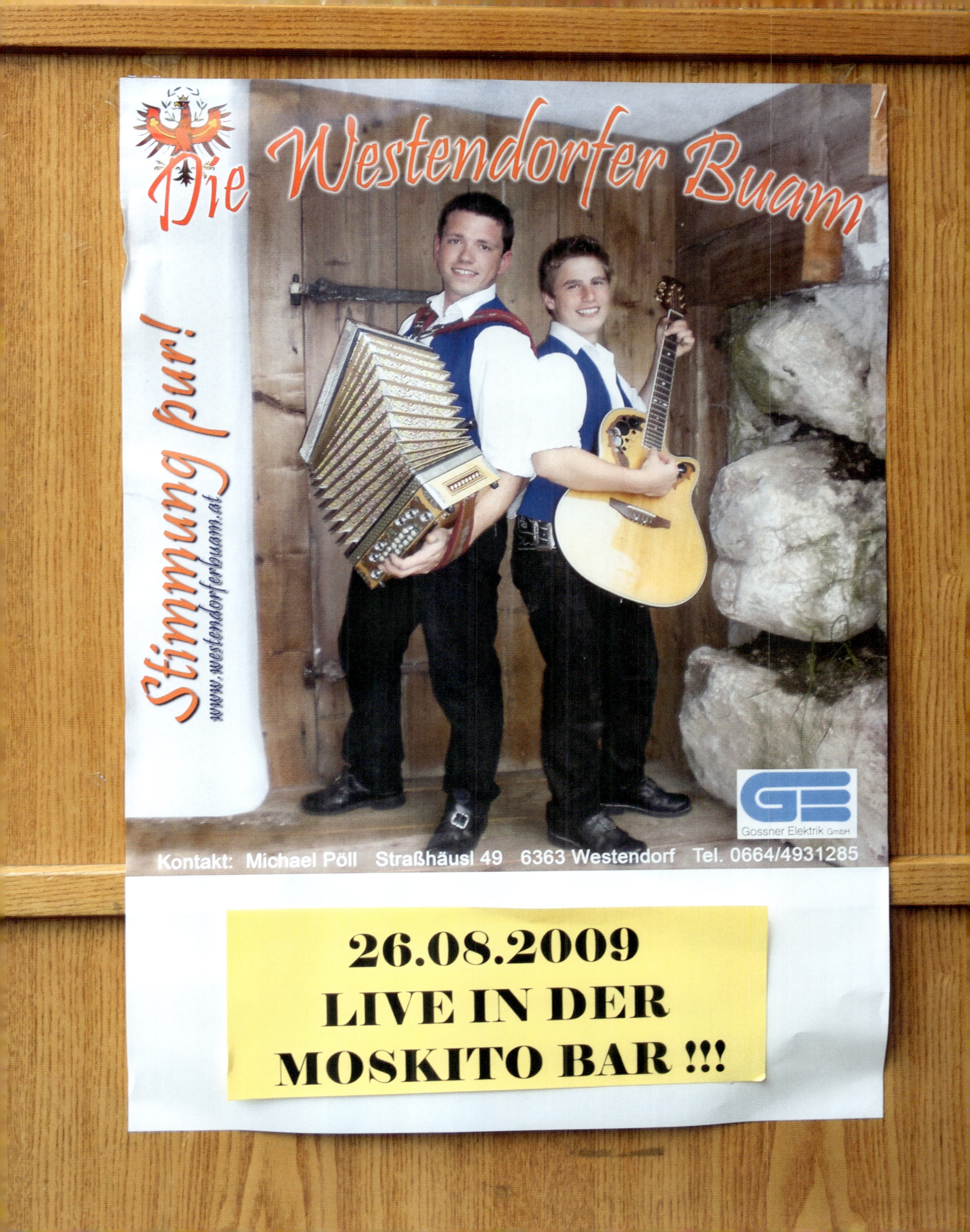
Die Westendorfer Buam
Stimmung pur!
www.westendorferbuam.at
Gossner Elektrik GmbH
Kontakt: Michael Pöll Straßhäusl 49 6363 Westendorf Tel. 0664/4931285
26.08.2009
LIVE IN DER
MOSKITO BAR !!!

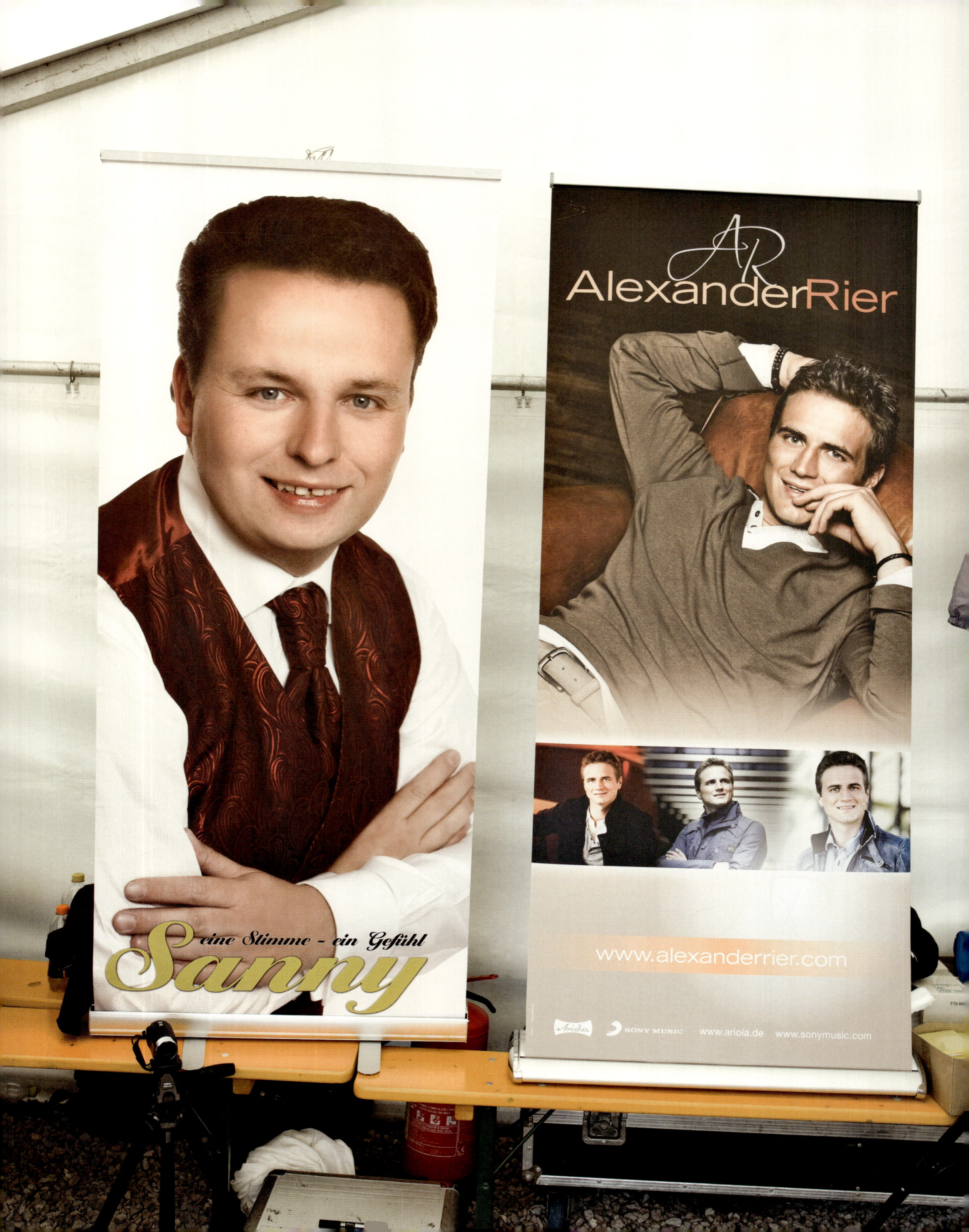
eine Stimme - ein Gefühl
Sanny
AR
AlexanderRier
www.alexanderrier.com
Ariola
SONY MUSIC
www.ariola.de
www.sonymusic.com

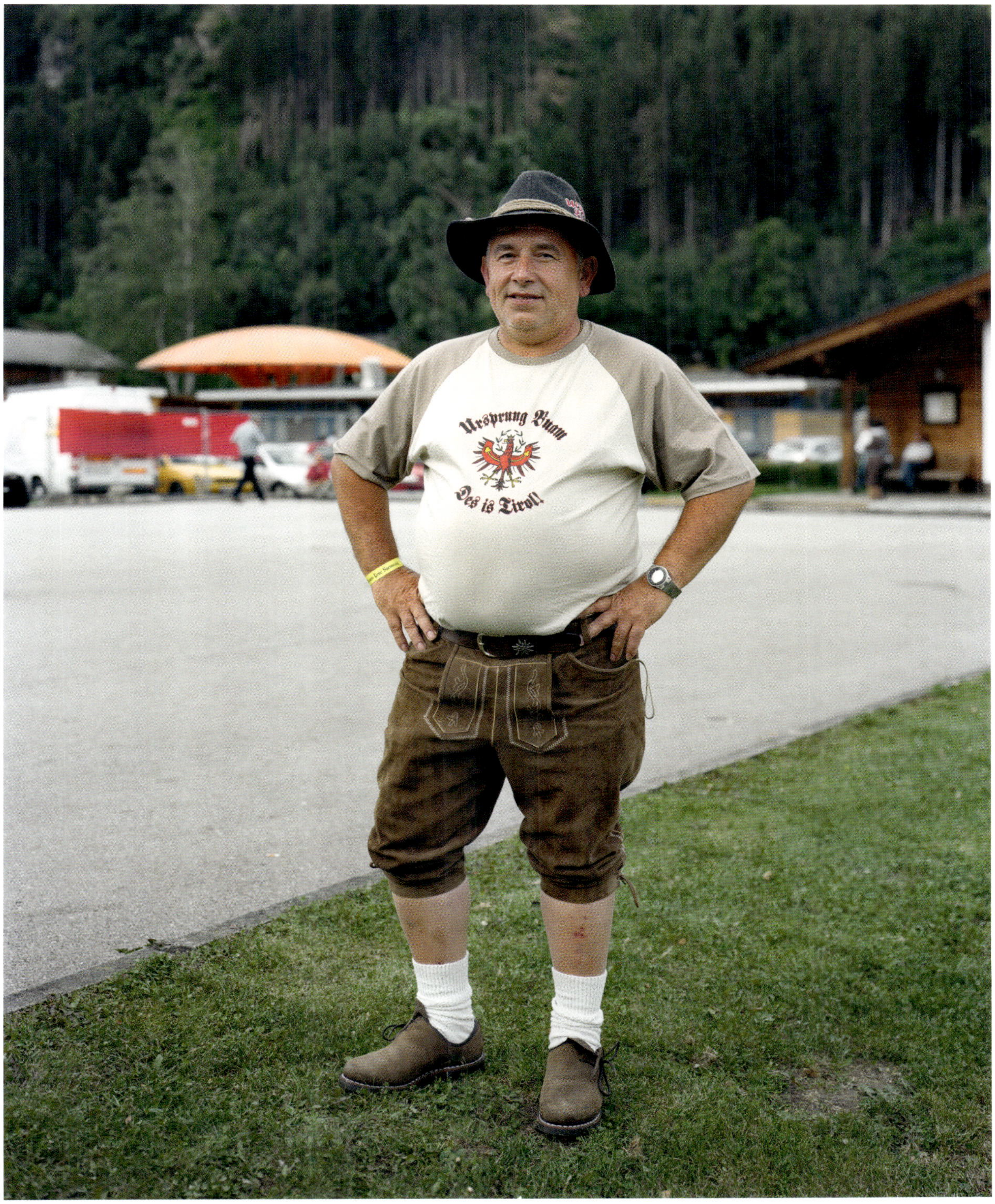

Wolfgang L.

Arbeiter bei BMW aus Bayern
BMW worker from Bavaria

Ursprung Buam Fest
Stumm, Zillertal, 11.7.2009

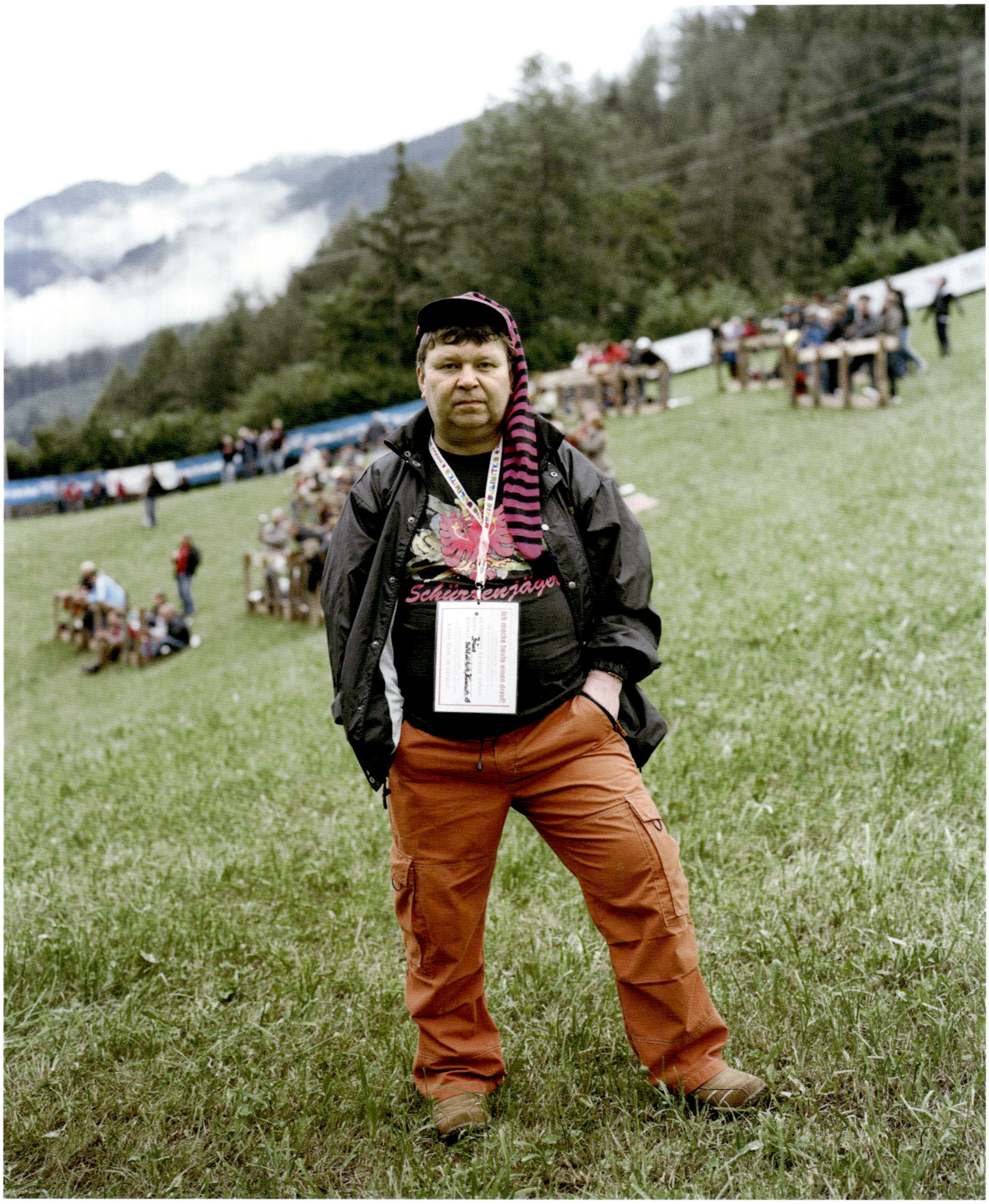

Gernot B.

Polsterer aus Oberfranken
Upholsterer from Upper Franconia

Schürzenjäger Open Air
Finkenberg, Zillertal, 7.8.2010

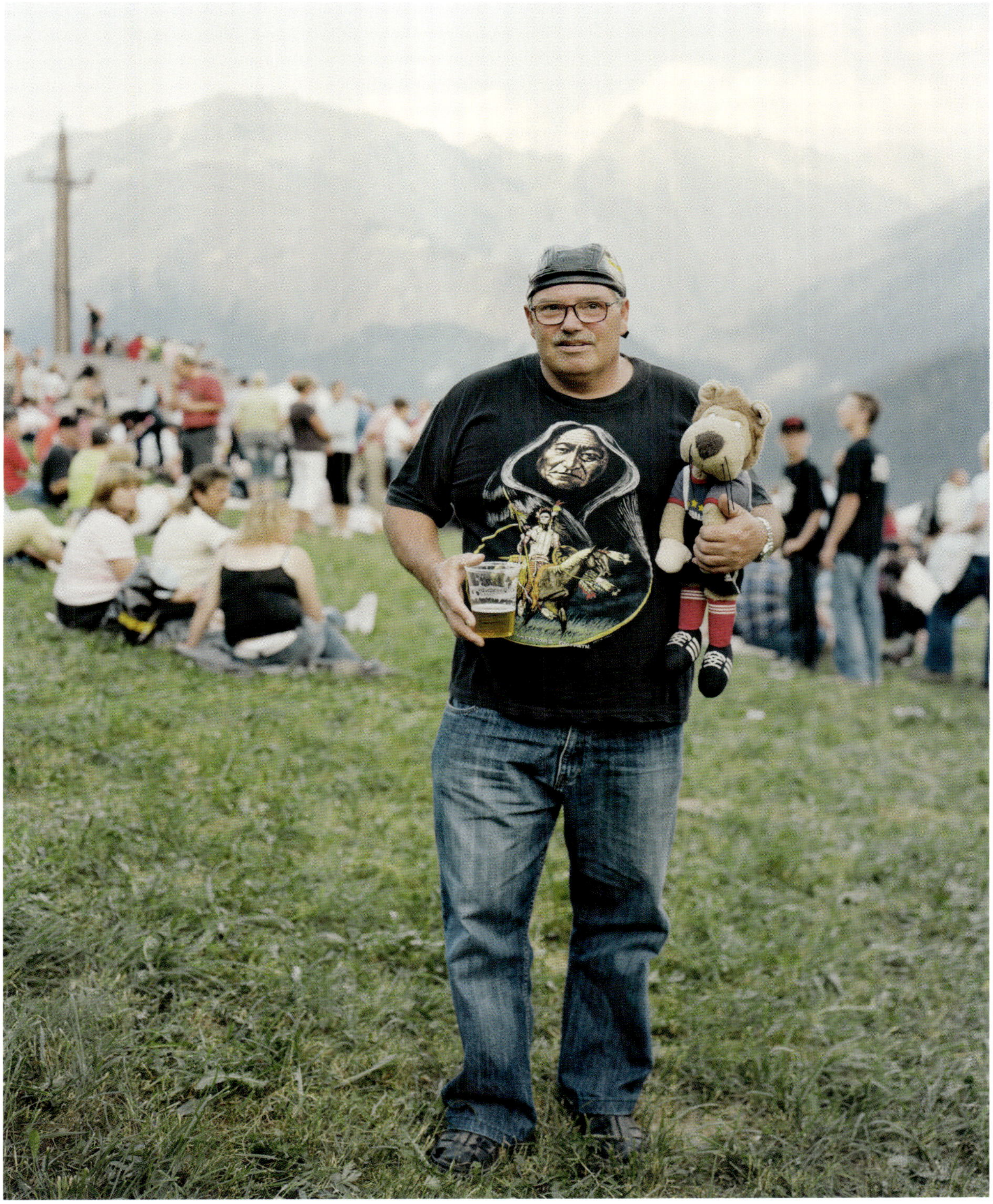

Johann B.

Platzwart bei Bayer 04 Leverkusen aus Nordrhein-Westfalen
Groundkeeper for Bayer 04 Leverkusen from North Rhine-Westphalia

Schürzenjäger Open Air
Finkenberg, Zillertal, 21.7.2007

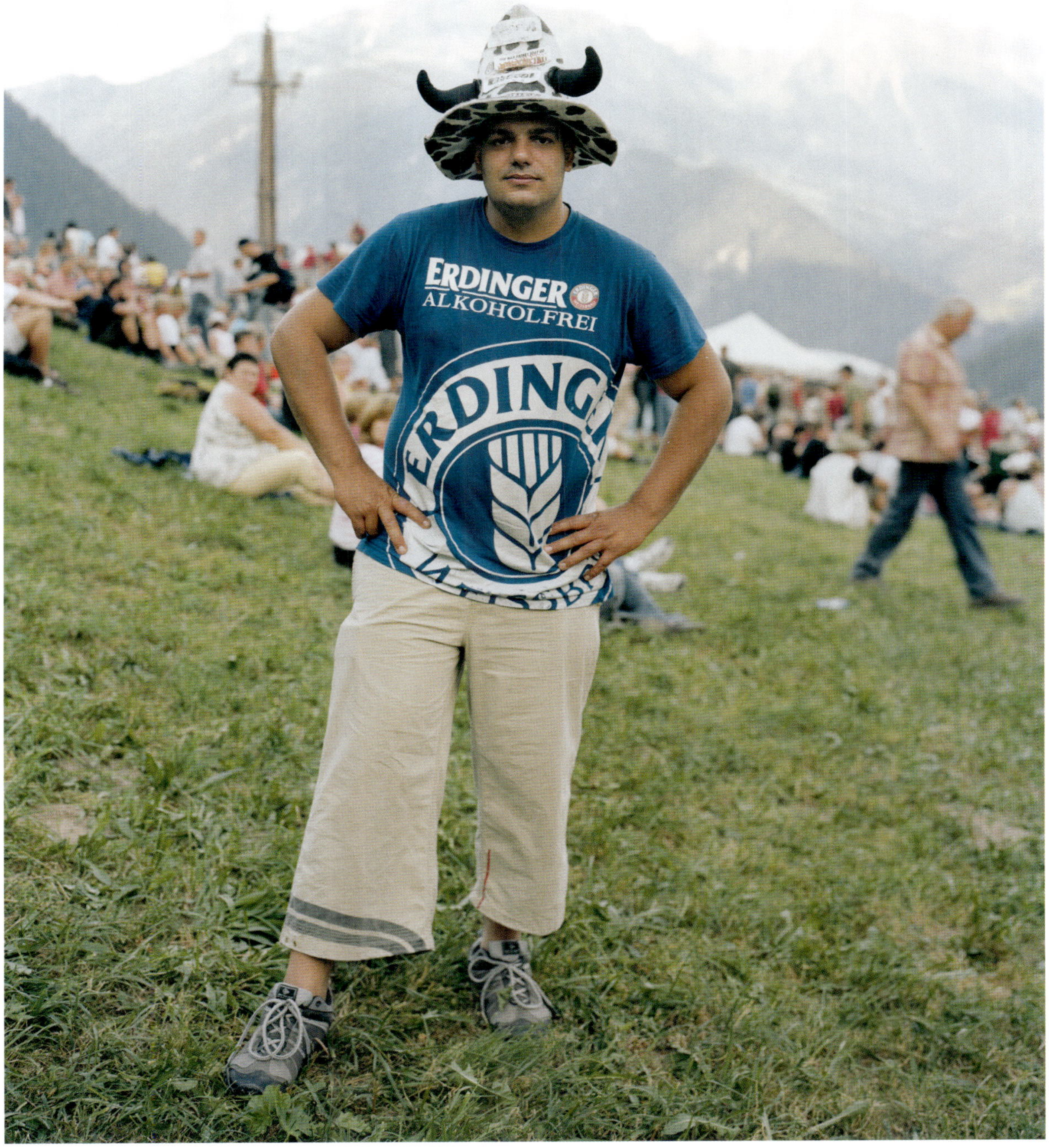

Stefan S.

Aus Baden-Württemberg
From Baden-Württemberg

Schürzenjäger Open Air
Finkenberg, Zillertal, 21.7.2007

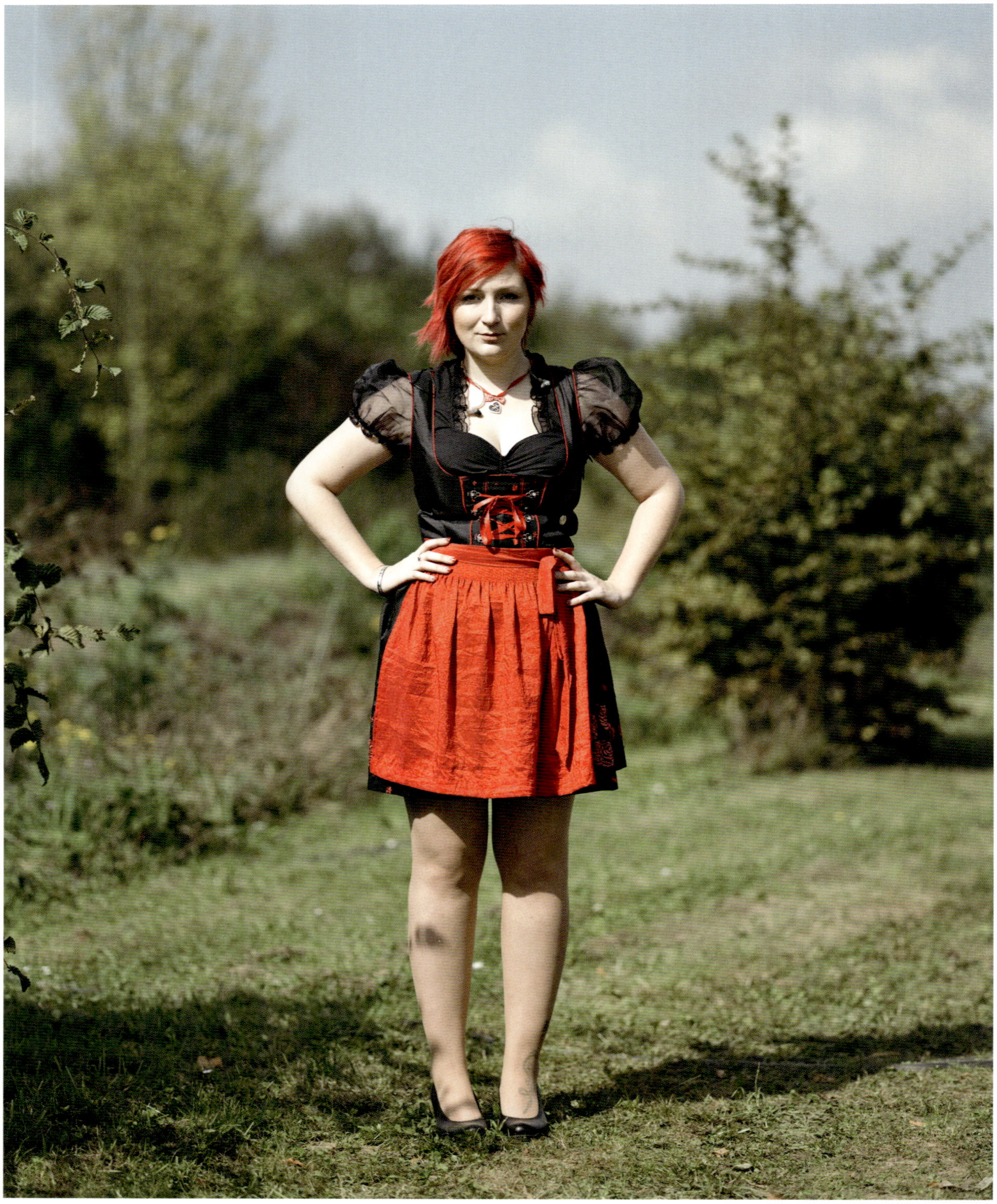

Kathrin Tragler

Sängerin bei den Fetzentaler Musikanten aus Oberösterreich
Singer with the Fetzentaler musicians from Upper Austria

Hessen, 14.9.2014

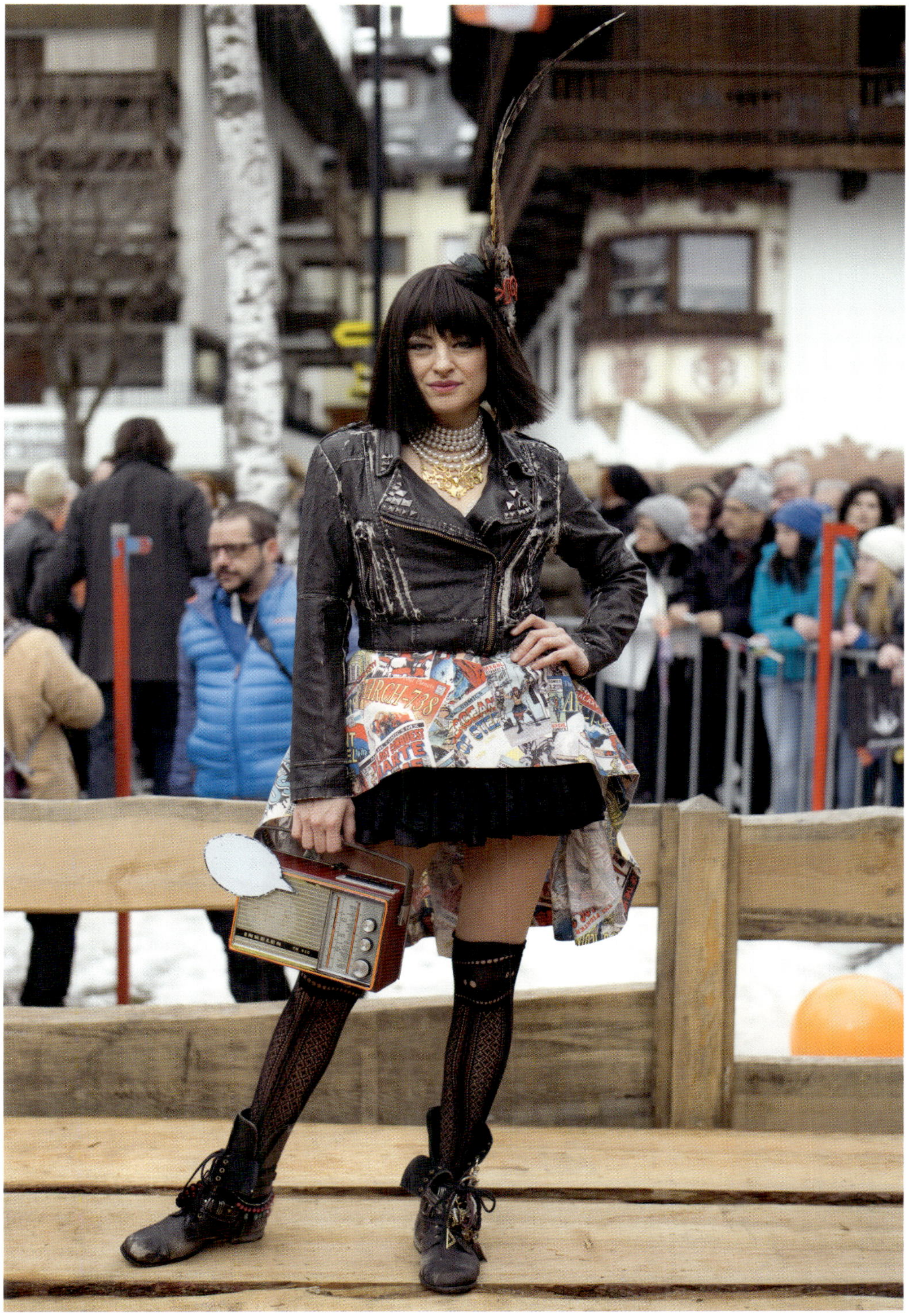

Marlen Billii

E-Geigerin, Sängerin und Songwriterin aus Oberösterreich
Electric violinist, singer and songwriter from Upper Austria

Andreas Gabalier Winterparty
Seefeld, 5.3.2016

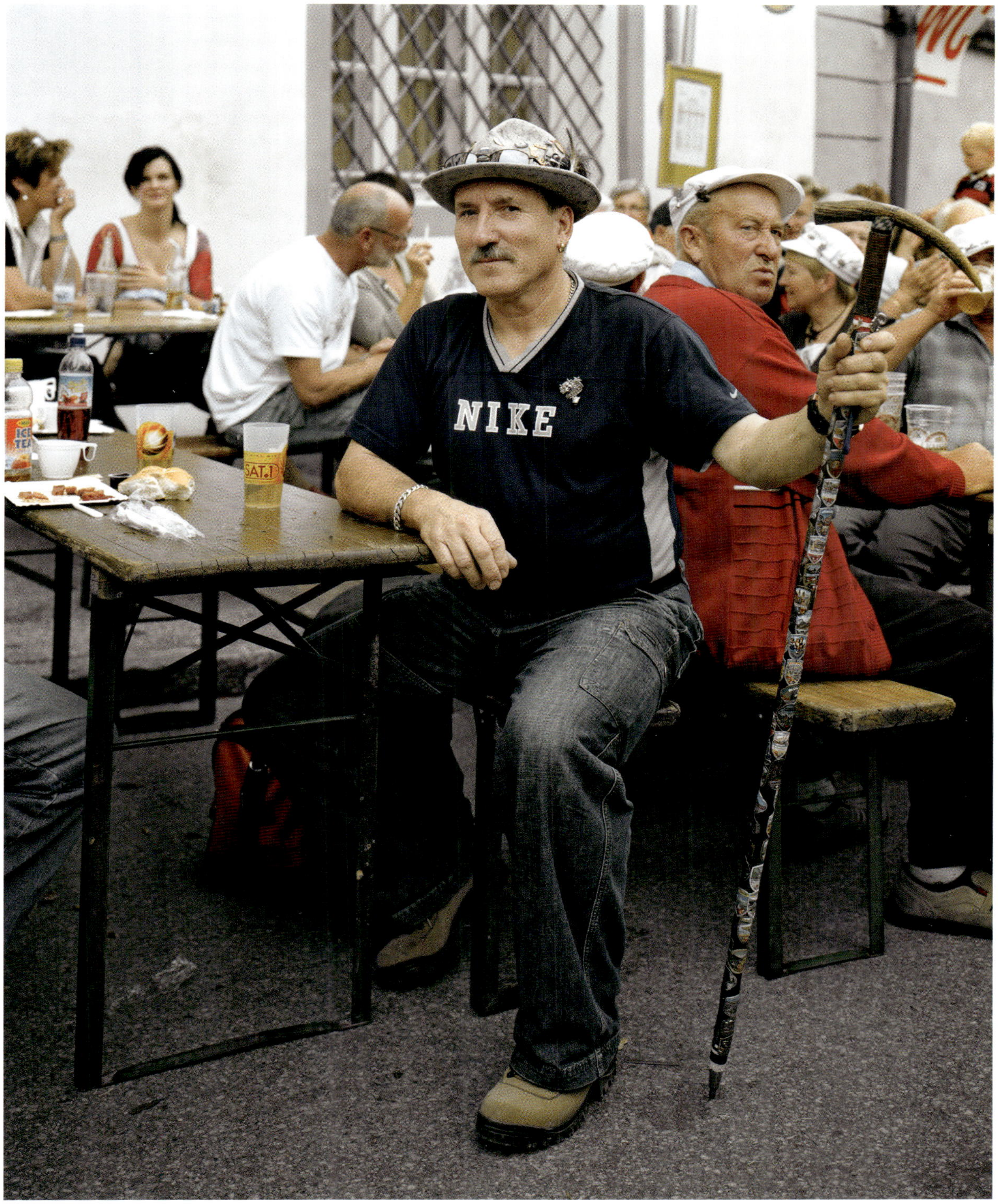

Dirk T.

Elektriker aus Brandenburg
Electrician from Brandenburg

Fügener Almabtrieb mit der Musikgruppe Zillertal Power, 15.9.2007
Fügener Almabtrieb with the music group Zillertal Power, 15.9.2007

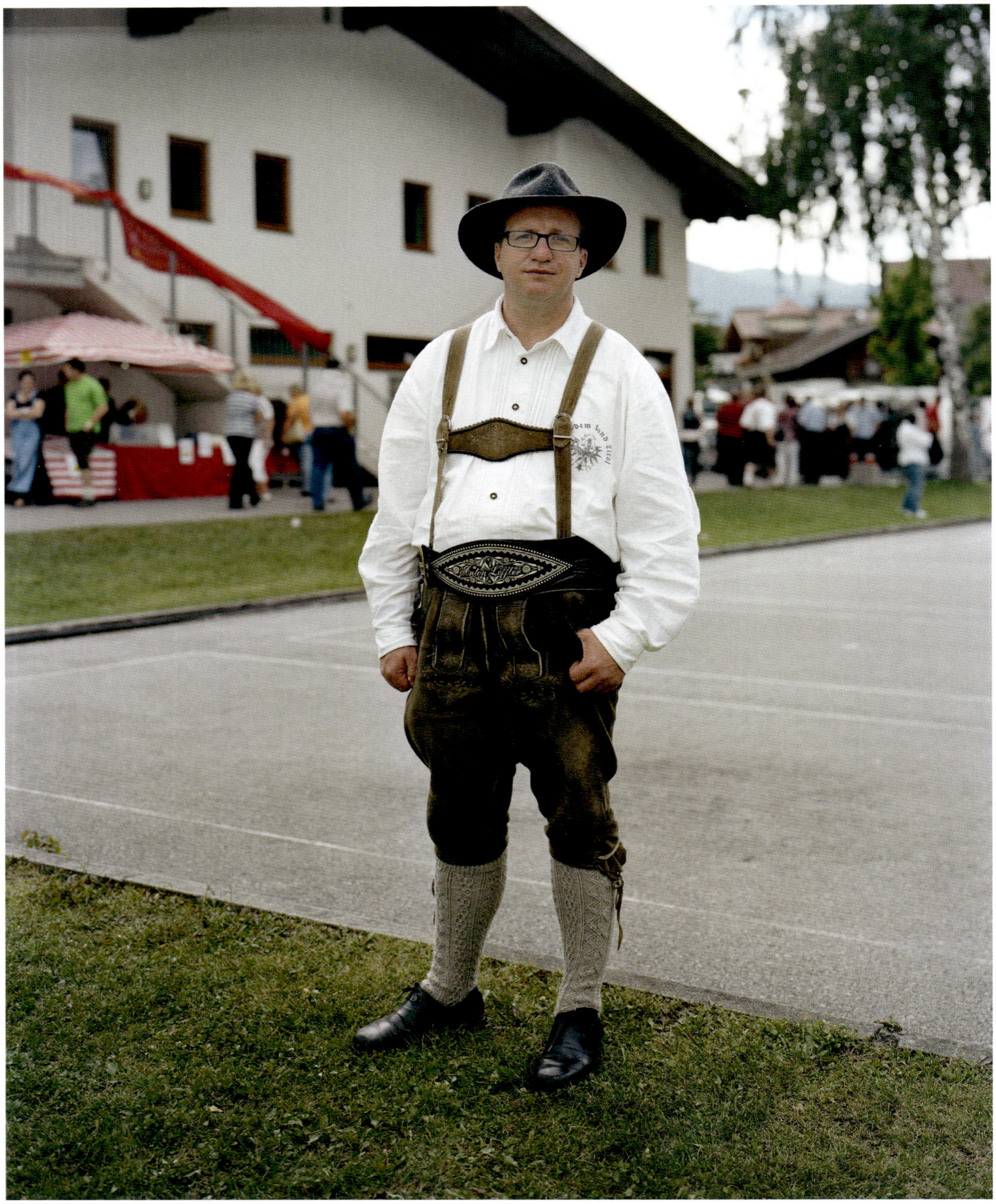

Anton L.

Molkereifachmann aus Bayern
Dairy professional from Bavaria

Ursprung Buam Fest
Uderns, Zillertal, 11.7.2009

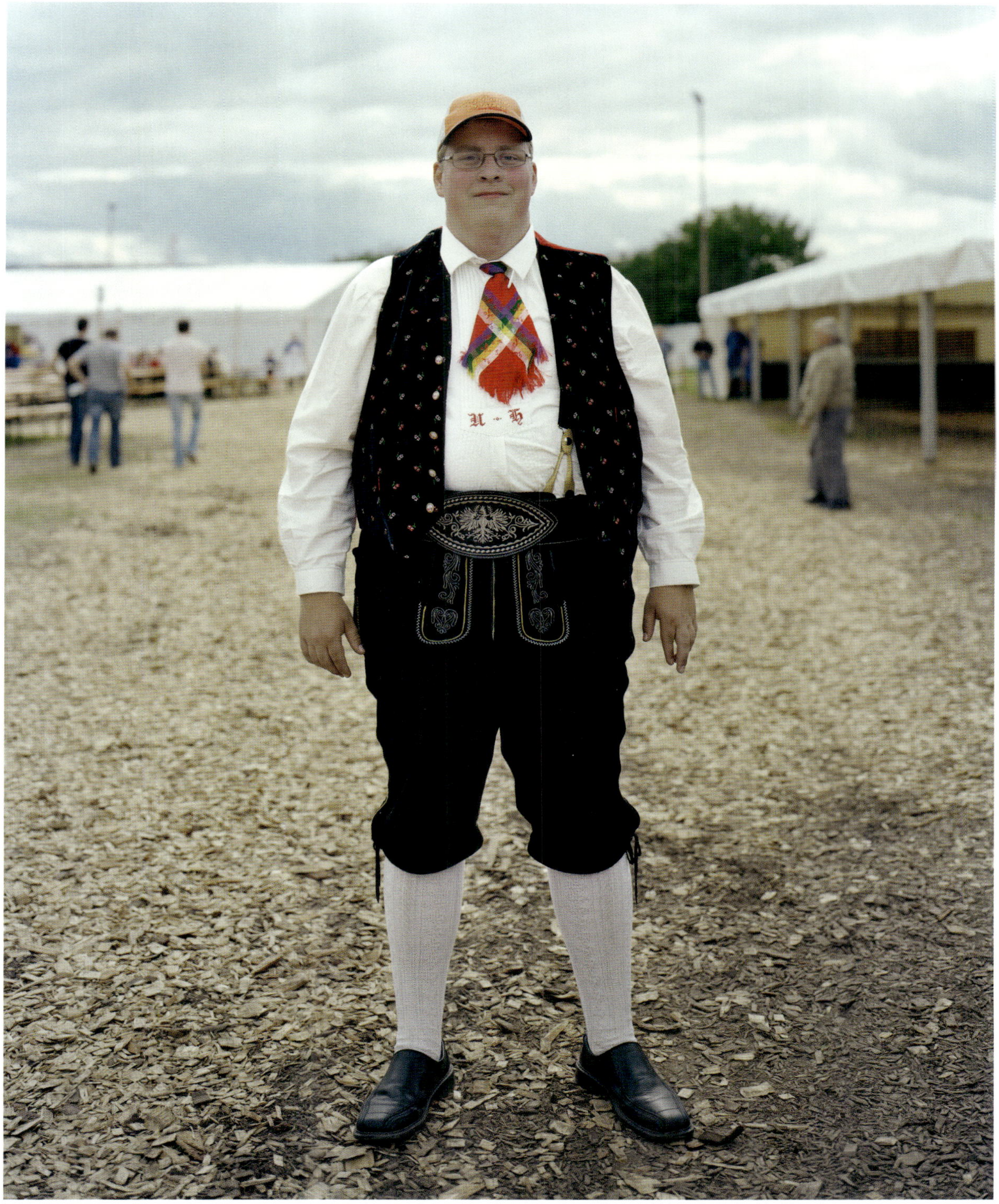

Tobias H.

Industriekaufmann aus Westfalen
Industrial clerk from Westphalia

Kastelruther Spatzen Open Air
Kastelruth, Südtirol, 14.6.2008

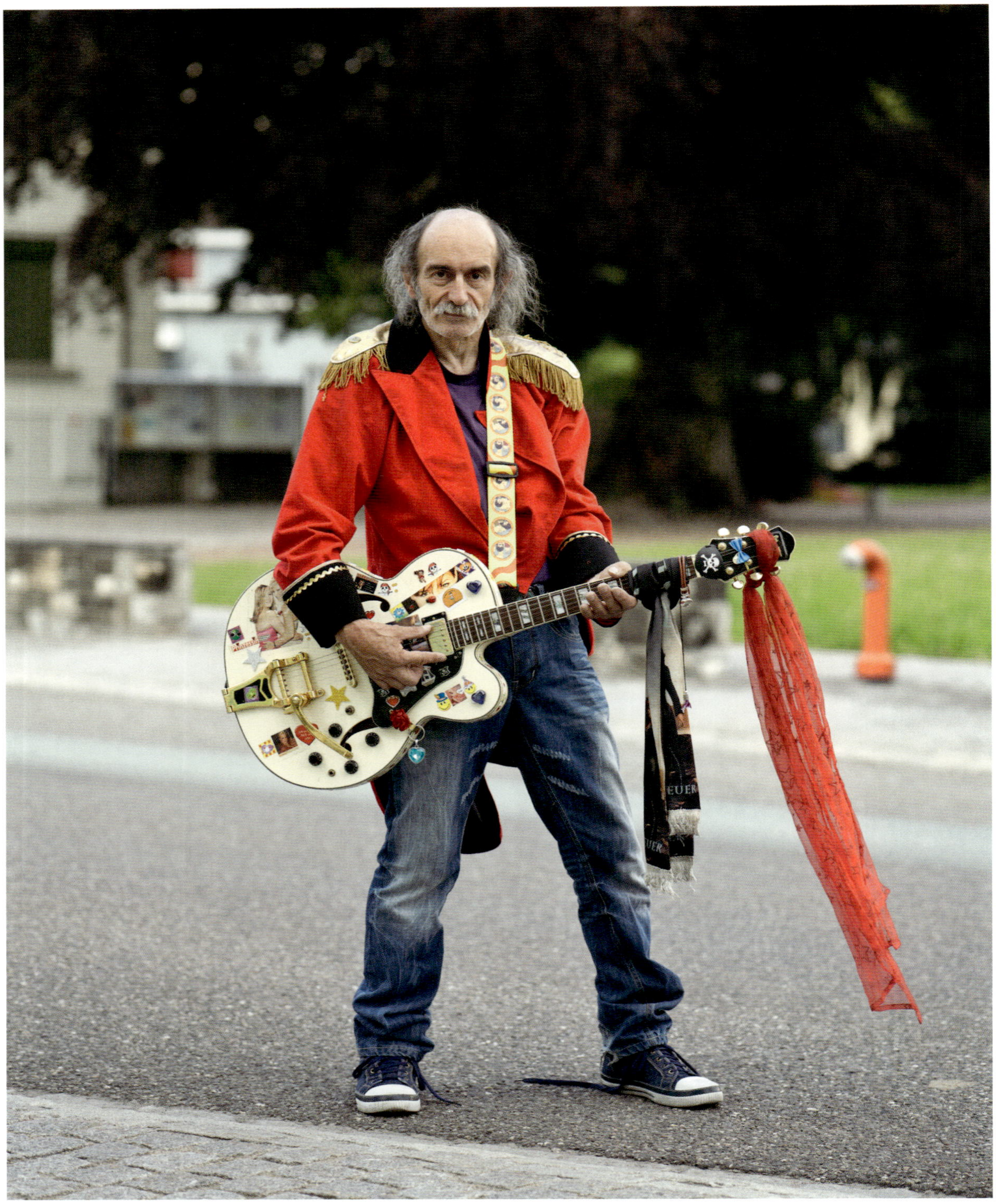

René N.

Ehemaliger Hansi Hinterseer-Fan aus dem Kanton St. Gallen, Schweiz
Former Hansi Hinterseer fan from the canton of St. Gallen, Switzerland

Oberriet, 13.6.2014

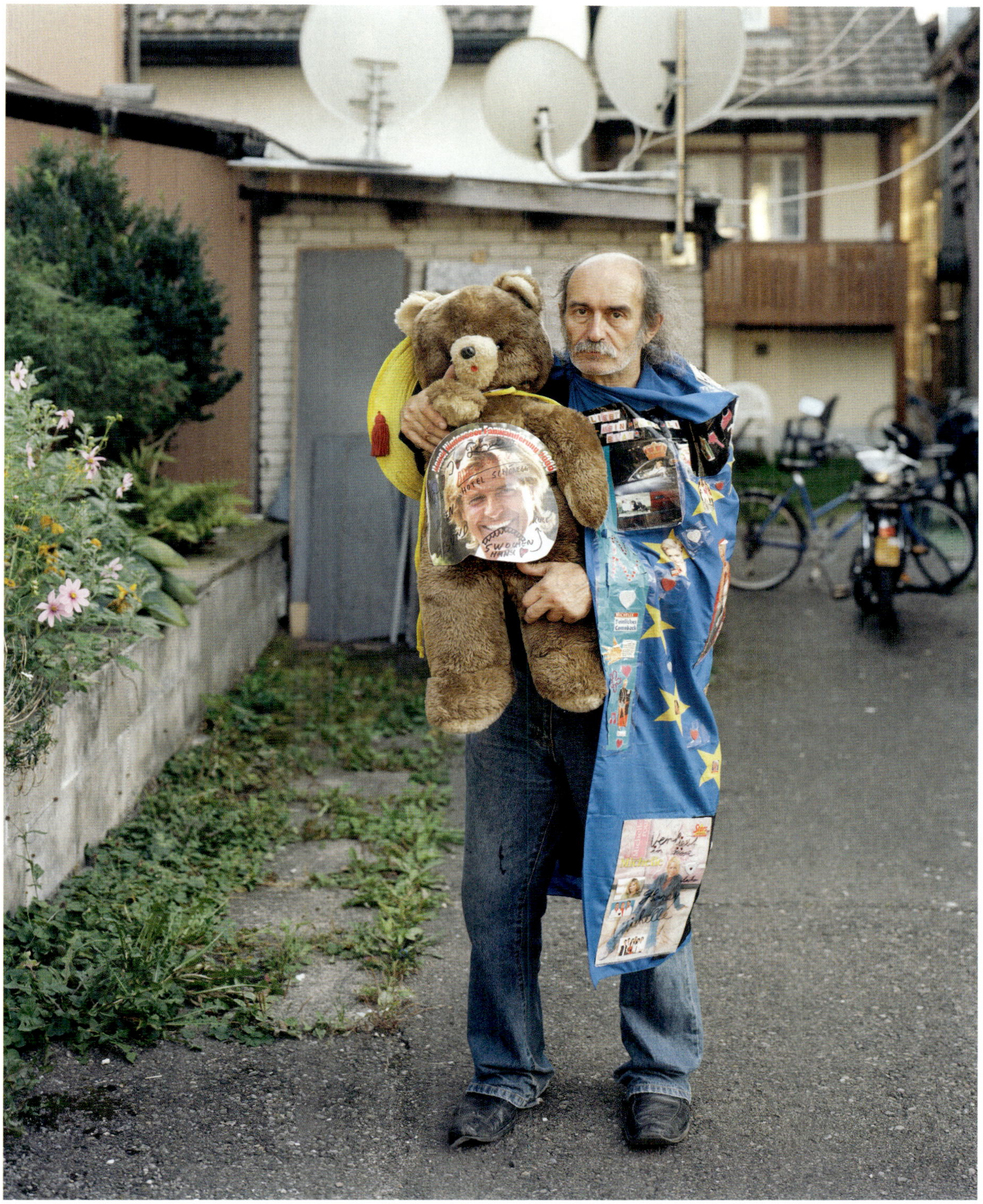

René N.

Ehemaliger Hansi Hinterseer-Fan aus dem Kanton St. Gallen, Schweiz
Former Hansi Hinterseer fan from the canton of St. Gallen, Switzerland

Turbental, 4.3.2010

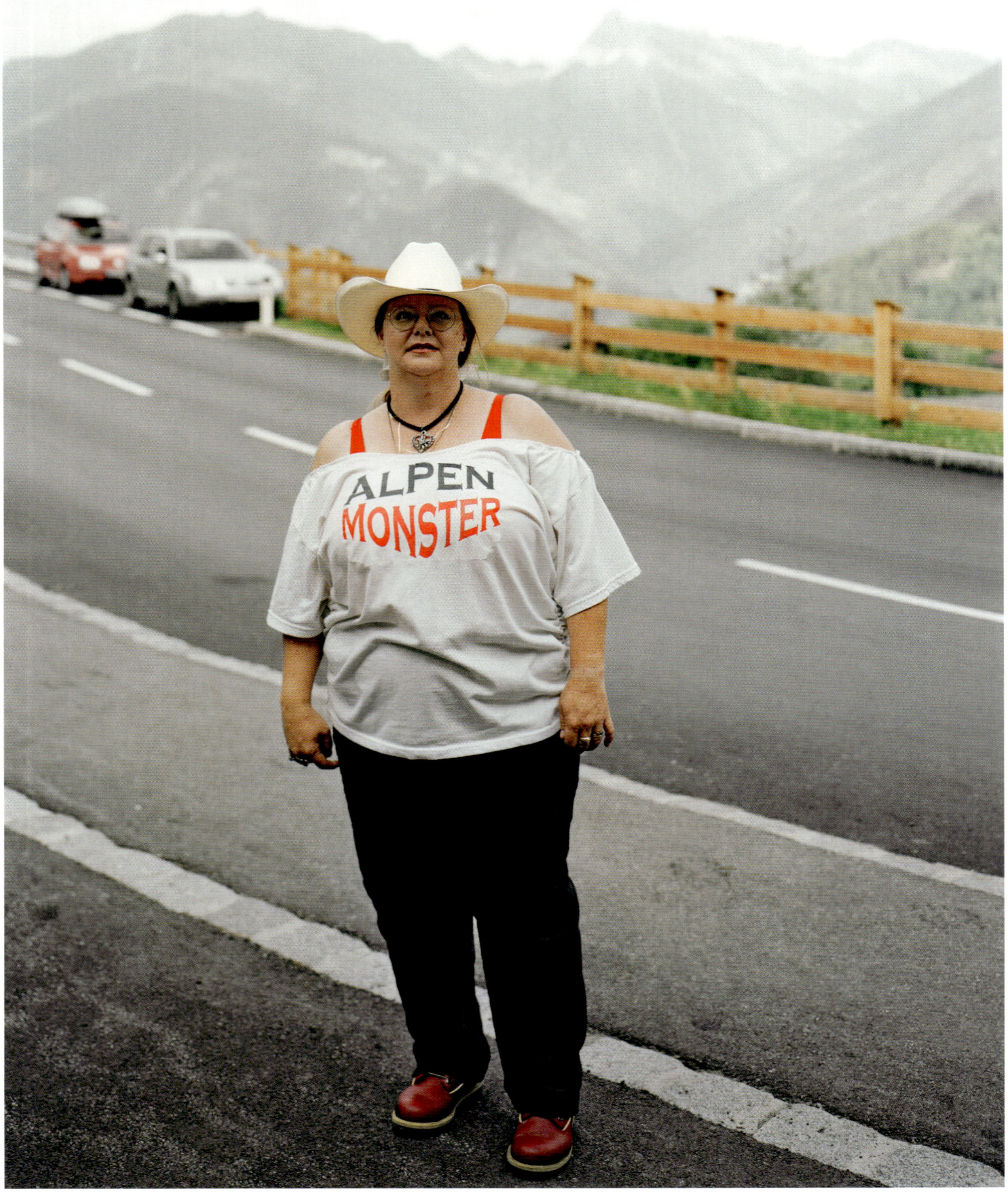

Lisa D.

Leiterin des Schürzenjäger Fan Clubs von Amerika aus Maryland, USA
Director of the Schürzenjäger Fan Club of America from Maryland, USA

Schürzenjäger Open Air
Finkenberg, Zillertal, 20.7.2007

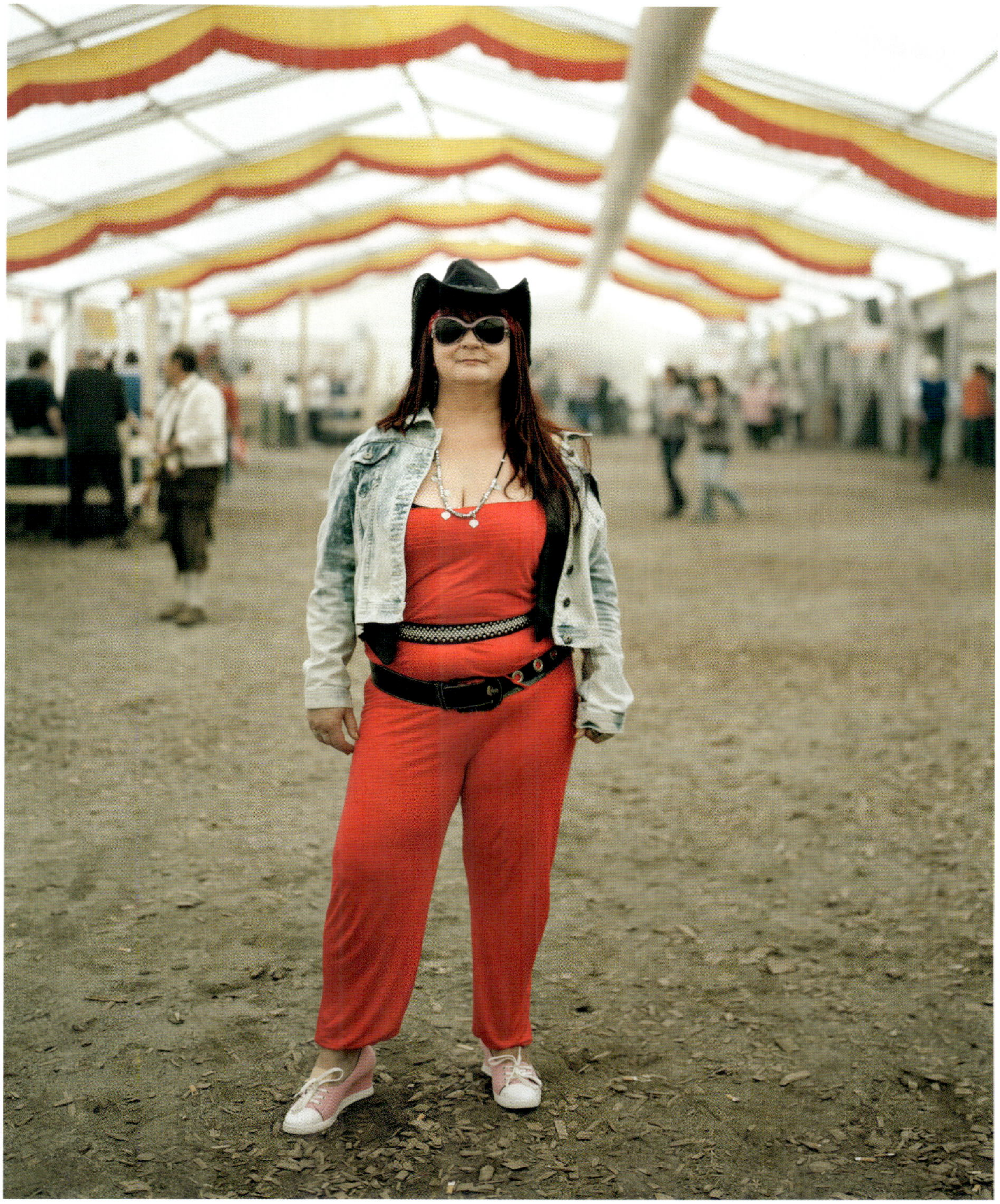

Helga F.

Friseurin aus dem Allgäu
Hairdresser from the Allgäu

Kastelruther Spatzenfest
Kastelruth, Südtirol, 8.10.2011

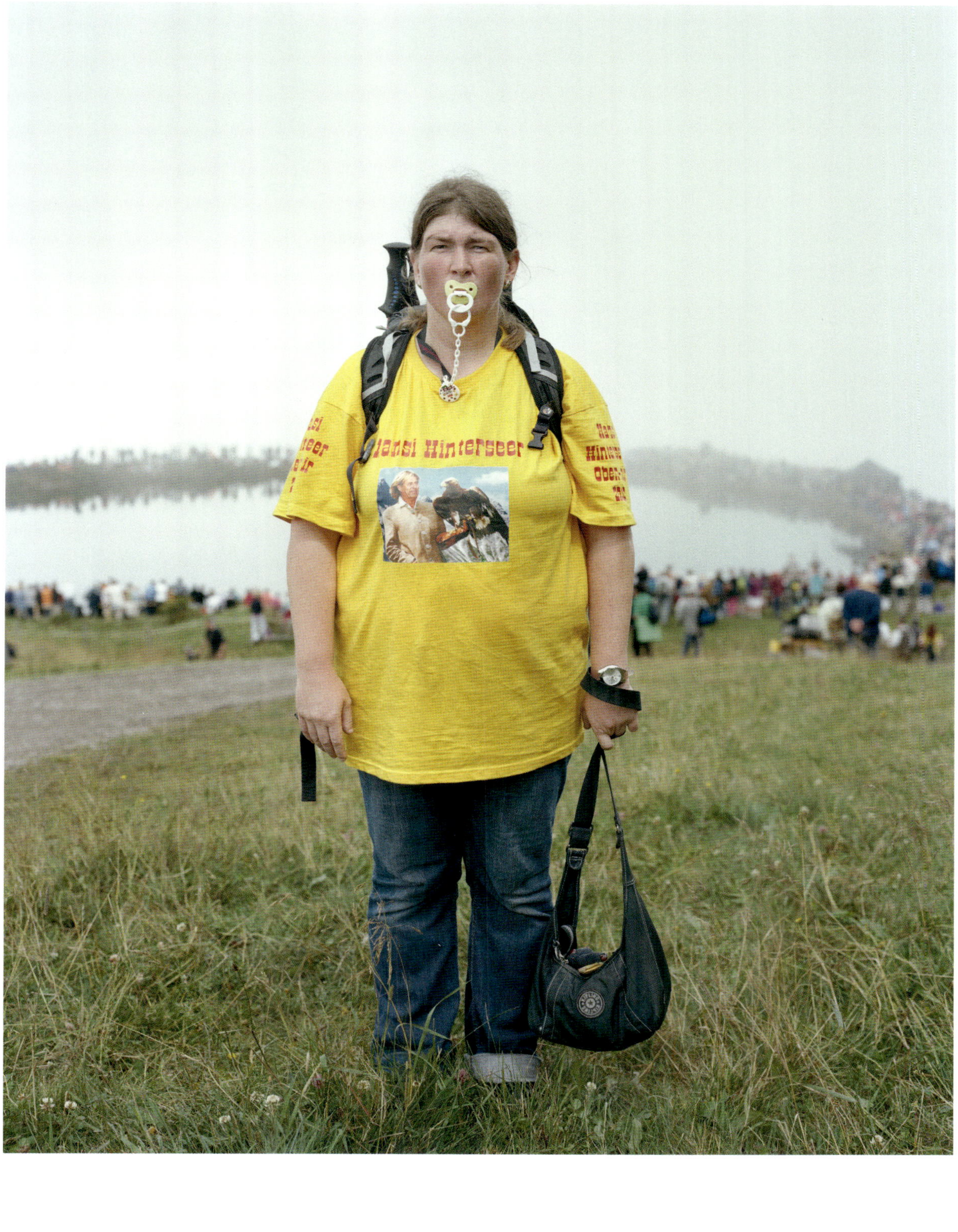

Carmen R.

Selbständig, aus dem Kanton Zürich, Schweiz
Self-employed, from the canton of Zurich, Switzerland

Hansi Hinterseer Fanwanderung
Hahnenkamm, Kitzbühel, 19.8.2010

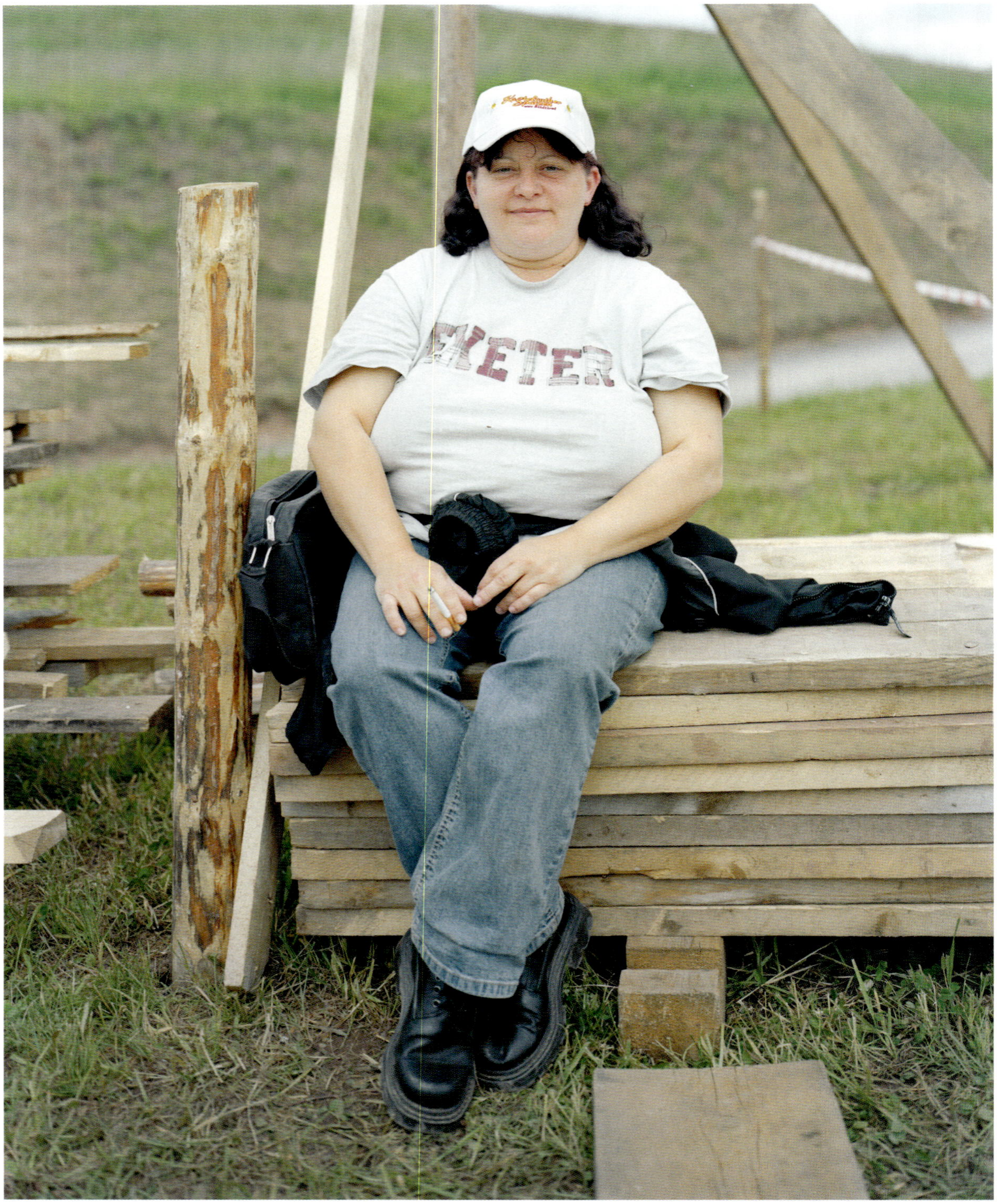

Gabriele P.

Security Service-Mitarbeiterin aus der Steiermark
Security service employee from Styria

Kastelruther Spatzen Open Air
Kastelruth, Südtirol, 14.6.2008

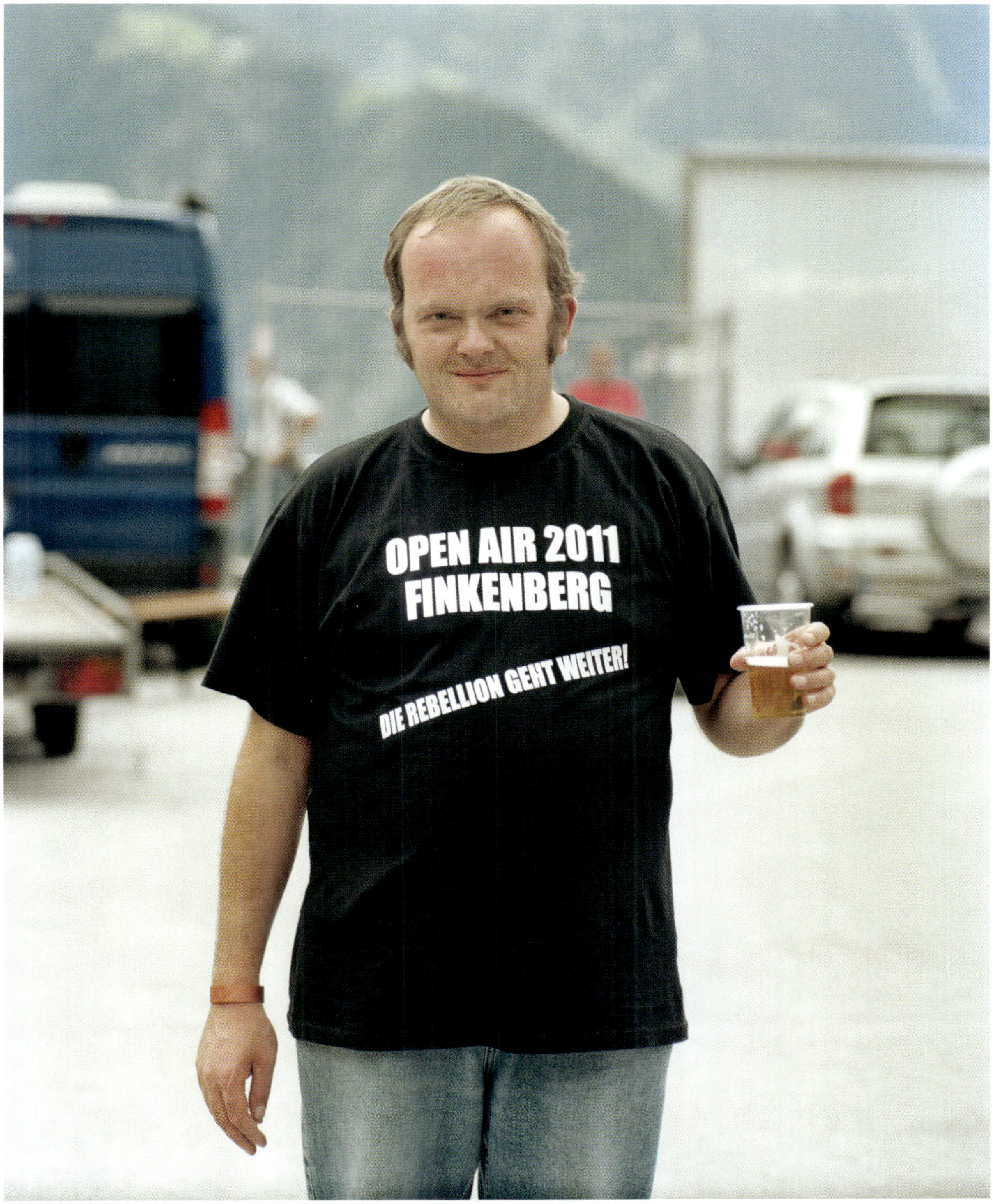

Alexander P.

z.Zt. arbeitslos, aus Tirol
Currently unemployed, from Tirol

Schürzenjäger Open Air
6.8.2011

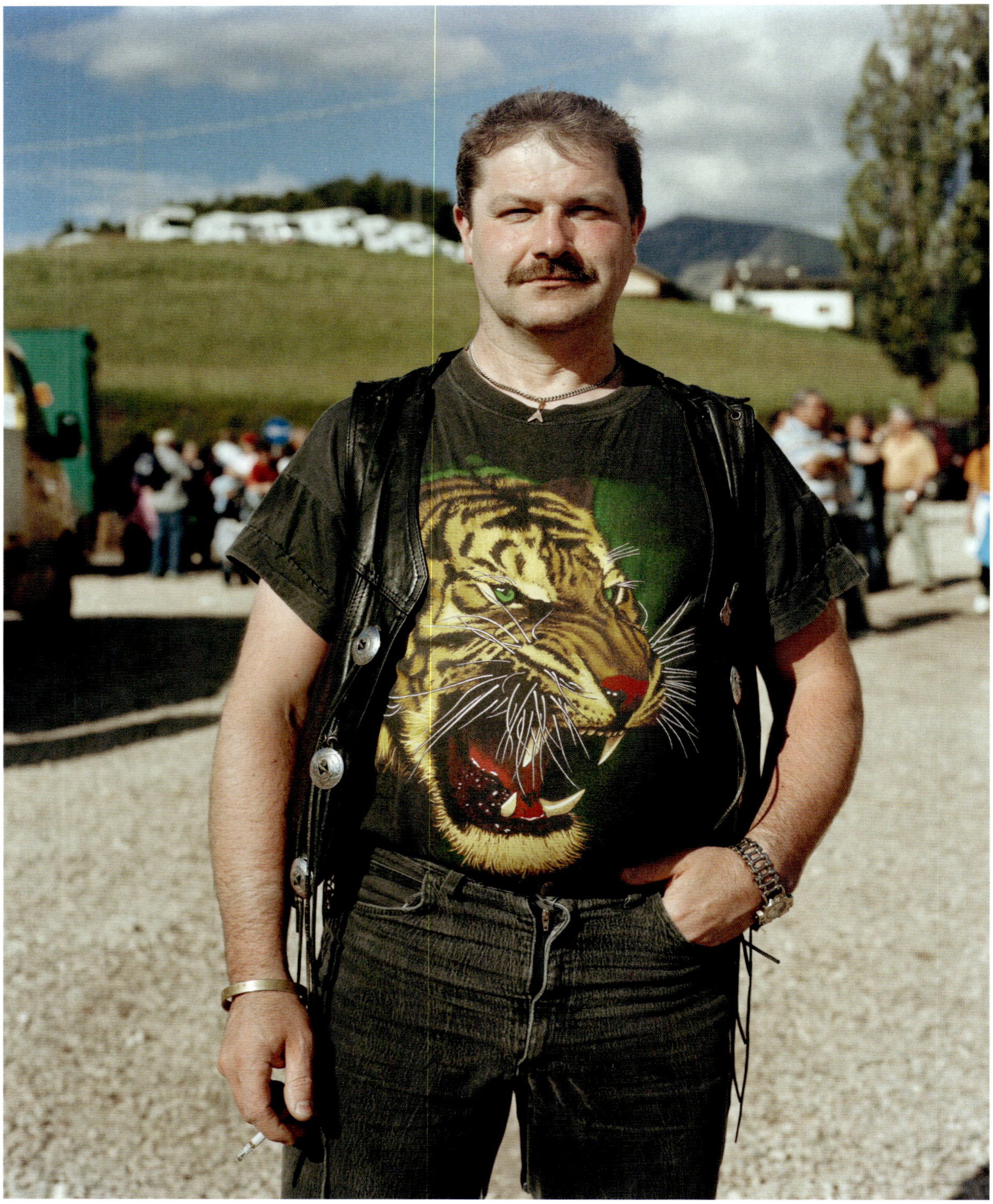

Kastelruther Spatzenfest
Oktober 2005

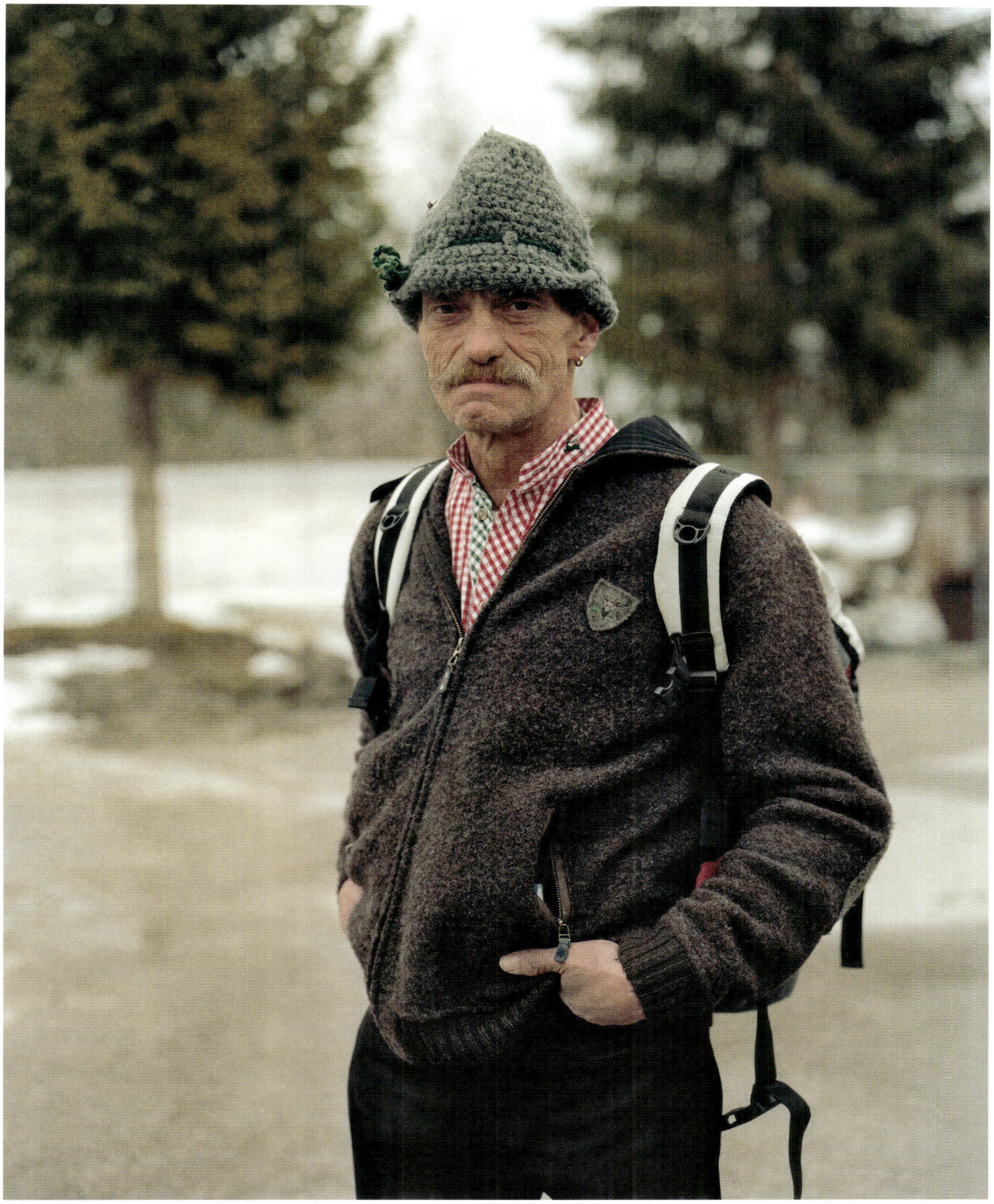

Detlev K.

Maler aus Bayern
Painter from Bavaria

Andreas Gabalier Winterparty
Seefeld, 5.3.2016

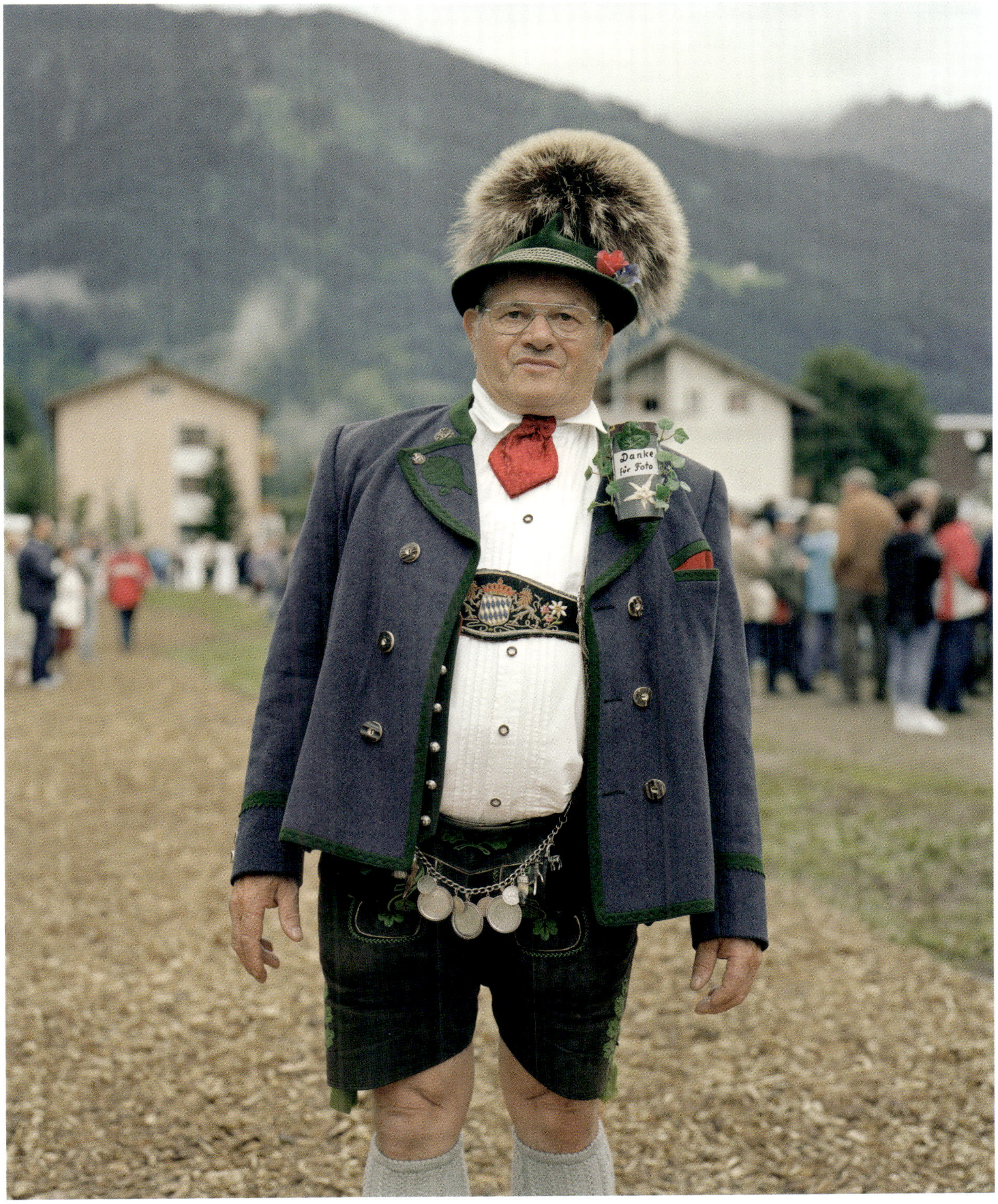

Otto H.

Metzger aus Bayern
Butcher from Bavaria

Zillertaler Schlagernacht
Mayrhofen, 23.8.2014

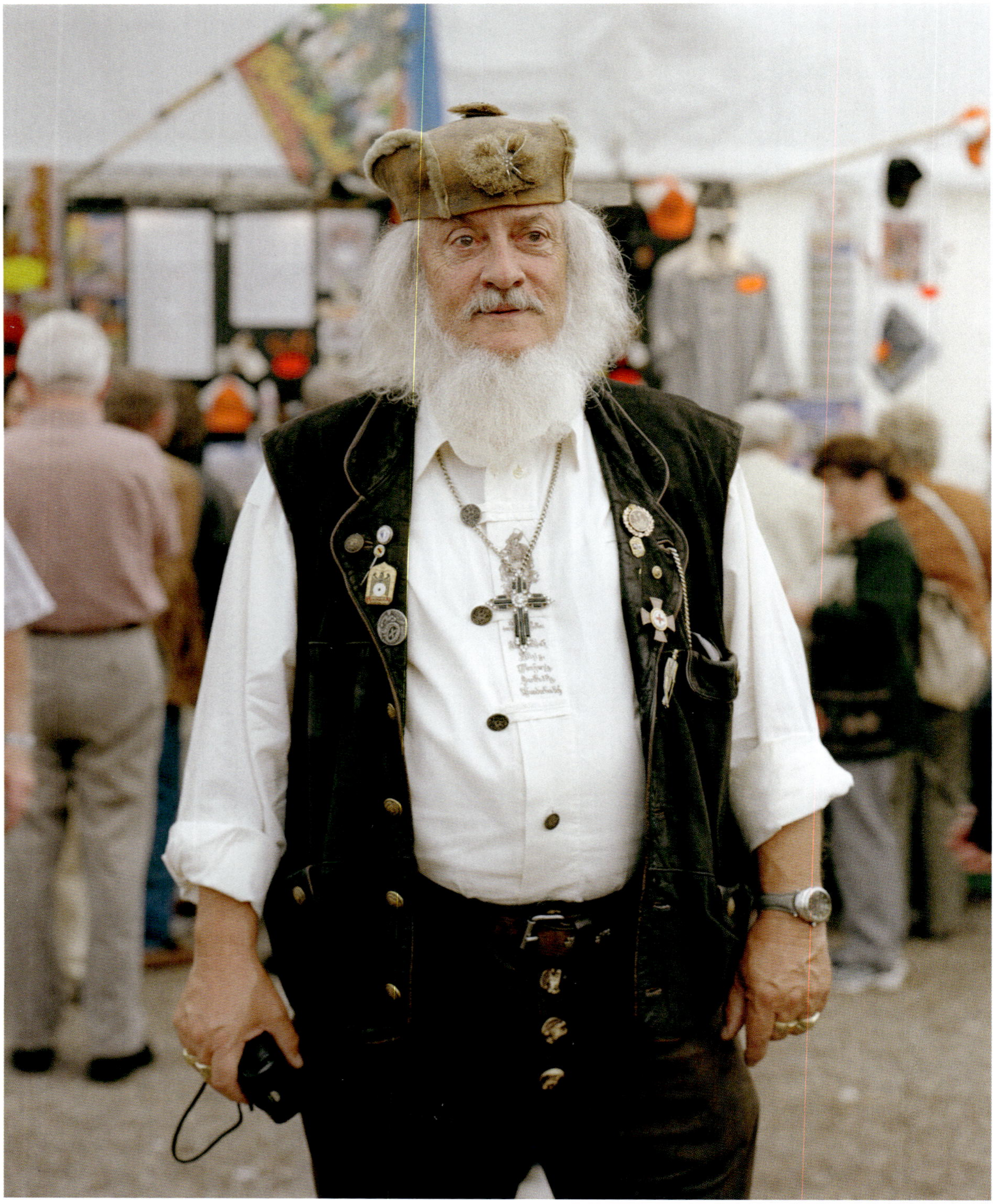

Kastelruther Spatzenfest
Kastelruth, Südtirol, 2005

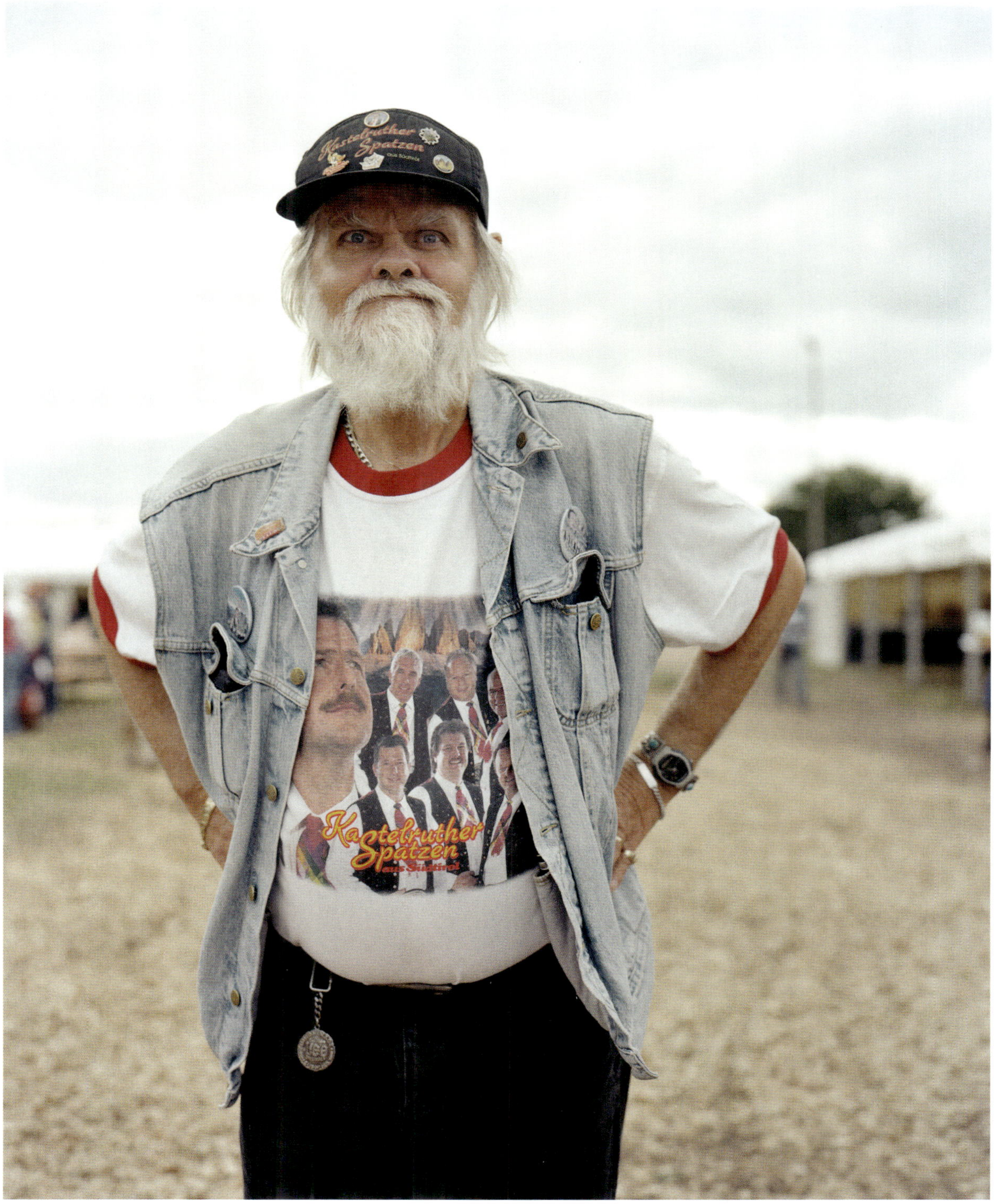

Roland B.

Rentner aus Hessen
Retiree from Hessen

Kastelruther Spatzen Open Air
Kastelruth, Südtirol, 14.6.2008

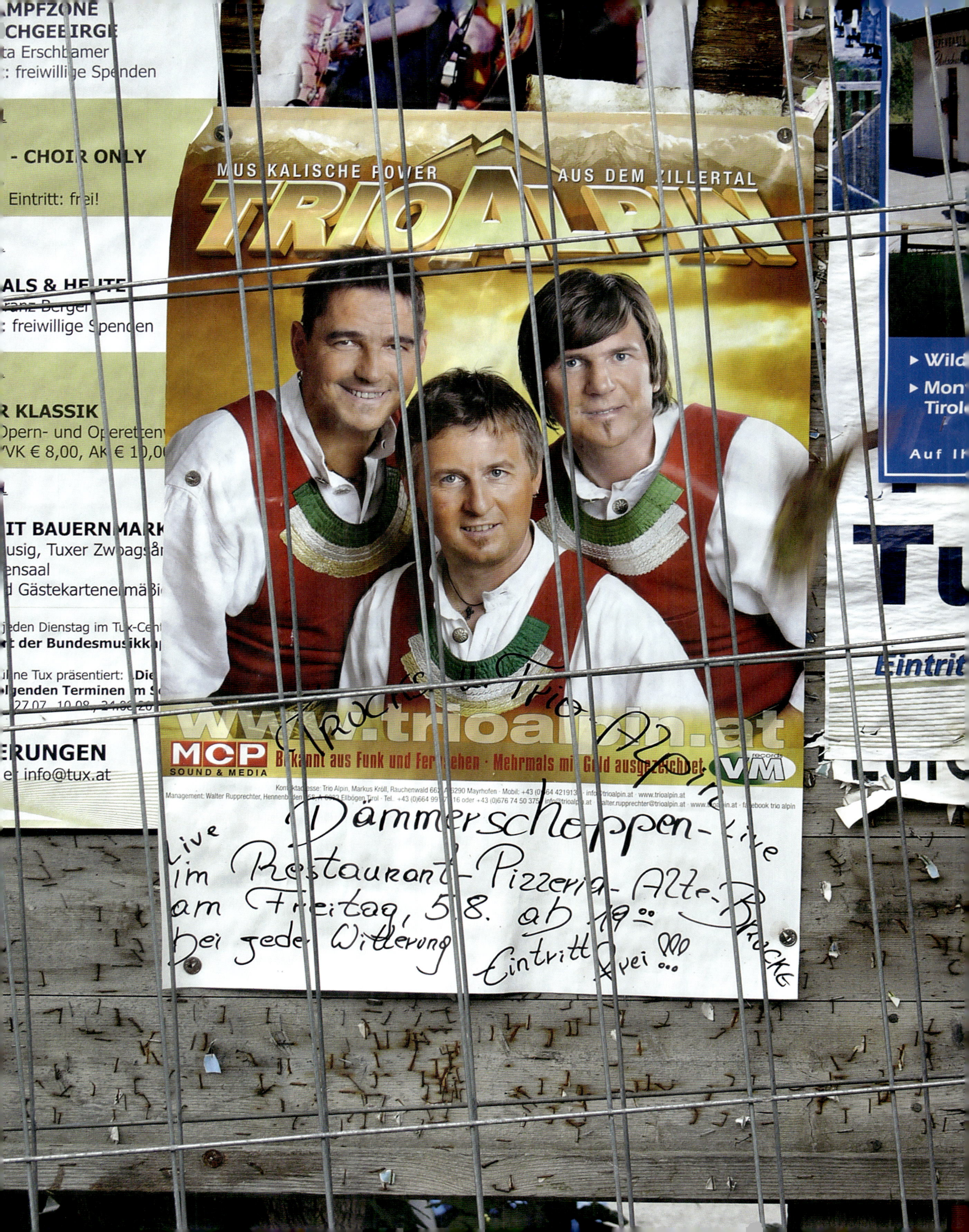
MUSIKALISCHE POWER AUS DEM ZILLERTAL
TRIO ALPIN
www.trioalpin.at
MCP SOUND & MEDIA
Bekannt aus Funk und Fernsehen · Mehrmals mit Gold ausgezeichnet
VM records
Dämmerschoppen-Live
Live im Restaurant Pizzeria Alte Brücke
am Freitag, 5.8. ab 19°°
bei jeder Witterung
Eintritt frei!!!
Brücke Trio Alpin
- CHOIR ONLY
Eintritt: frei!
: freiwillige Spenden
info@tux.at

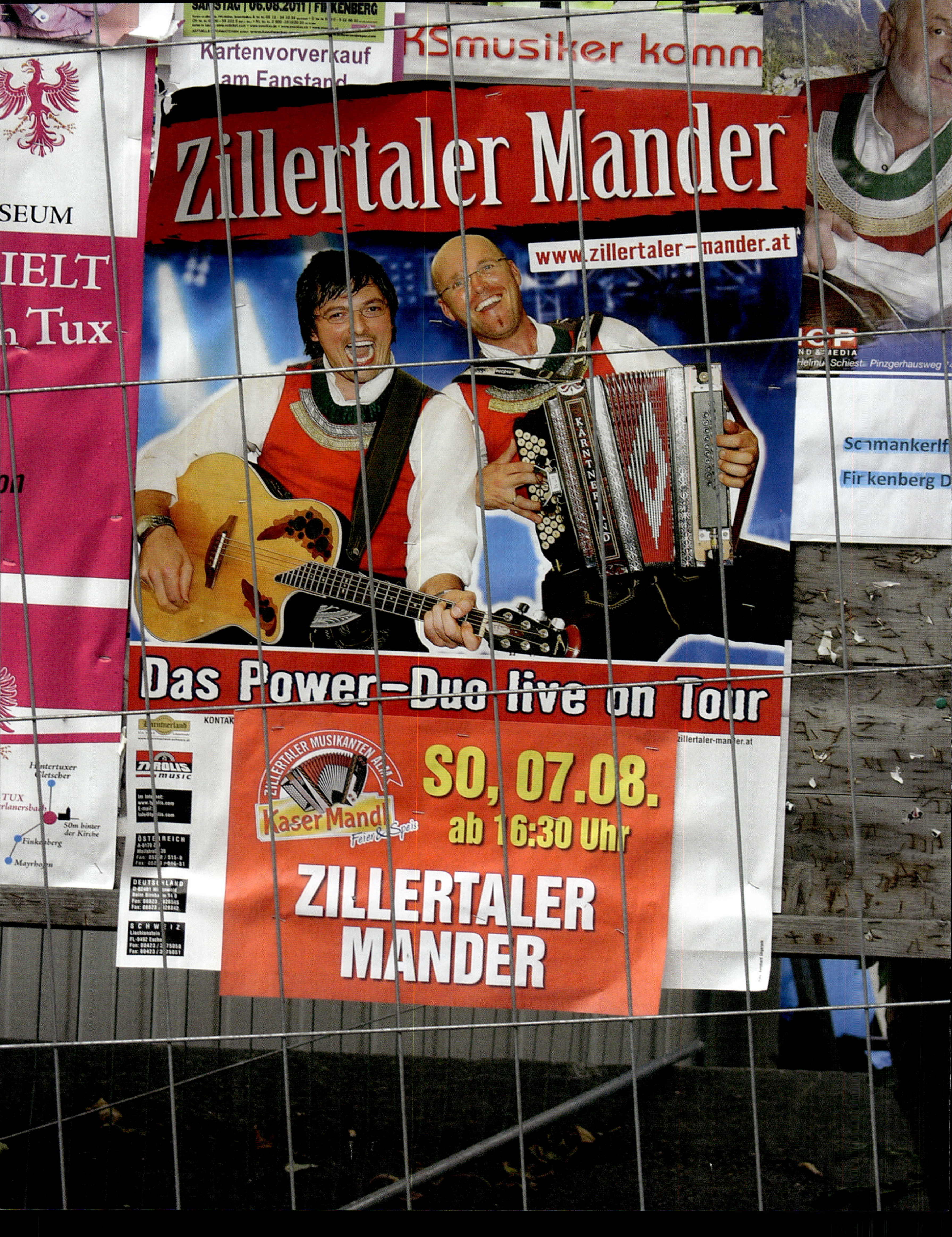
Kartenvorverkauf
am Fanstand
musiker komm
SEUM
IELT
n Tux
Zillertaler Mander
www.zillertaler-mander.at
Das Power-Duo live on Tour
SO, 07.08.
ab 16:30 Uhr
ZILLERTALER
MANDER
Kaser Mandl
zillertaler-mander.at
Hintertuxer Gletscher
Finkenberg
Mayrhofen
Firkenberg

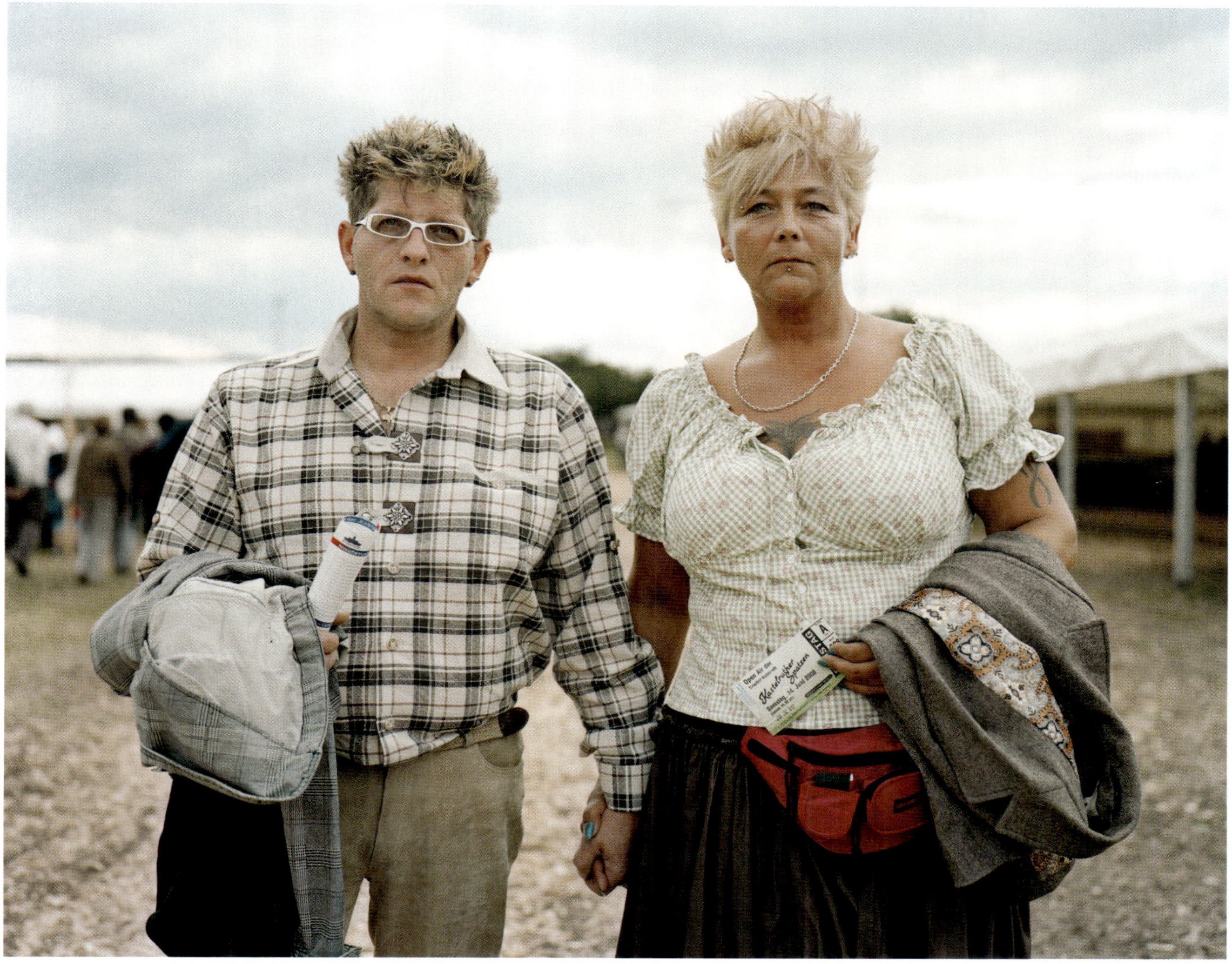

Helmut & Petra A.

Lagermeister und Haushälterin aus dem Allgäu
Warehouseman and housekeeper from the Allgäu

Kastelruther Spatzen Open Air
Kastelruth, Südtirol, 14.6.2008

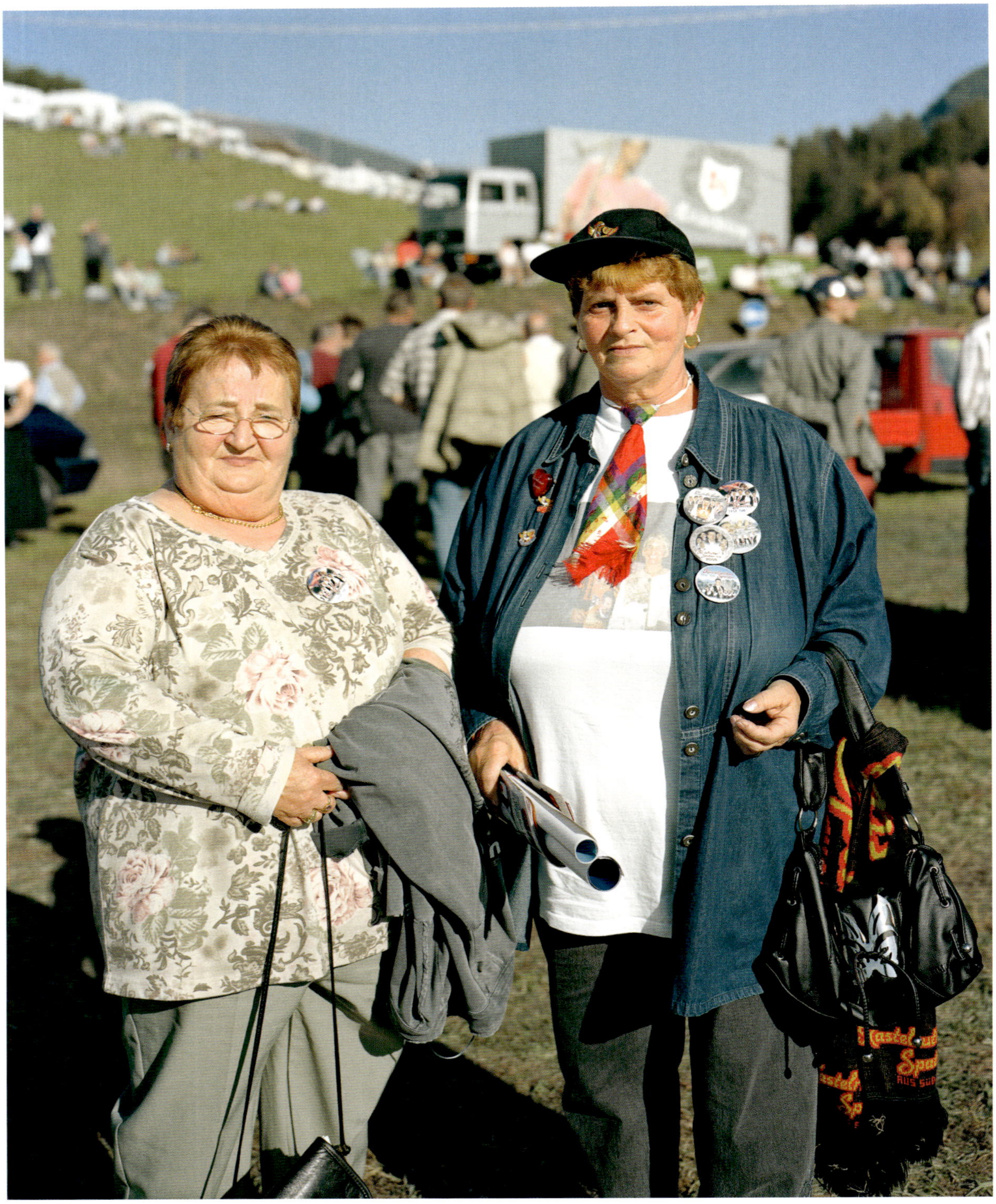

Elke St. & Helga S.

Rentnerinnen aus Baden-Württemberg und Rheinland-Pfalz
Retirees from Baden-Württemberg and Rhineland-Palatinate

Kastelruther Spatzenfest
Kastelruth, Südtirol, 13.10.2007

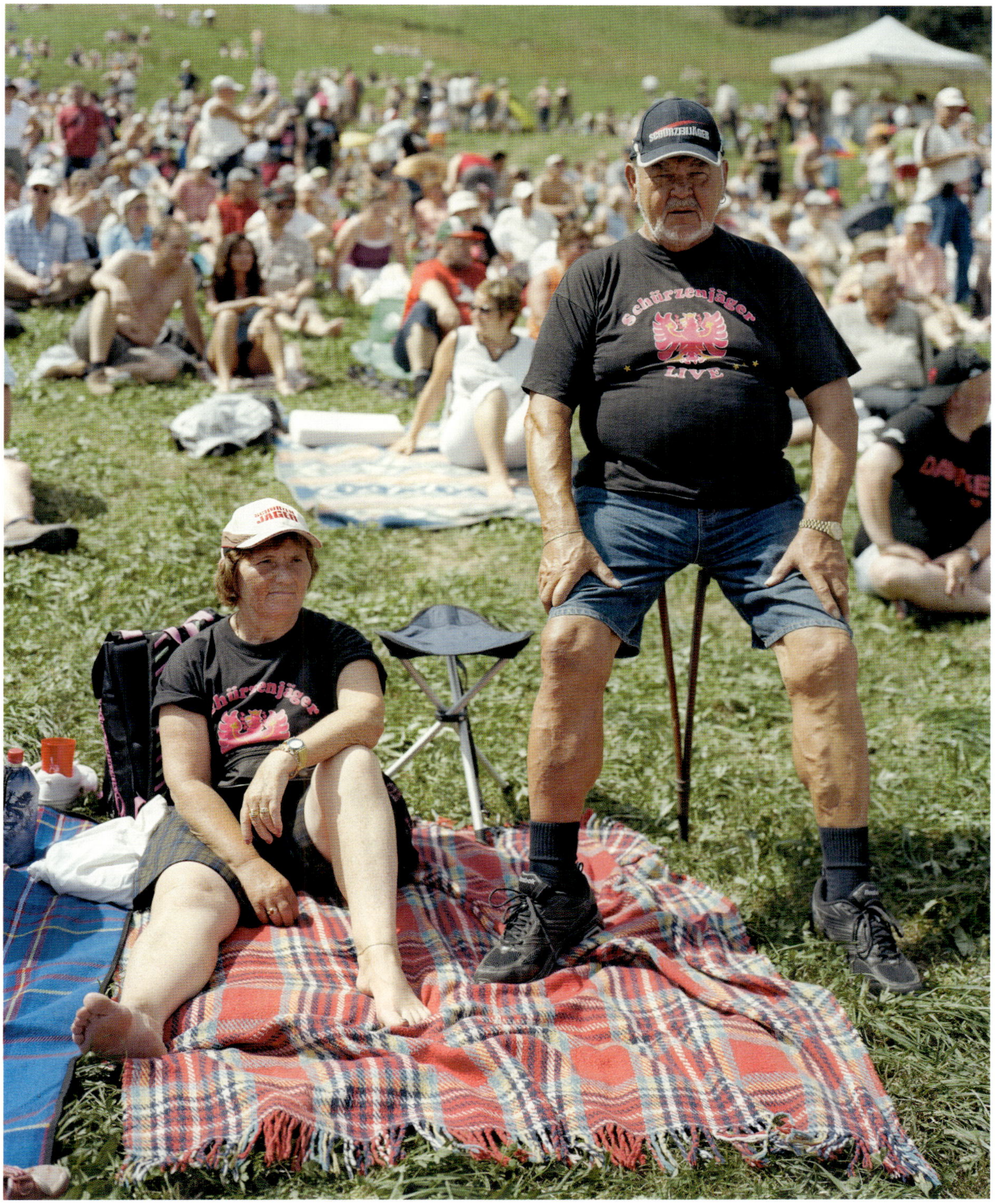

Erna & Dieter L.

Rentner aus Bayern
Retirees from Bavaria

Schürzenjäger Open Air
Finkenberg, Zillertal, 21.7.2007

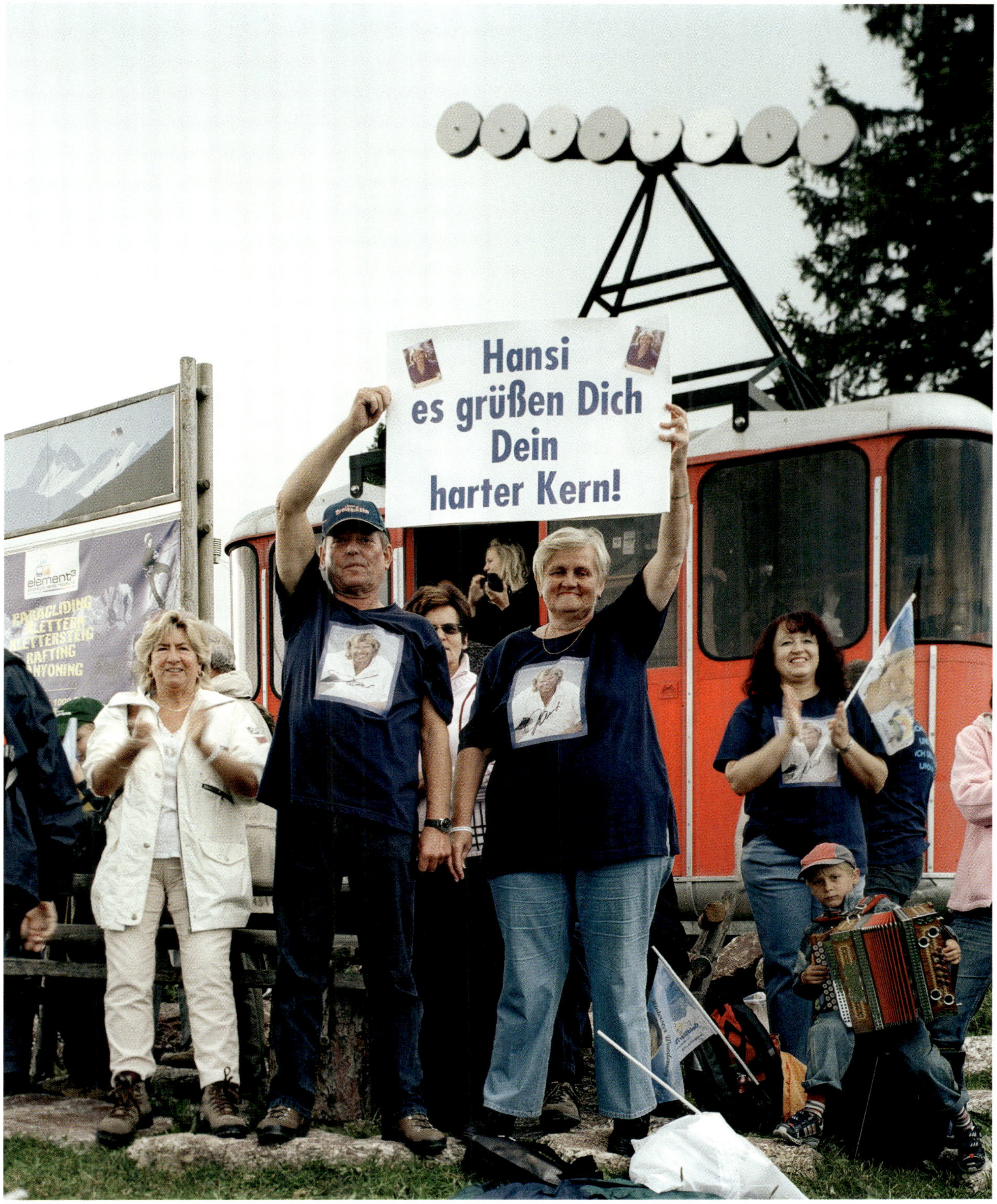

Ludwig & Christl W.

Rentner aus Bayern
Retirees from Bavaria

Hansi Hinterseer Fanwanderung
Hahnenkamm Kitzbühel, 23.8.2007

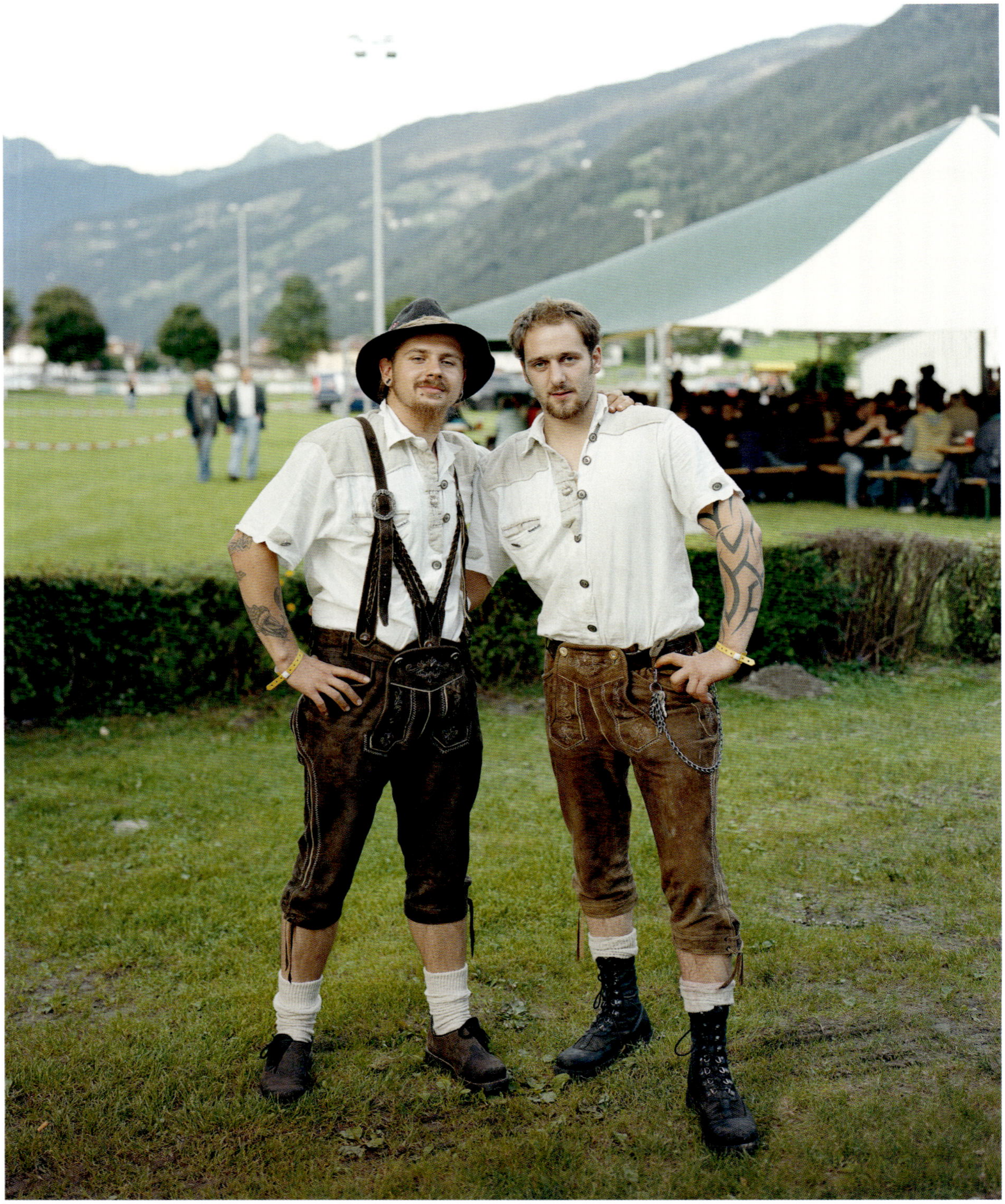

Georg M. & Daniel U.

Aus Tirol
From Tirol

Ursprung Buam Fest
Uderns, Zillertal, 11.7.2009

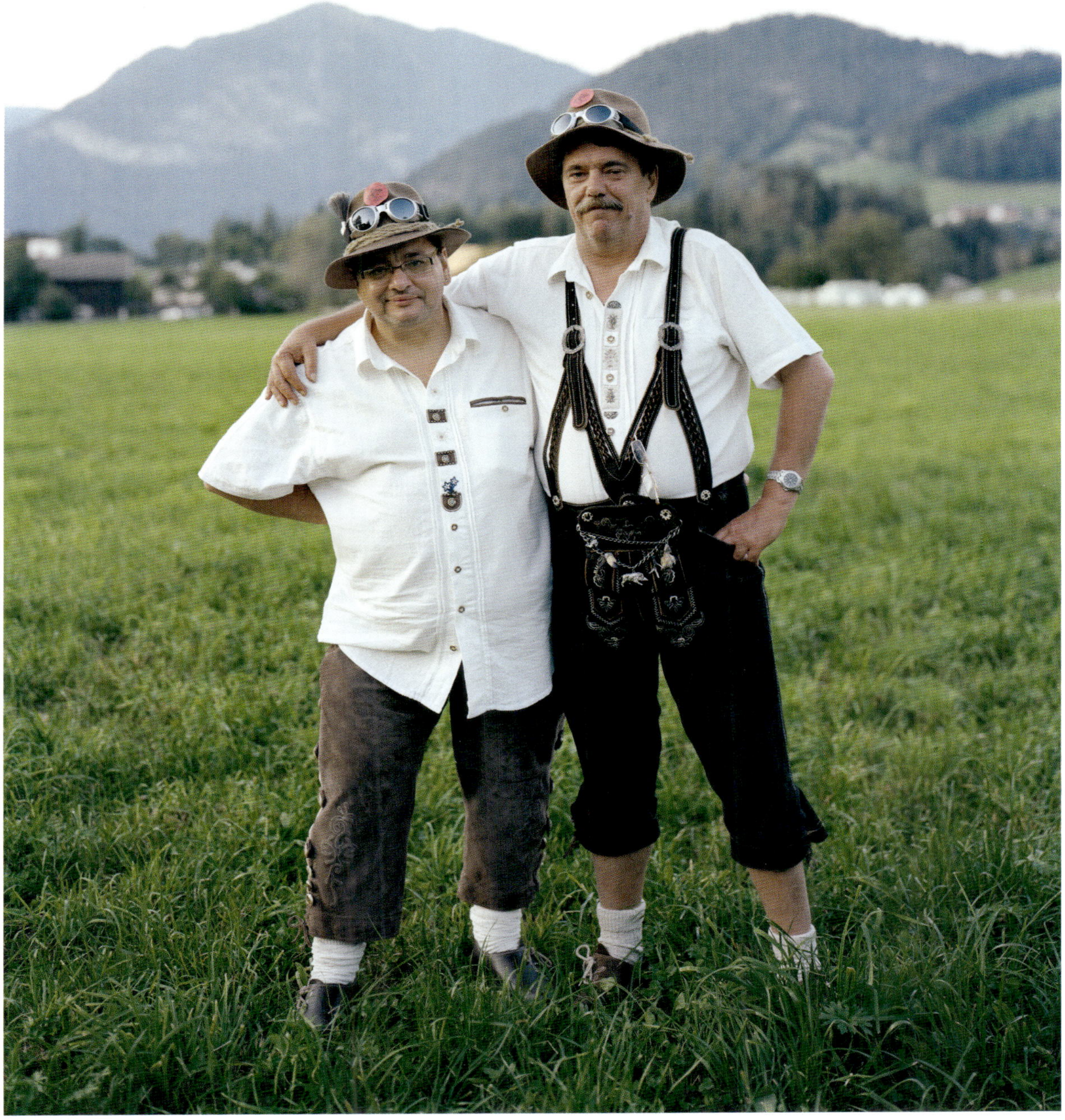

Harald R. & Reiner L.

Aus Bayern
From Bavaria

Reither Almabtriebsfest mit den Original Zillertalern
Reith im Alpbachtal, 24.9.2011

Am Vormittag des Schürzenjäger-Open-Air-Konzertes traf ich auf den Mann rechts im Bild. Ich fragte ihn, ob er sich bitte zwanzig Minuten Zeit für mich nehmen könne, ich würde ihn gerne fotografieren. Er sagte zu, wir machten uns darauf hin gleich ans Werk. Am Schluss jeder Fotoarbeit bitte ich die jeweils abgebildeten Personen, mir mit ihrer Unterschrift die Erlaubnis zur Veröffentlichung des Bildes zu geben. Also fragte ich ihn nach seinem Namen. Er sagte: „Ich heiße Reinhold Messner". Woraufhin ich ihn fragte, ob er mich auf den Arm nehmen wolle, und ihn aufforderte, mir seinen richtigen Namen zu nennen. Er antwortete, ich könne ihm glauben, er heiße wirklich Reinhold Messner. Ich bat ihn, mir seinen Personalausweis zu zeigen. Und tatsächlich: Er hieß Reinhold Messer! Genauso wie der weltberühmte Bergsteiger. Und dann erzählte er: „Bei uns im Dorf, da lebt einer, der heißt Andreas Hofer. Genauso wie der berühmte Tiroler Nationalheld." „Unglaublich!", sagte ich. Ungefähr fünf Stunden später – ich stand im Open-Air-Gelände des letzten großen Konzertes der Zillertaler Schürzenjäger unter tausenden von Konzertbesuchern –, da klopfte mir einer von hinten auf die rechte Schulter. Es war Reinhold Messner. „Du, jetzt ist auch der Andreas Hofer hier, er steht gerade neben mir", sagte er. Auch der zeigte mir seinen Personalausweis, und es stimmte: Er hieß wirklich Andreas Hofer. Ich jubelte und sagte: „Ich möchte gerne ein Foto von euch beiden machen."

On the morning of the Schürzenjäger open-air concert, I met the man standing here on the right. I asked him if he wouldn't mind taking twenty minutes of his time for me to photograph him. He agreed and we started straight away. Whenever I finish taking someone's photo, I always ask them to sign permission for me to reproduce their image. So I asked him his name and he said "Reinhold Messner". To which I replied he must be pulling my leg and to tell me his real name. He said I had to believe him, it was his real name. I asked to see his ID and there it was – Reinhold Messner, just like the world-famous mountain climber. "There's also a guy called Andreas Hofer who lives in my village," he added. "Unbelievable!" I said. About five hours later, standing among the thousands of fans at the Zillertaler Schürzenjäger's last big concert, someone tapped me on the shoulder. It was Reinhold Messner. "Andreas Hofer's here too," he said of the man standing next to him. He showed me his ID and his name was actually Andreas Hofer, just like the Tirolean hero. I was delighted and said, "I'd love to take a photo of you both together."

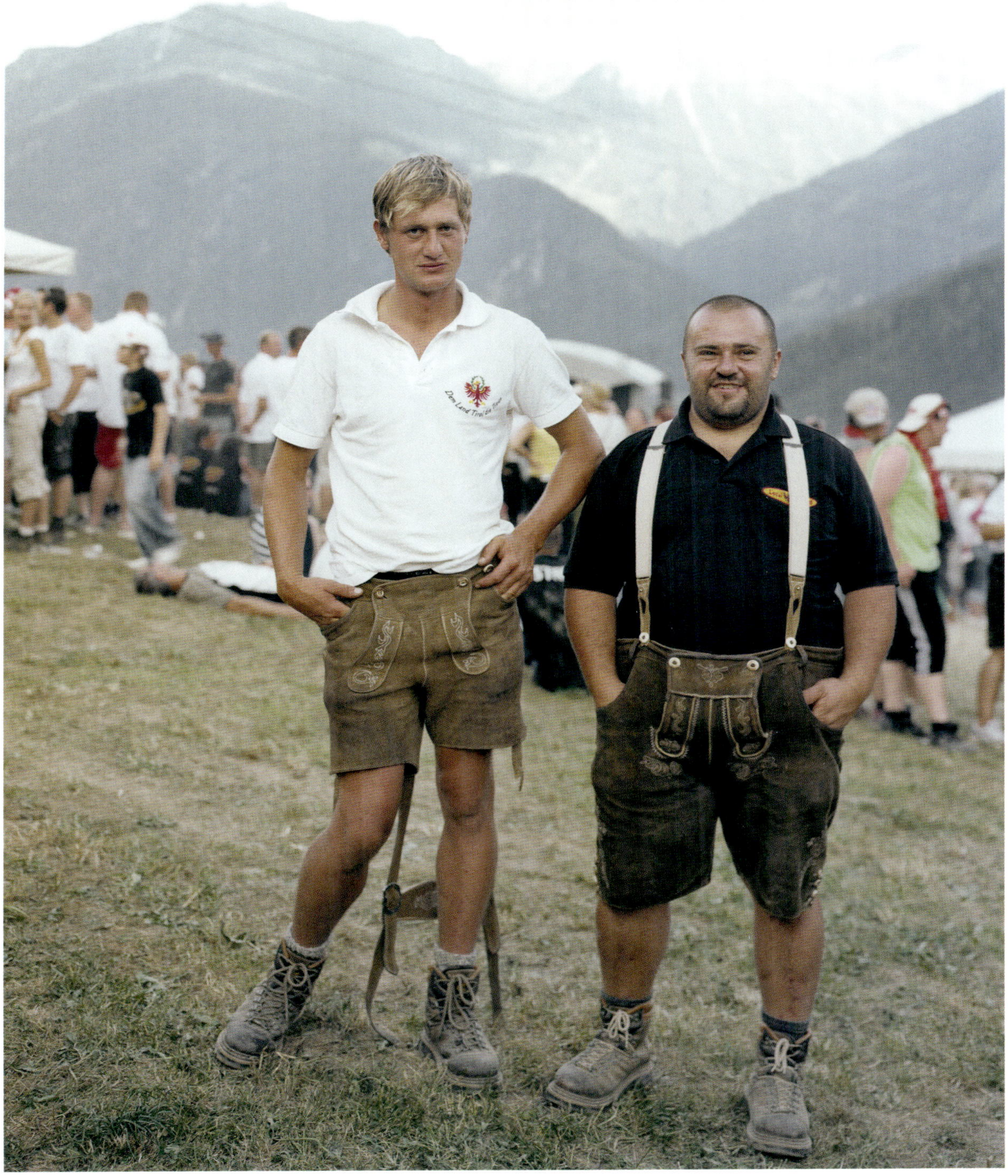

Andreas Hofer & Reinhold Messner

Aus Südtirol
From Südtirol

Schürzenjäger Open Air
Finkenberg, Zillertal, 21.7.2007

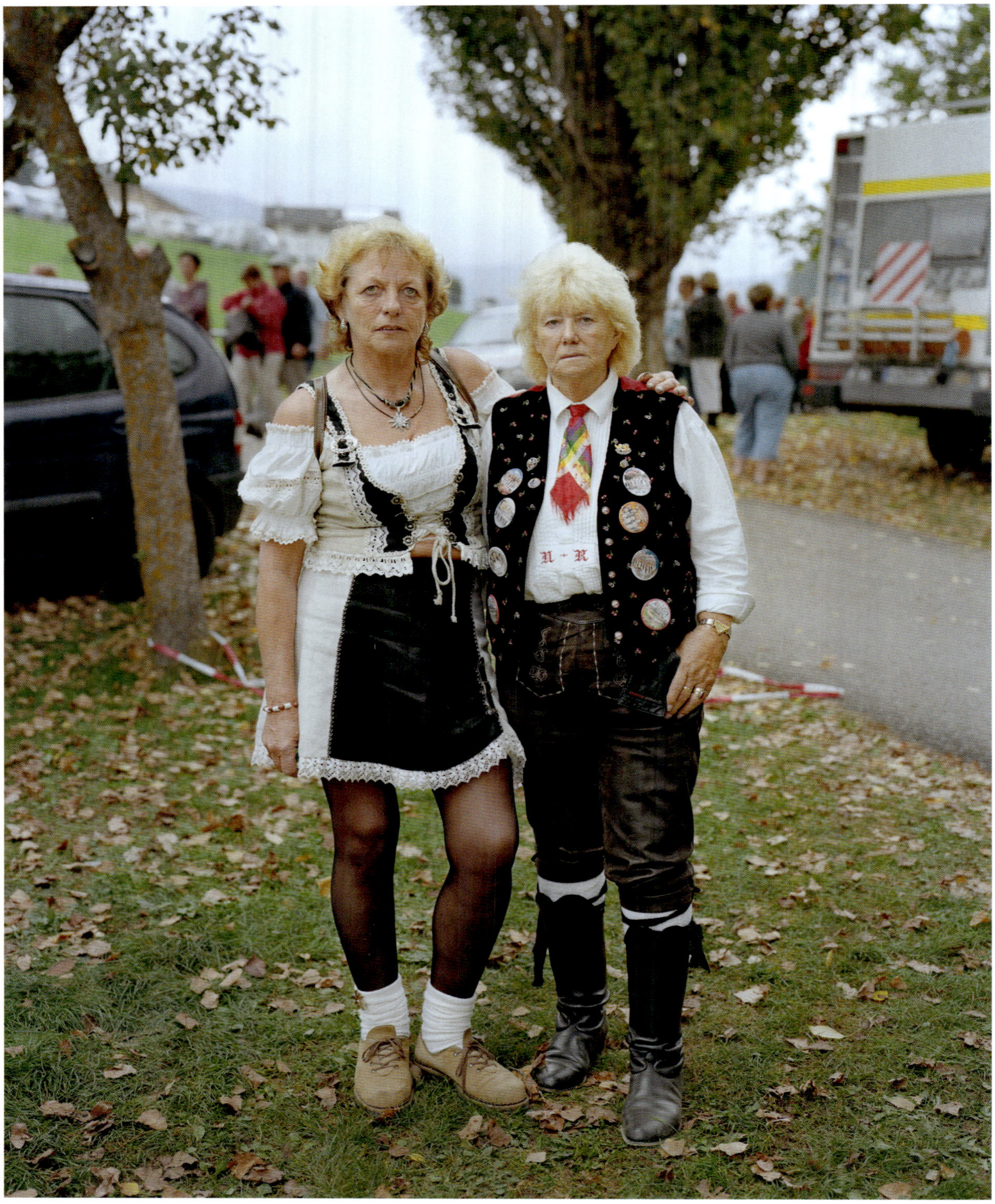

Hiltrud P. & Anneliese S.

Hausfrau aus Unterfranken, Rentnerin aus Schleswig-Holstein
Housewife from Lower Franconia, retiree from Schleswig-Holstein

Kastelruther Spatzenfest
Südtirol, 9.10.2009

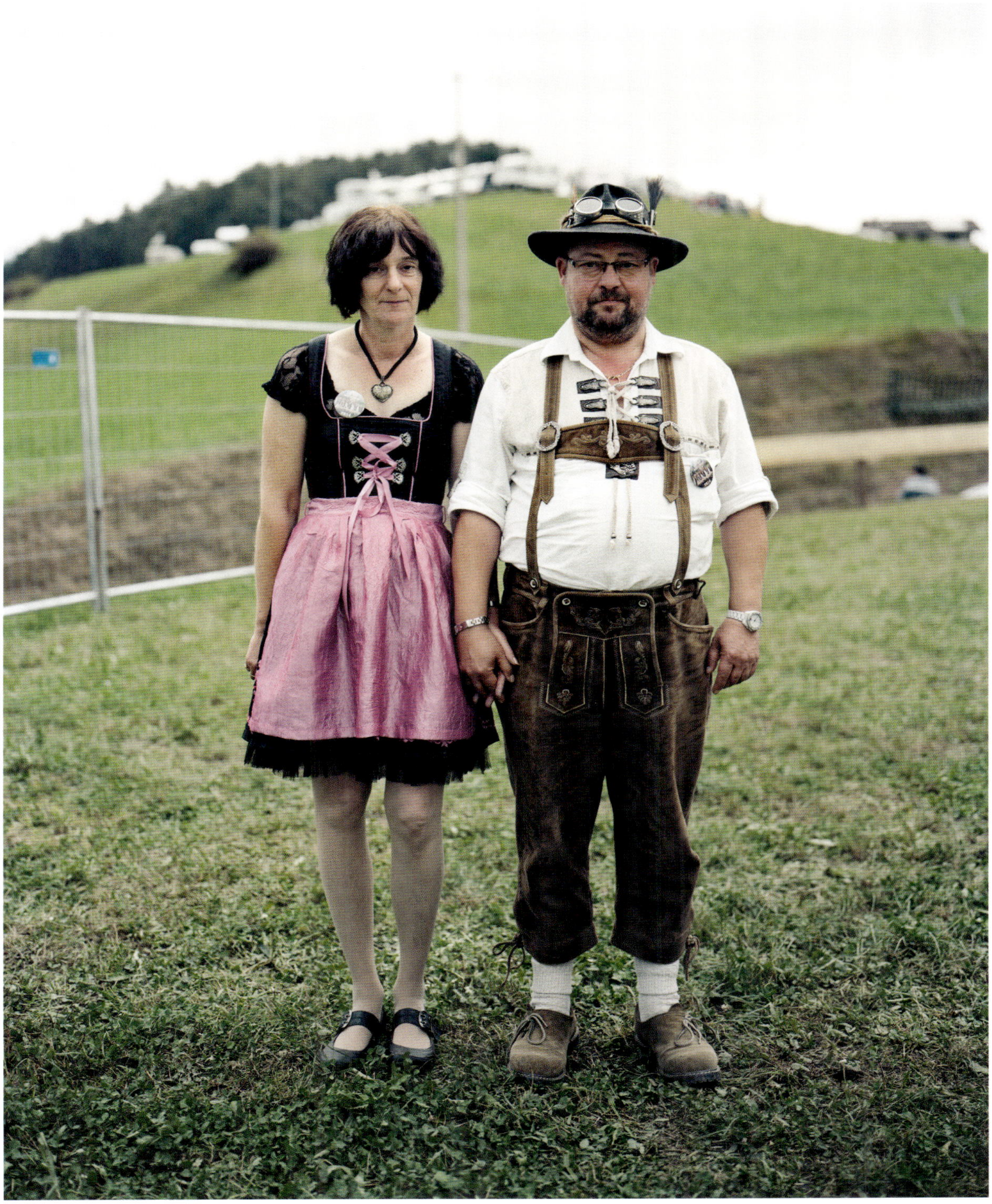

Angelika & Jürgen D.

Poliererin und Schichtführer im Heizungsbau aus Hessen
Polisher and foreman in heating factory from Hessen

Kastelruther Spatzenfest
Kastelruth, Südtirol, 11.10.2014

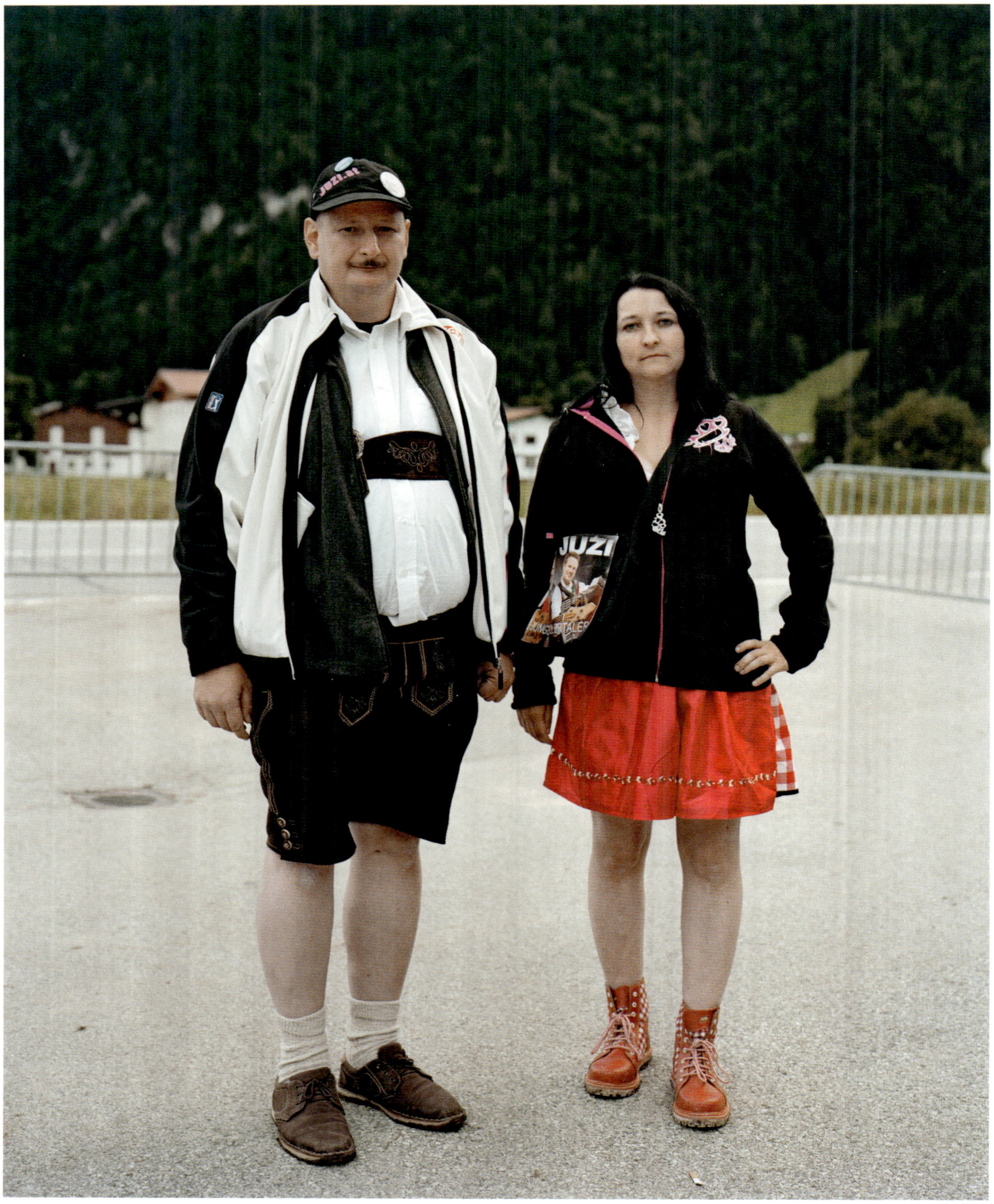

Peter R. & Tanja B.

Konditor und Hausfrau aus Solothurn, Schweiz
Confectioner and housewife from Solothurn, Switzerland

Die Jungen Zillertaler Open Air
Strass, Zillertal, 16.8.2014

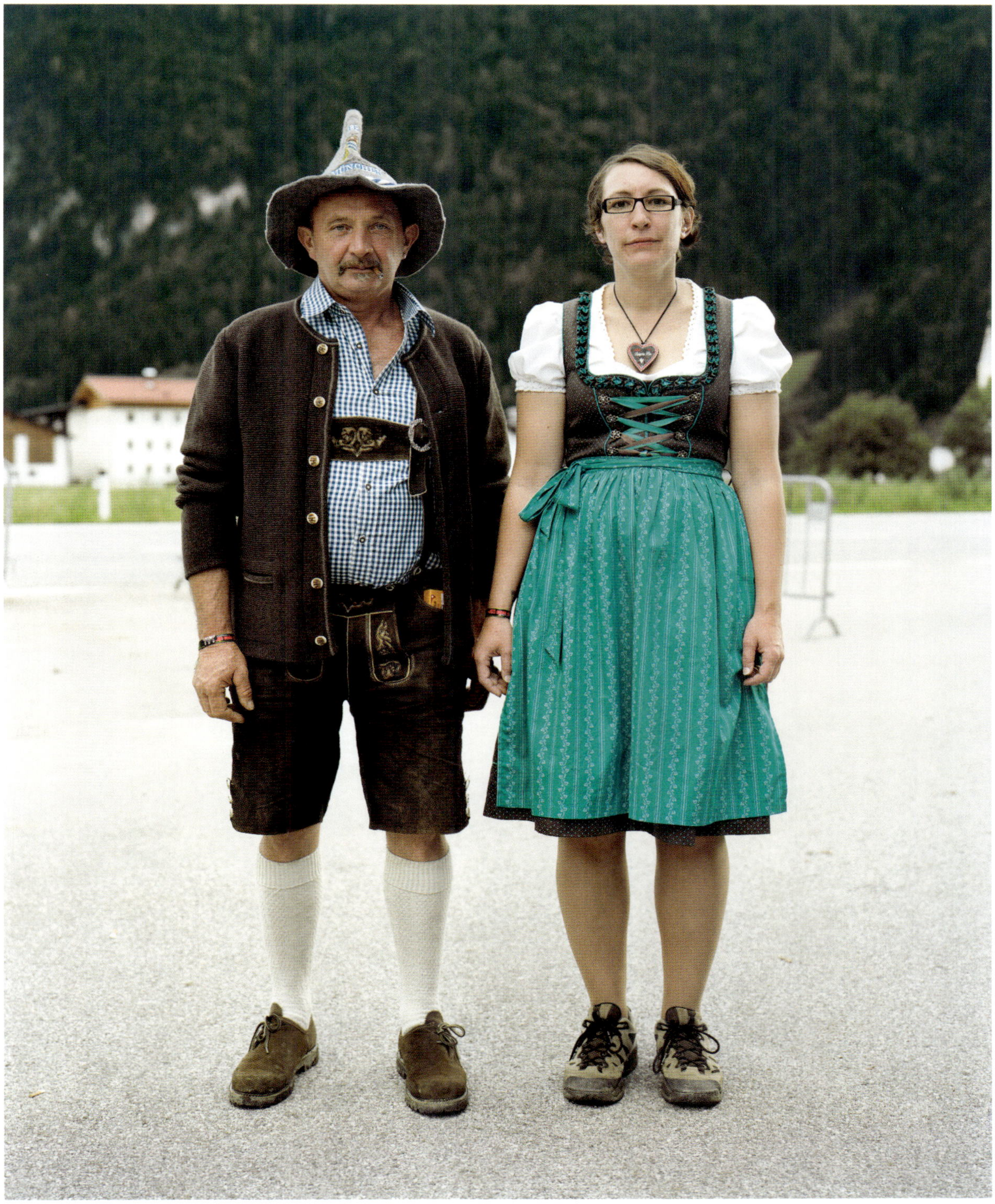

Peter B. & Claudia G.

Landwirt und Produktionsmitarbeiterin aus dem Kanton St. Gallen, Schweiz
Farmer and production employee from the canton of St. Gallen, Switzerland

Die Jungen Zillertaler Open Air
Strass, Zillertal, 16.8.2014

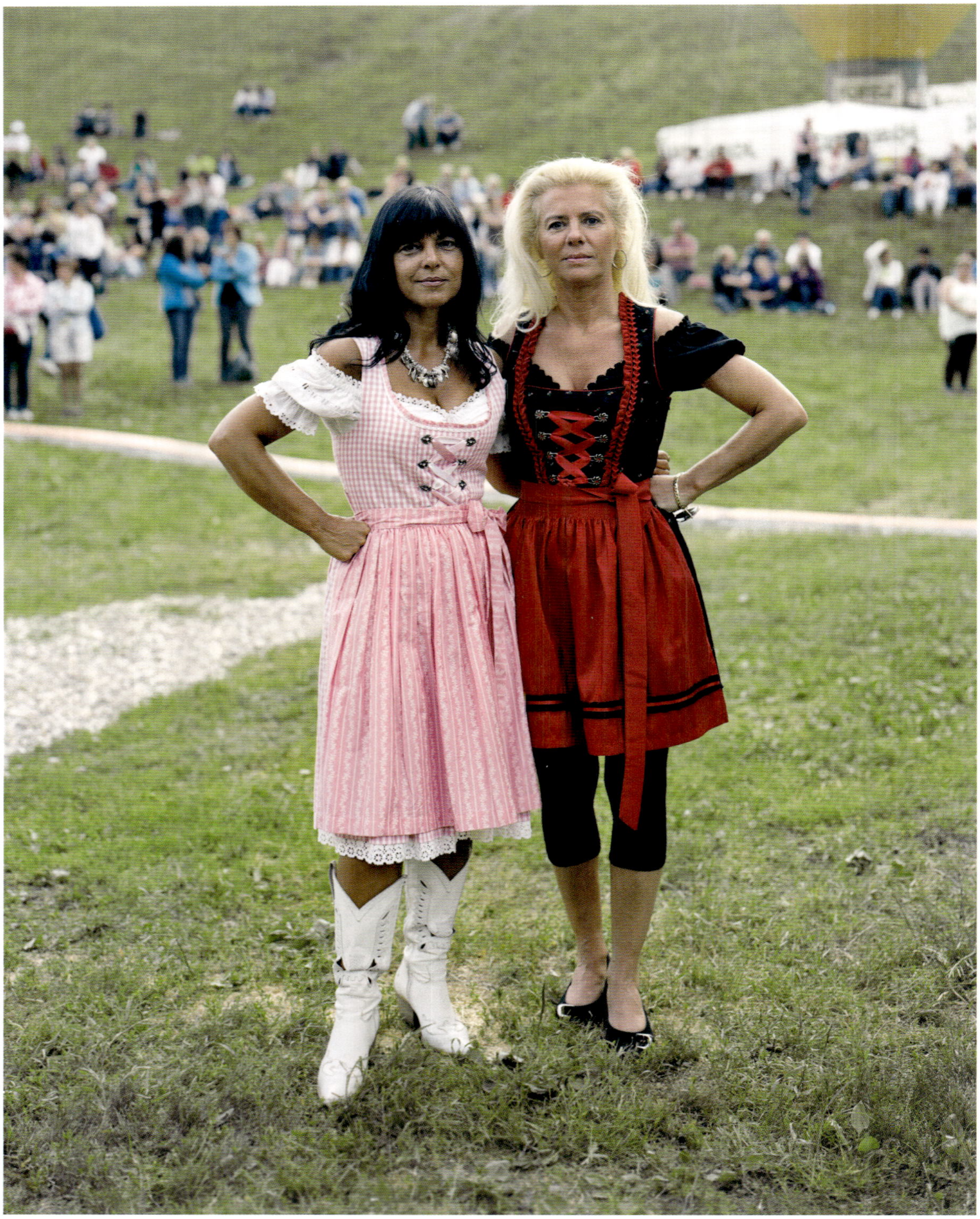

Renate L. & Brigitte C.

Gastwirtin und Boutique-Geschäftsführerin aus Südtirol
Innkeeper and boutique manager from Südtirol

Hansi Hinterseer Open Air
Olang, Südtirol, 5.7.2013

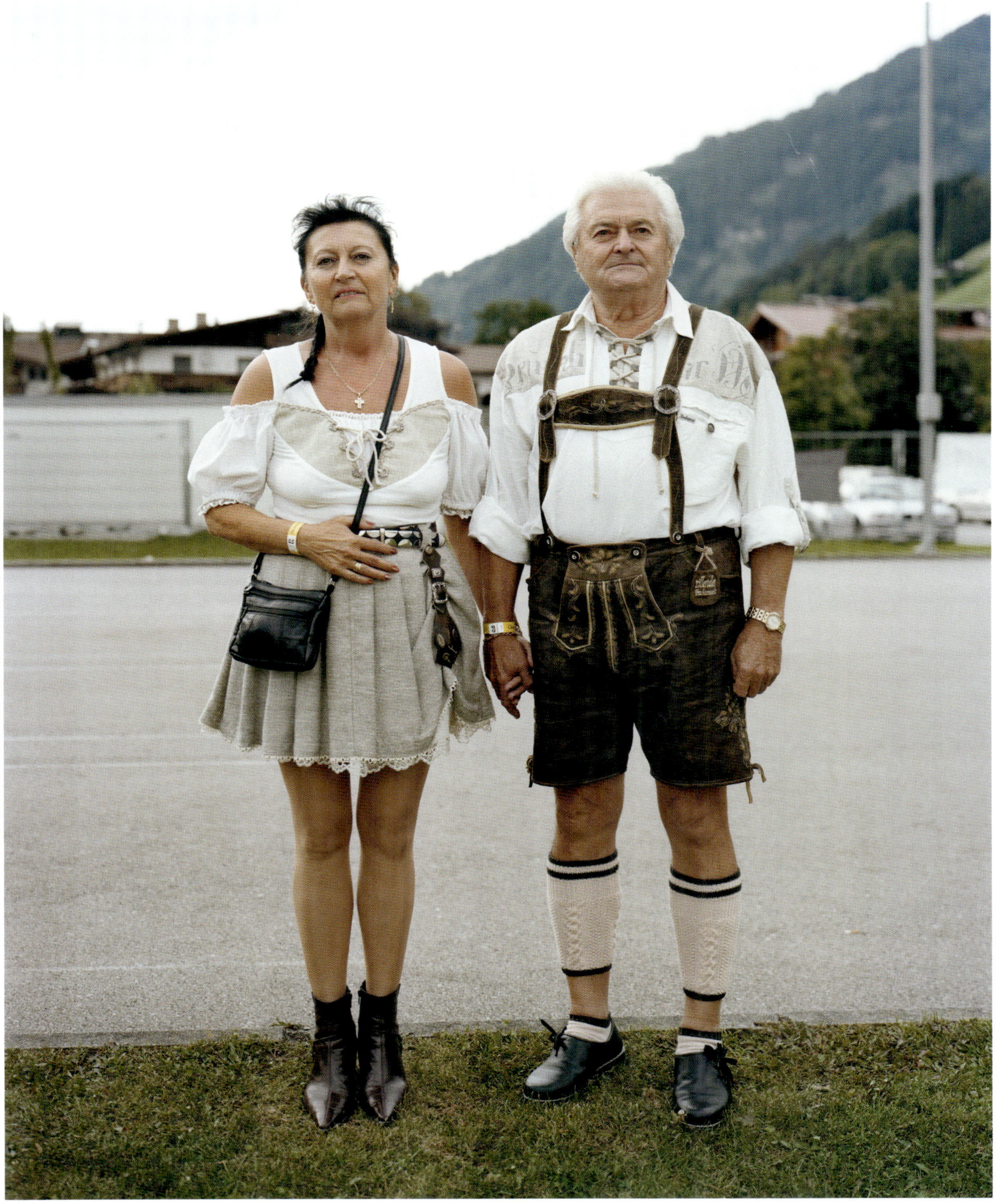

Roswitha & Karl Heinz B.

Hausfrau und Rentner aus Oberösterreich
Housewife and retiree from Upper Austria

Ursprung Buam Fest
Uderns, Zillertal, 11.7.2009

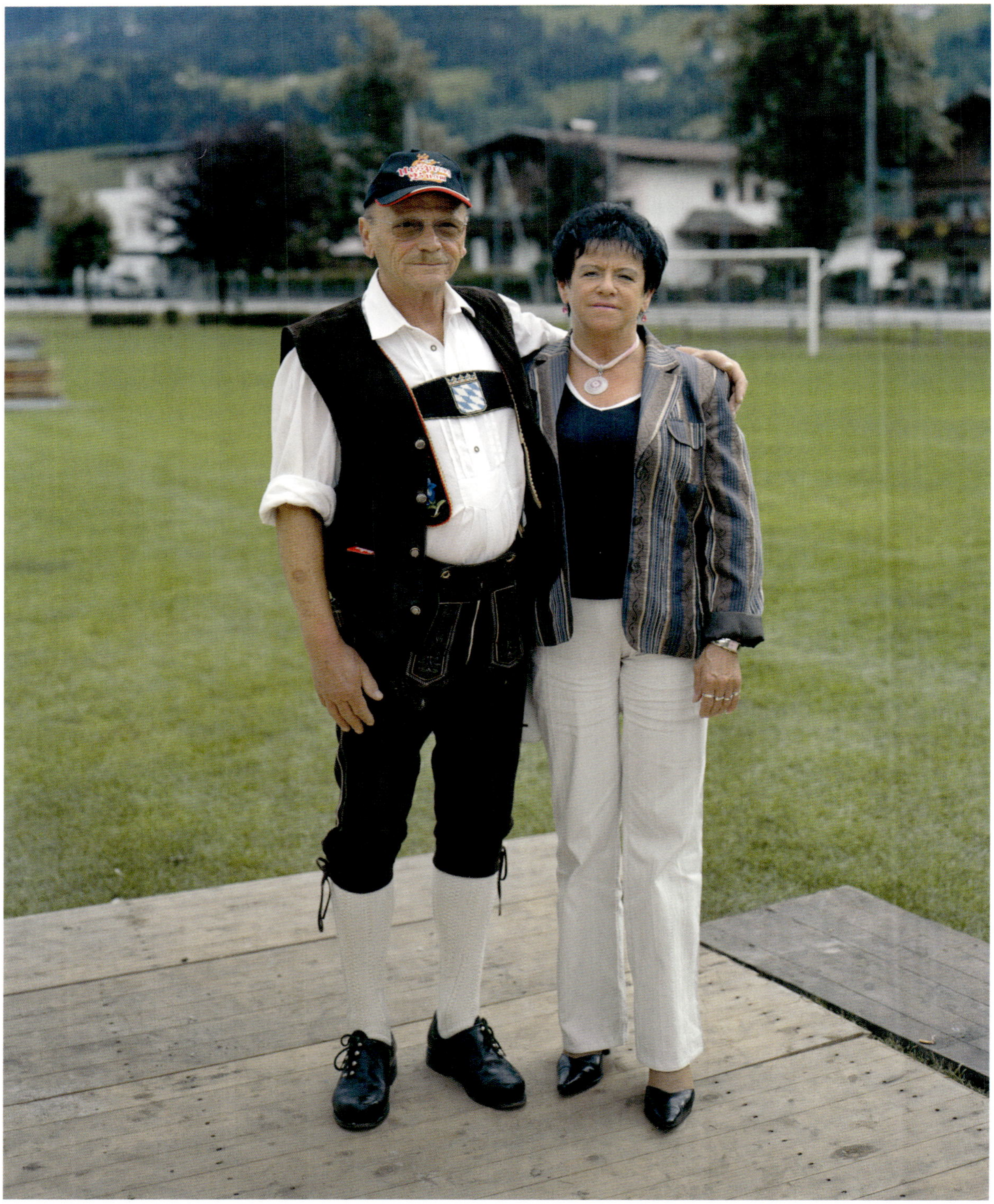

Manfred & Erika Sch.

Rentner aus Bayern
Retirees from Bavaria

Ursprung Buam Fest
Stumm, Zillertal, 12.7.2007

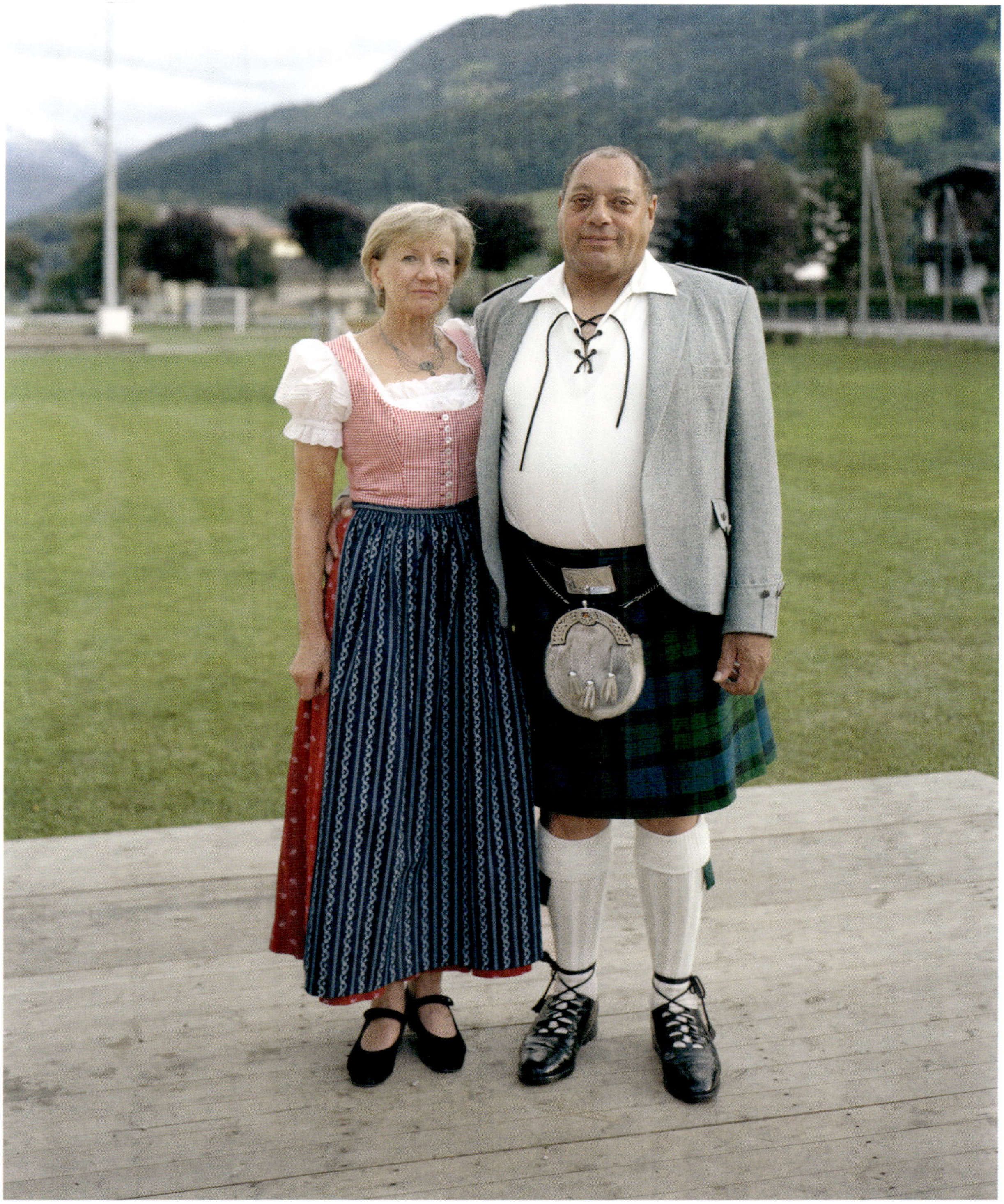

N.N. & Mr. D. M.

Aus Schottland
From Scotland

Ursprung Buam Fest
Stumm, Zillertal, 12.7.2007

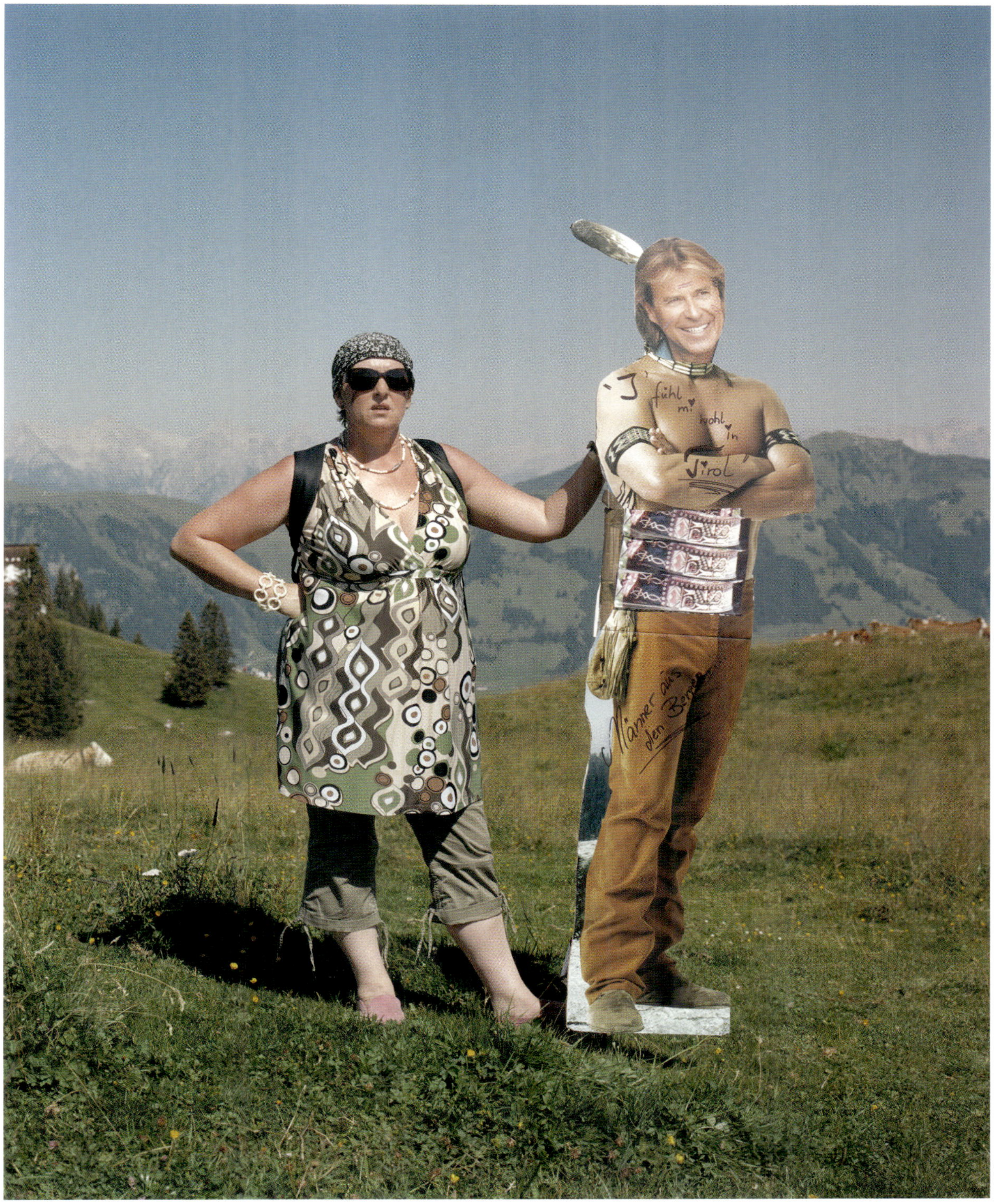

Raimunda R.

Konzern-Mitarbeiterin im Facility-Management aus Bayern
Corporate employee in facility management from Bavaria

Hansi Hinterseer Fanwanderung
Hansi Hinterseer fan hike

Hahnenkamm, Kitzbühel, 25.8.2009

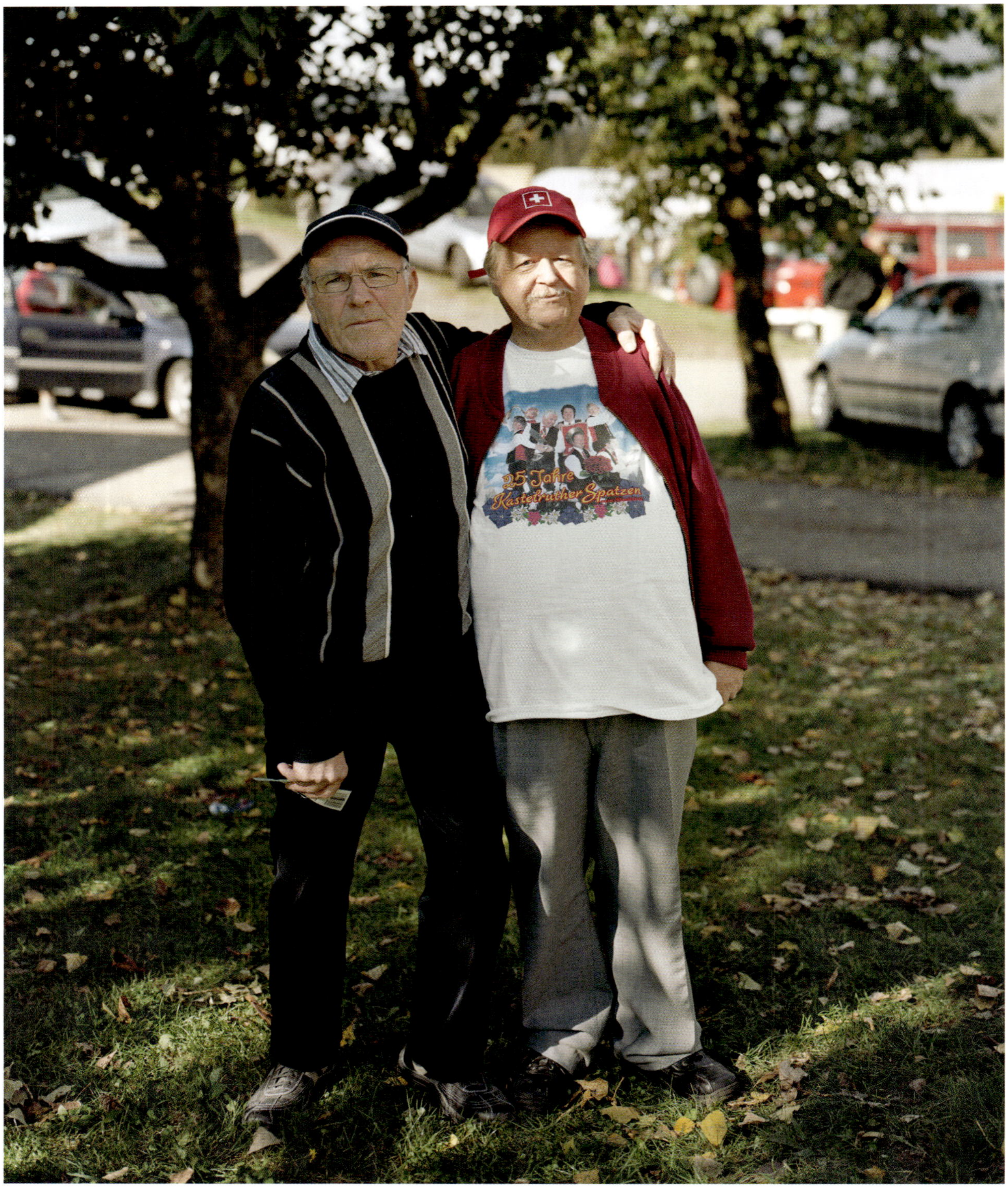

Werner M. & Rolf M.

Rentner aus dem Kanton Thurgau, Schweiz
Retirees from the canton Thurgau, Switzerland

Kastelruther Spatzenfest
Kastelruth, Südtirol, 8.10.2011

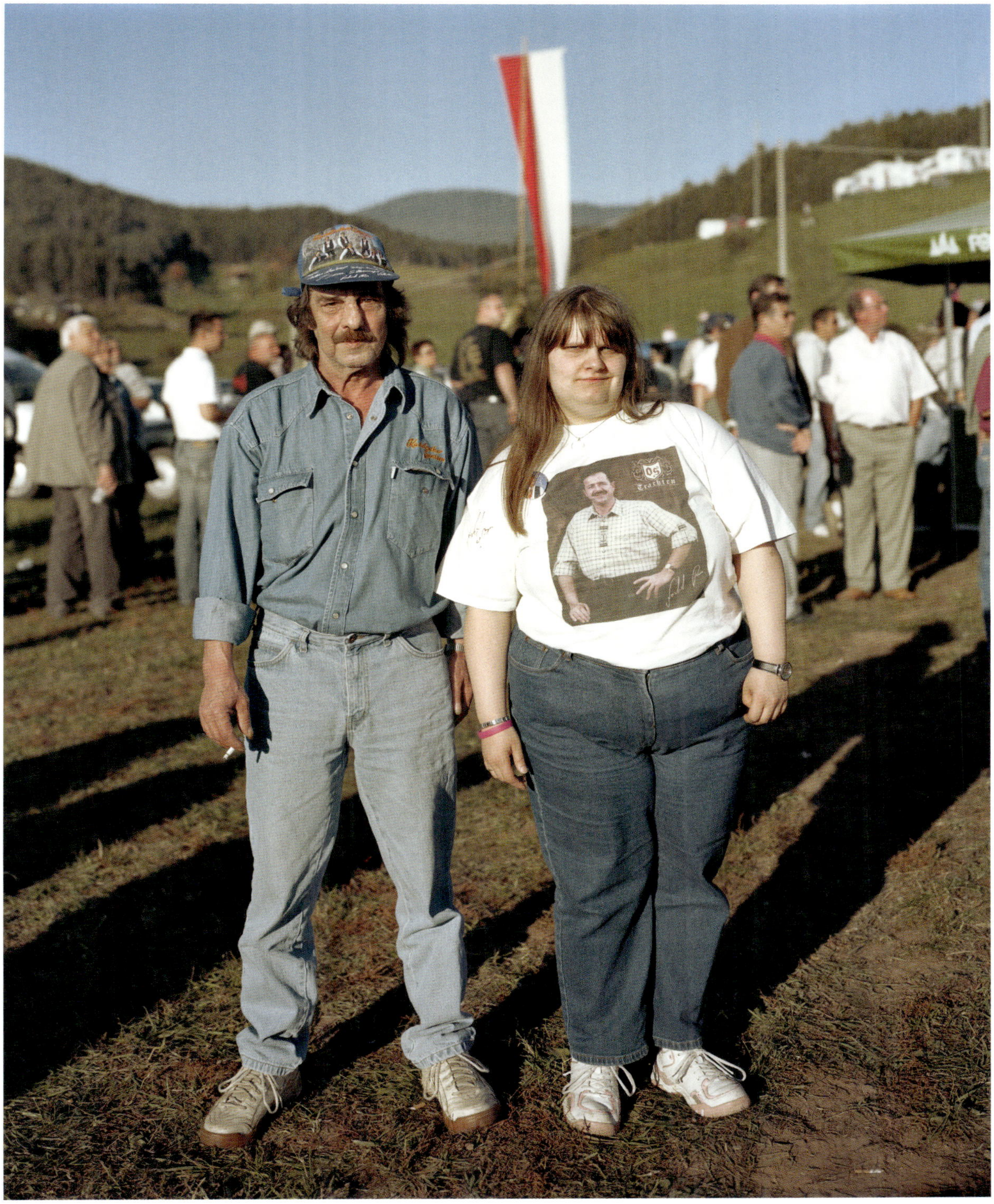

Hartmut L. & Tochter Andrea

Industriereiniger aus Rheinland-Pfalz
Industrial cleaners from Rhineland-Palatinate

Kastelruther Spatzenfest
Kastelruth, Südtirol, 13.10.2007

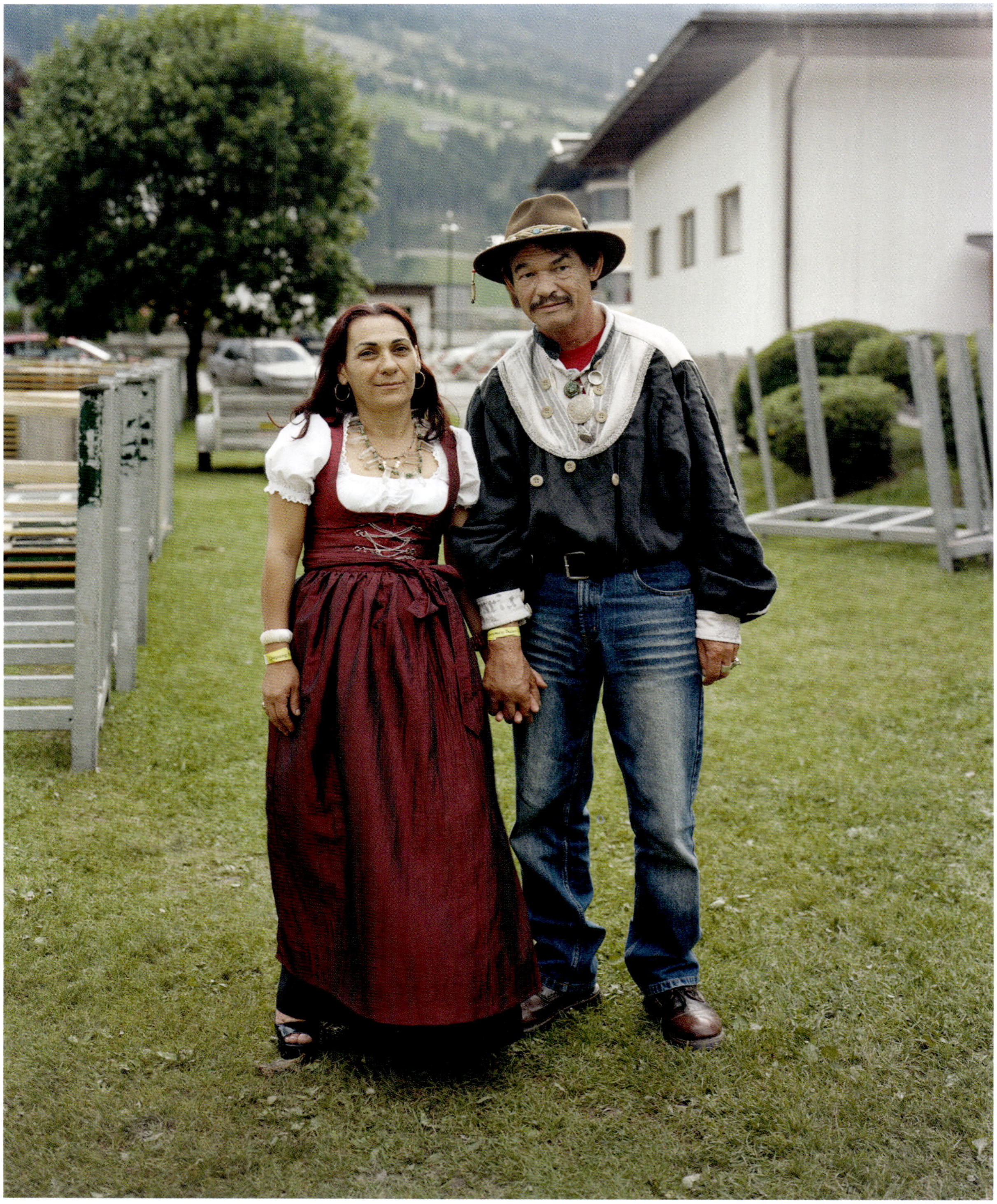

Susanna K. & Hans E.

Diamantenschleiferin aus Israel und Pflasterer aus Oberbayern
Diamond polisher from Israel and paver from Upper Bavaria

Ursprung Buam Fest
Stumm, Zillertal, 11.7.2009

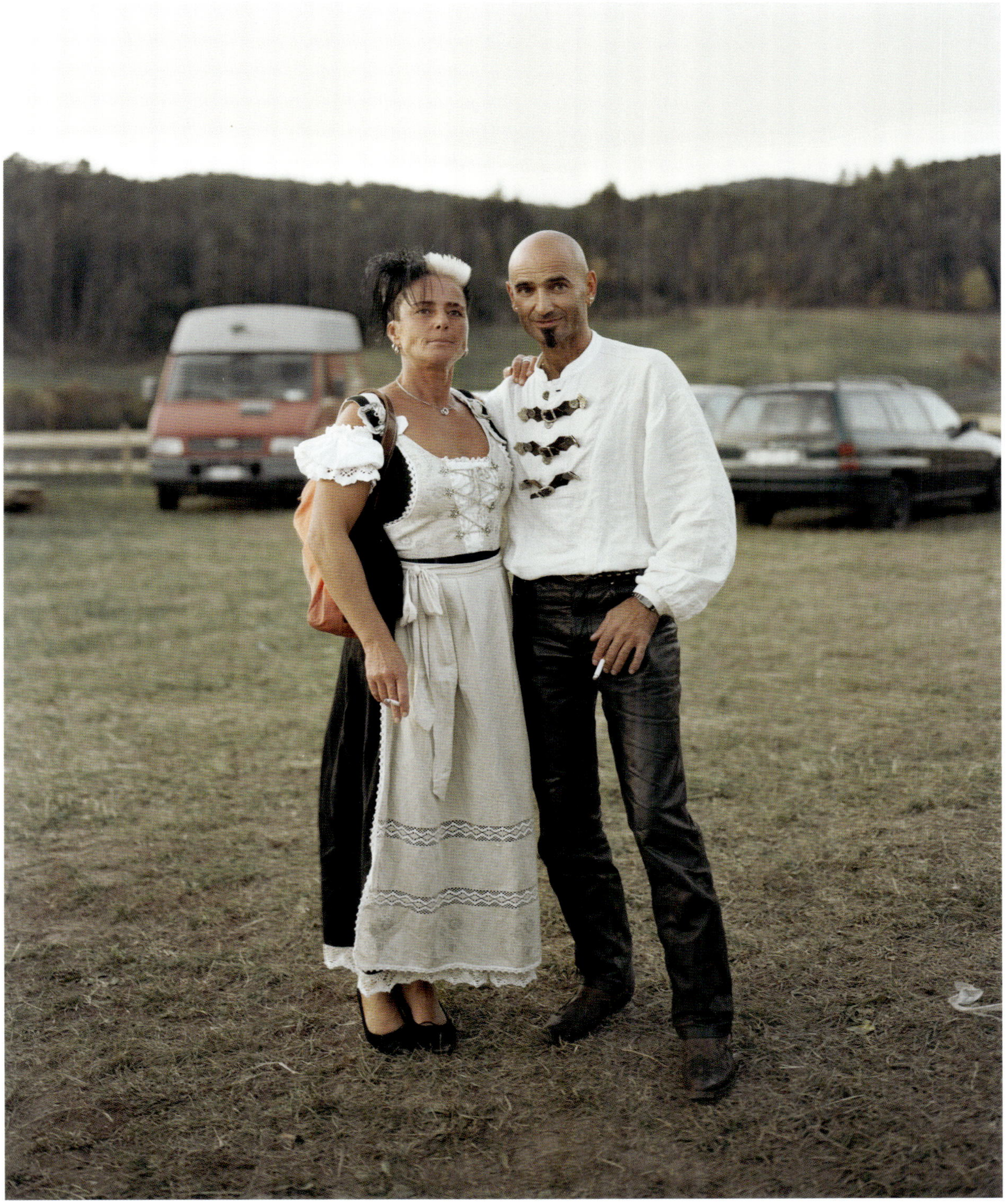

Michaela M. und Harald B.

Polizistin und Berufskraftfahrer aus Vorarlberg
Police officer and professional vehicle driver from Vorarlberg

Kastelruther Spatzenfest
10.10.2008

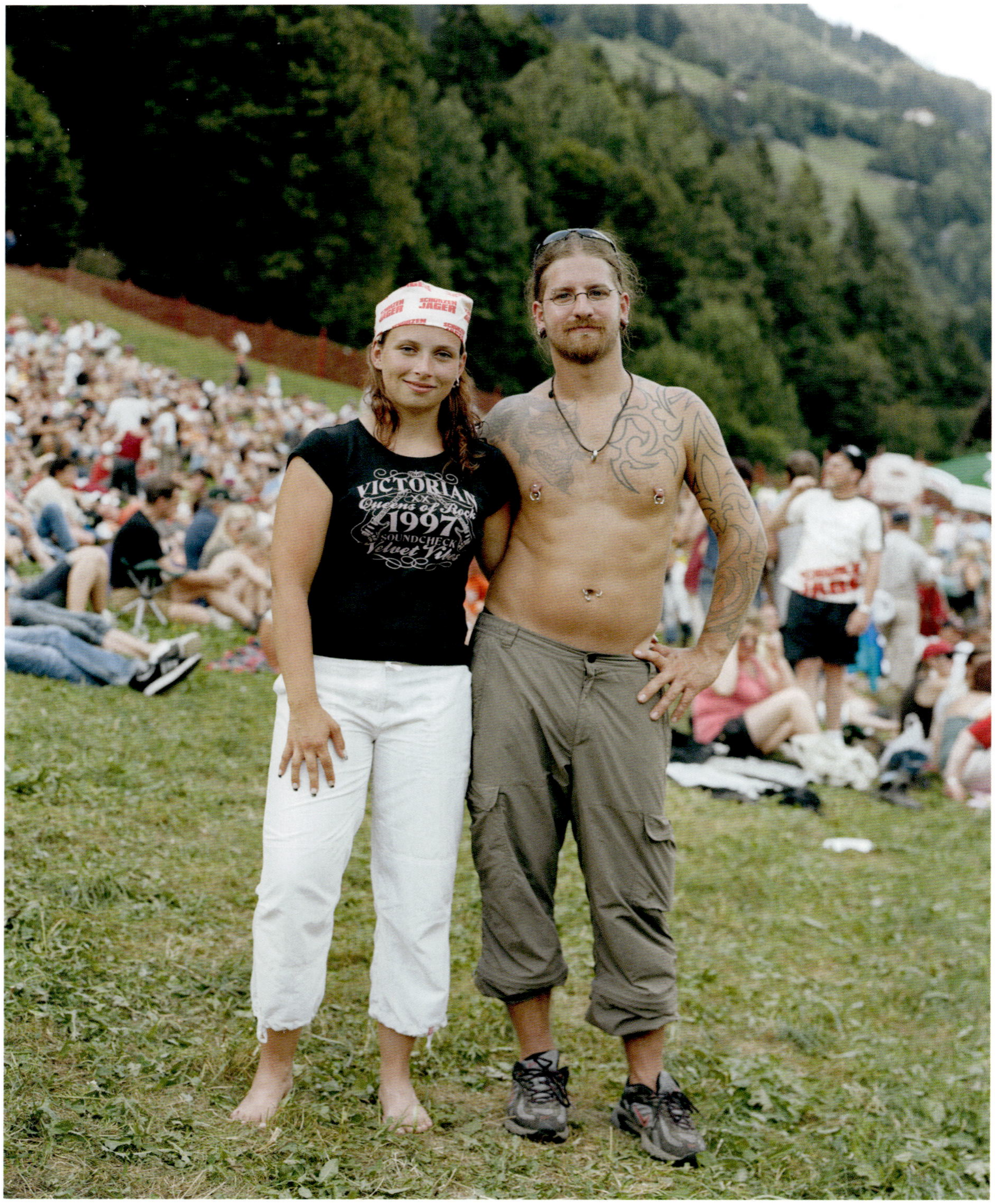

Daniela & Michael M.

Erzieherin und Schlossermeister aus Rheinland Pfalz
Kindergarten teacher and locksmith from Rhineland-Palatinate

Schürzenjäger Open Air
Finkenberg, Zillertal, 21.7.2007

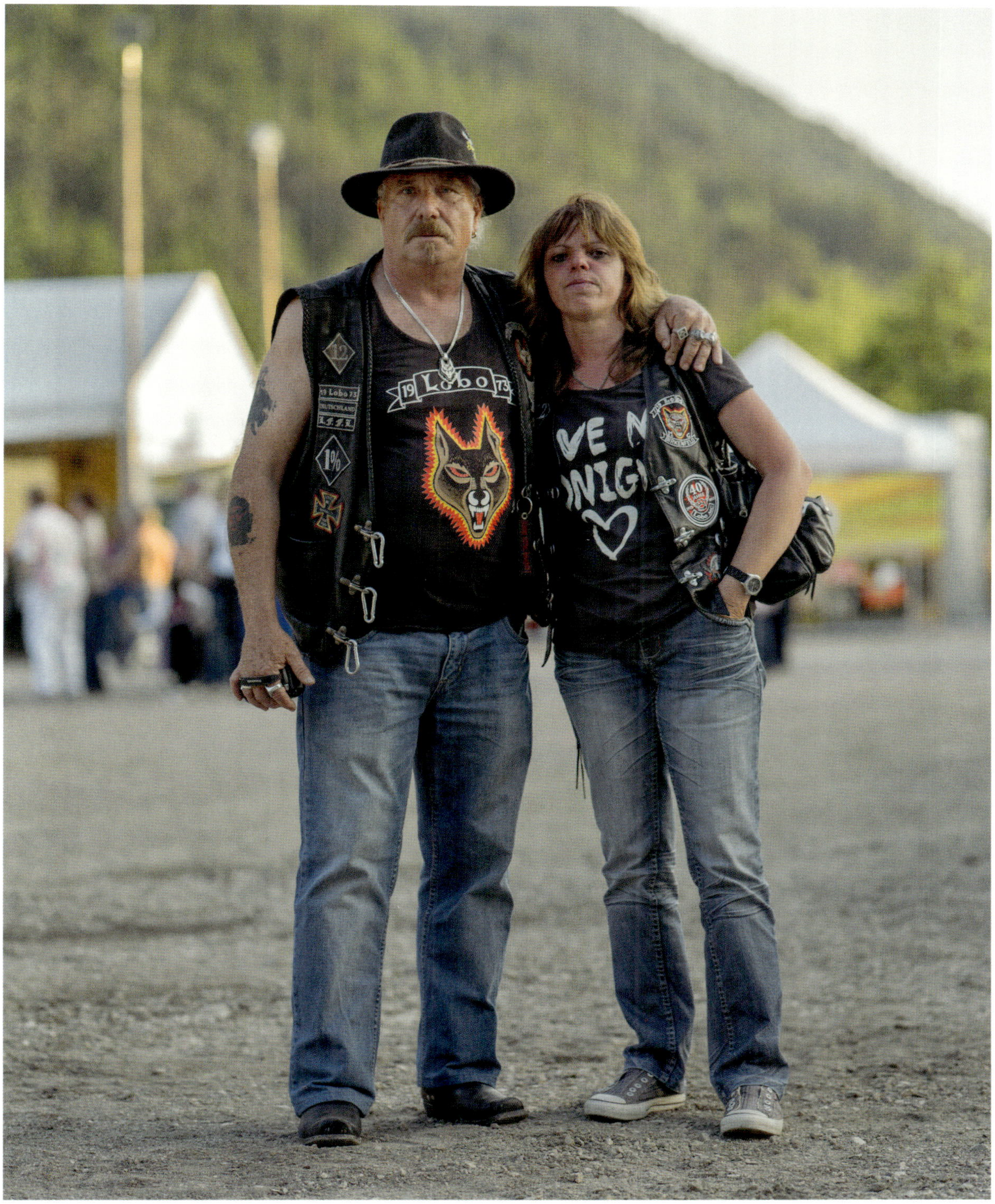

Toni und Kerstin W.

Rentner und Arbeiterin aus Rheinland Pfalz
Retiree and laborer from Rhineland-Palatinate

Kastelruther Spatzen Open Air
Seis am Schlern, 6.6.2014

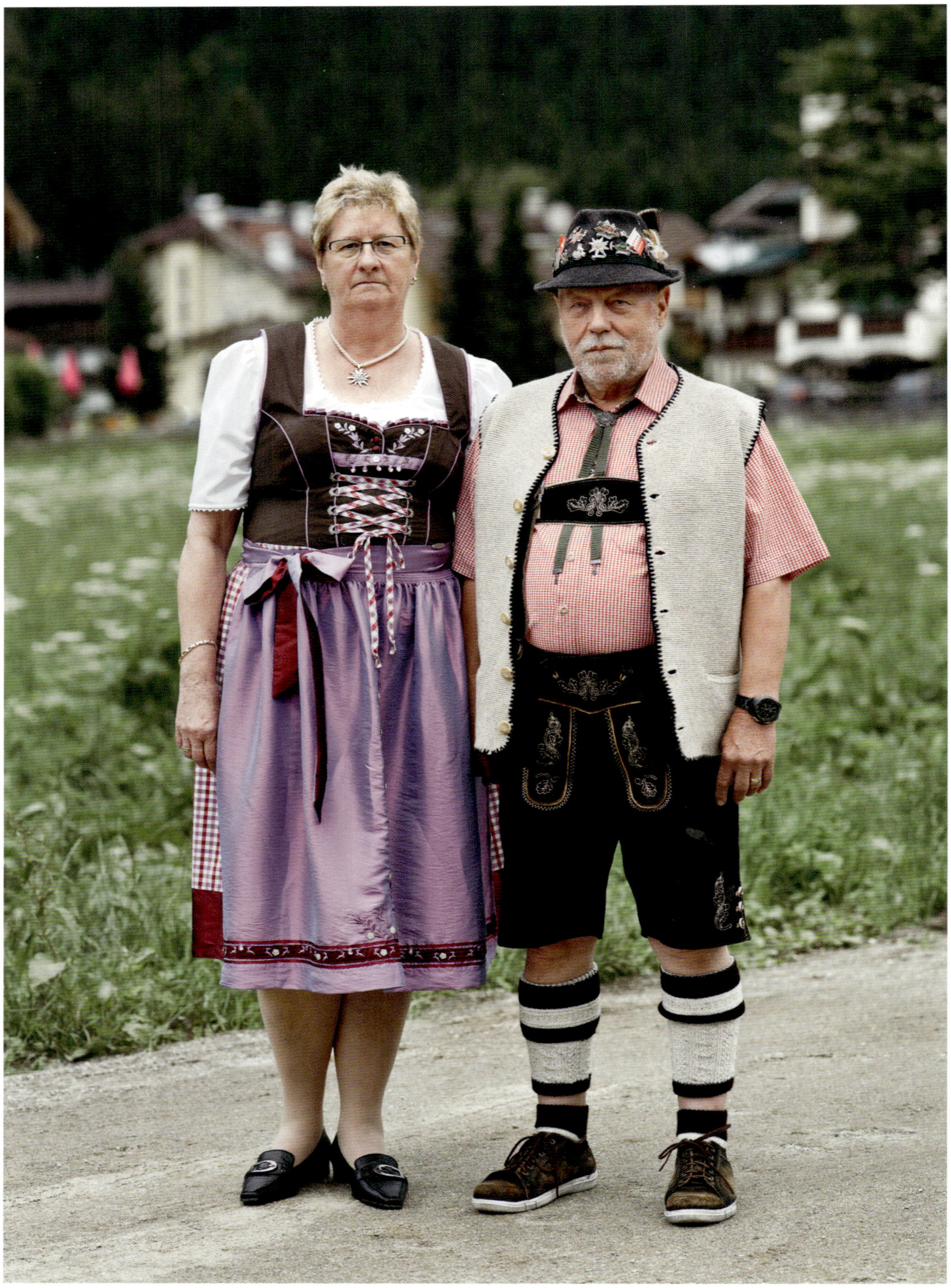

Marlies & Hugo M.

Rentner aus dem Kanton Freiburg, Schweiz
Retirees from the canton Freiburg, Switzerland

Marc Pircher Fest
Mayrhofen, Zillertal, 14.6.2014

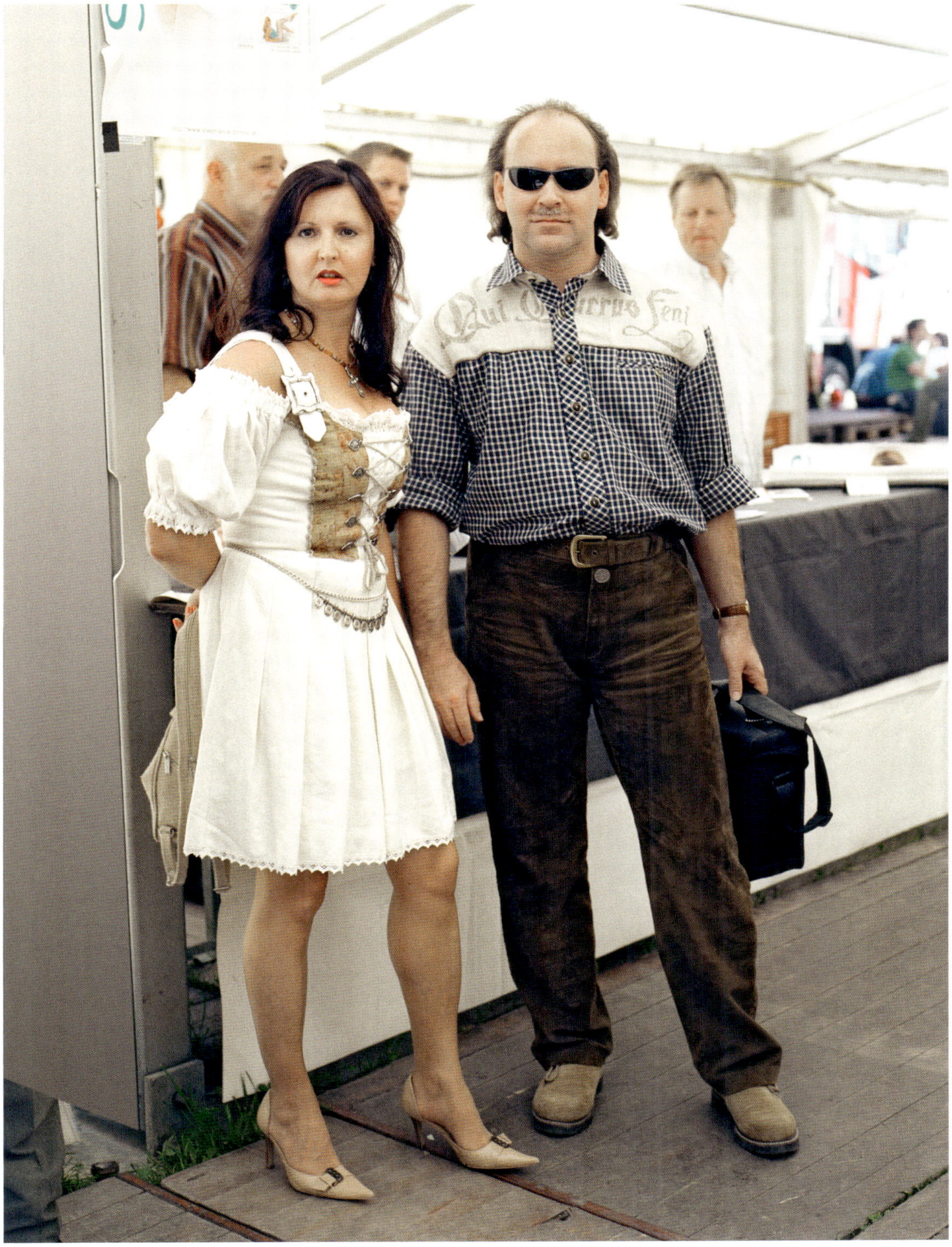

Angelika & Gerd V.

Aus Nordrhein-Westfalen
From North Rhine-Westphalia

Alpentrio Tirol-Fest
Neustift, Stubaital, Juli 2005

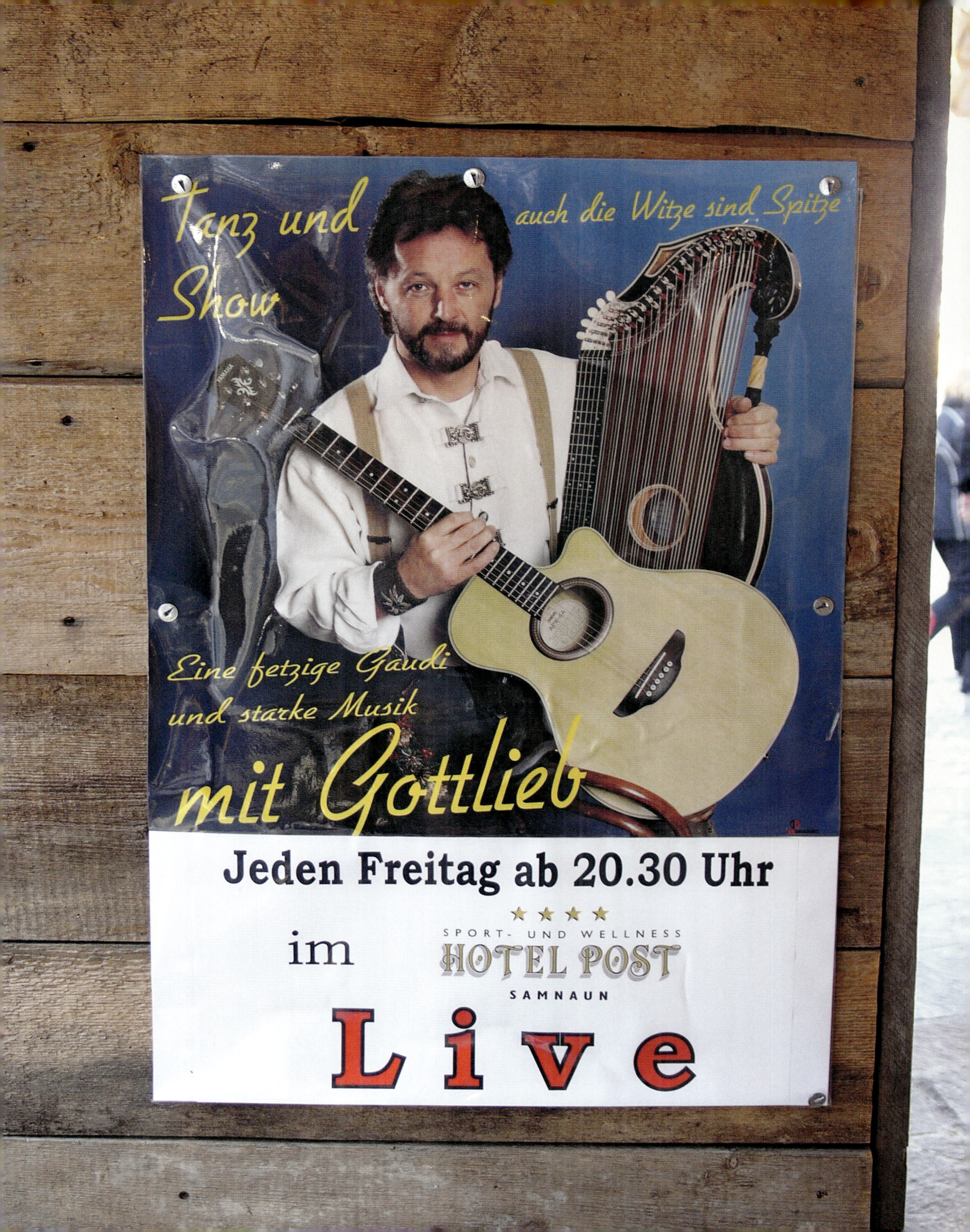
Tanz und Show
auch die Witze sind Spitze
Eine fetzige Gaudi und starke Musik
mit Gottlieb
Jeden Freitag ab 20.30 Uhr
im
SPORT- UND WELLNESS
HOTEL POST
SAMNAUN
Live

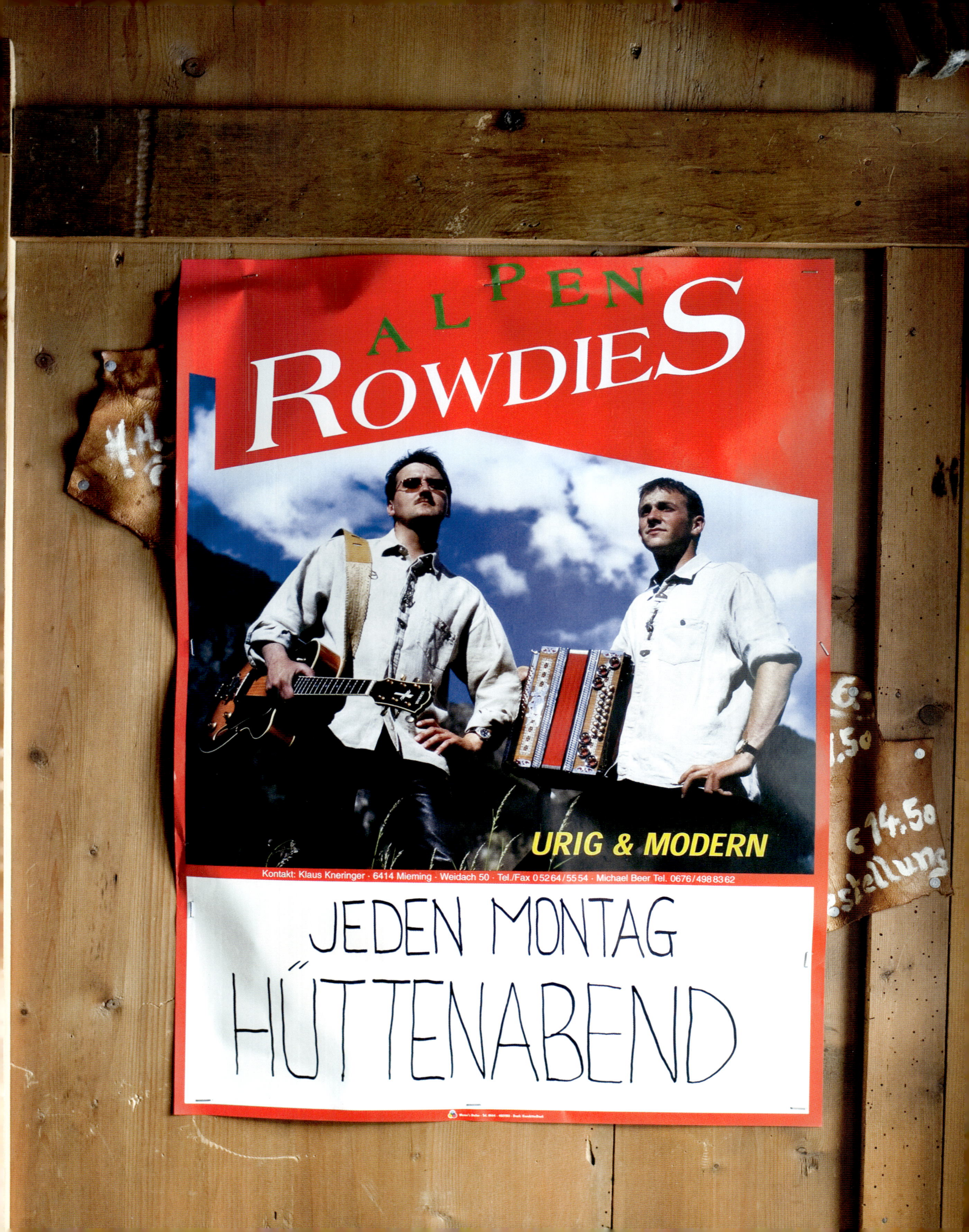
ALPEN
ROWDIES
URIG & MODERN
Kontakt: Klaus Kneringer · 6414 Mieming · Weidach 50 · Tel./Fax 05264/5554 · Michael Beer Tel. 0676/4988362
JEDEN MONTAG
HÜTTENABEND

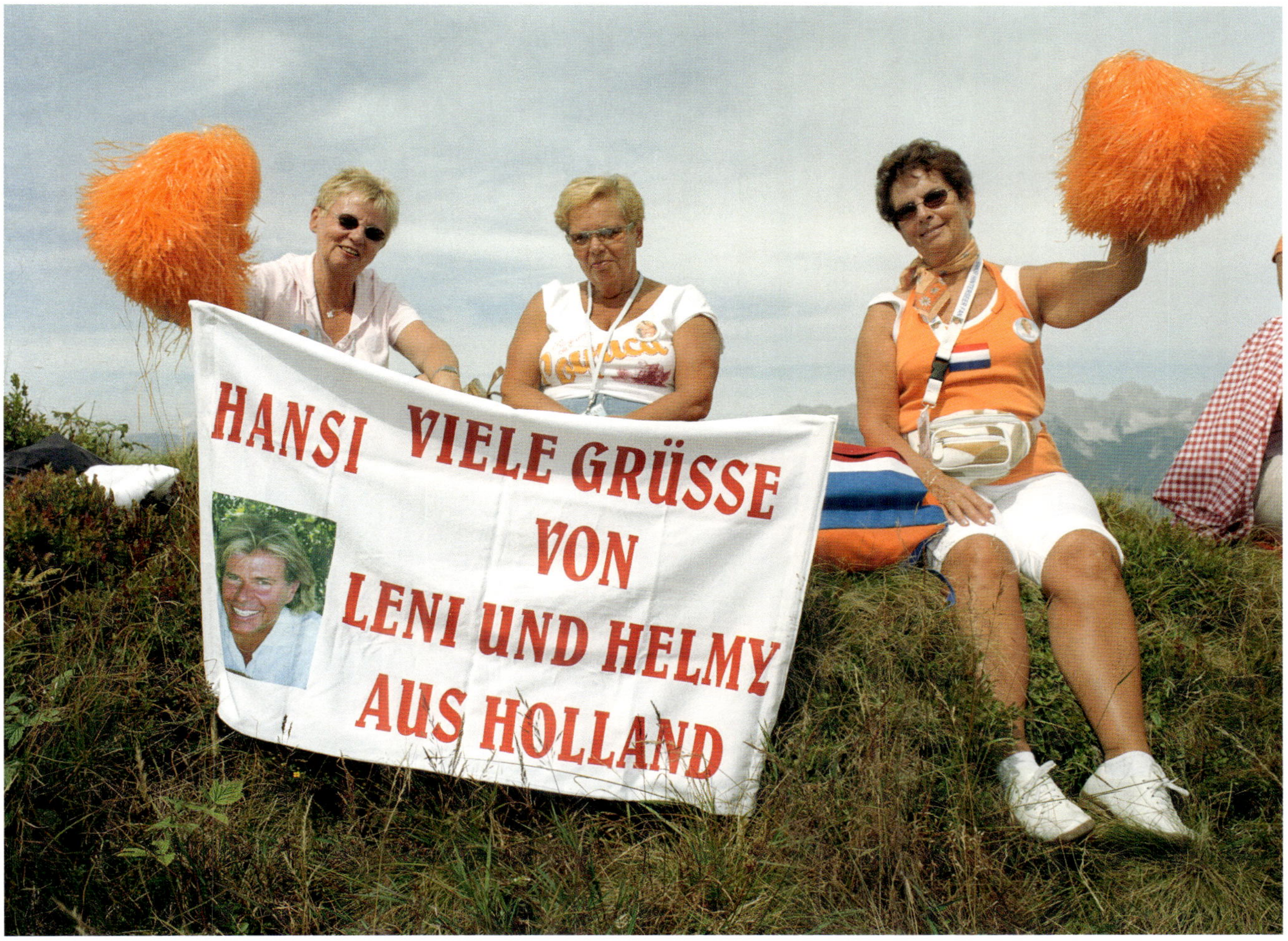

Hansi Hinterseer Fanwanderung
Hansi Hinterseer fan hike

Hahnenkamm, Kitzbühel, 24.8.2007

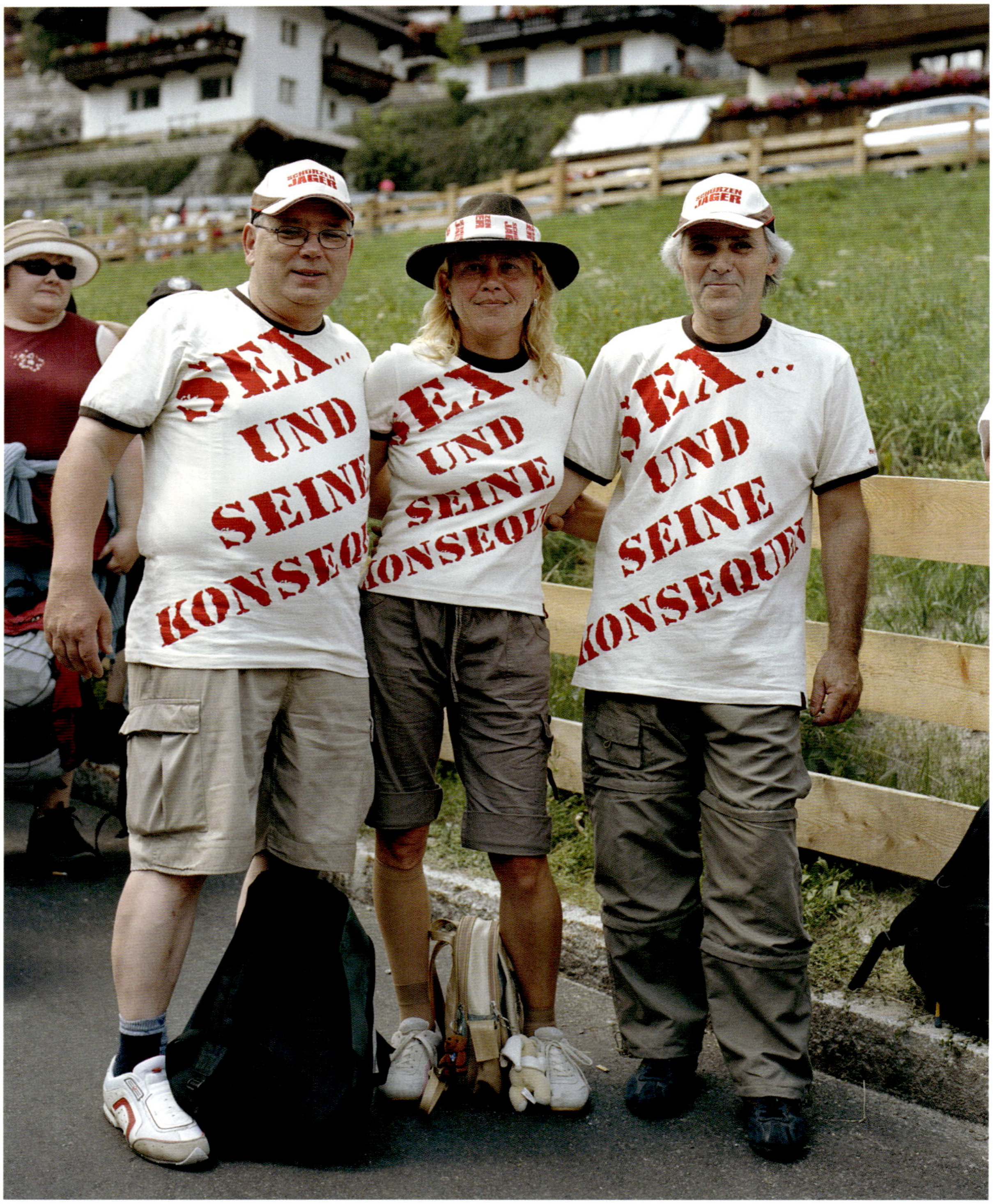

Peter, Irmtraud W. & Klaus D.

Aus Niedersachsen
From Lower Saxony

Schürzenjäger Open Air
Finkenberg, Zillertal, 21.7.2007

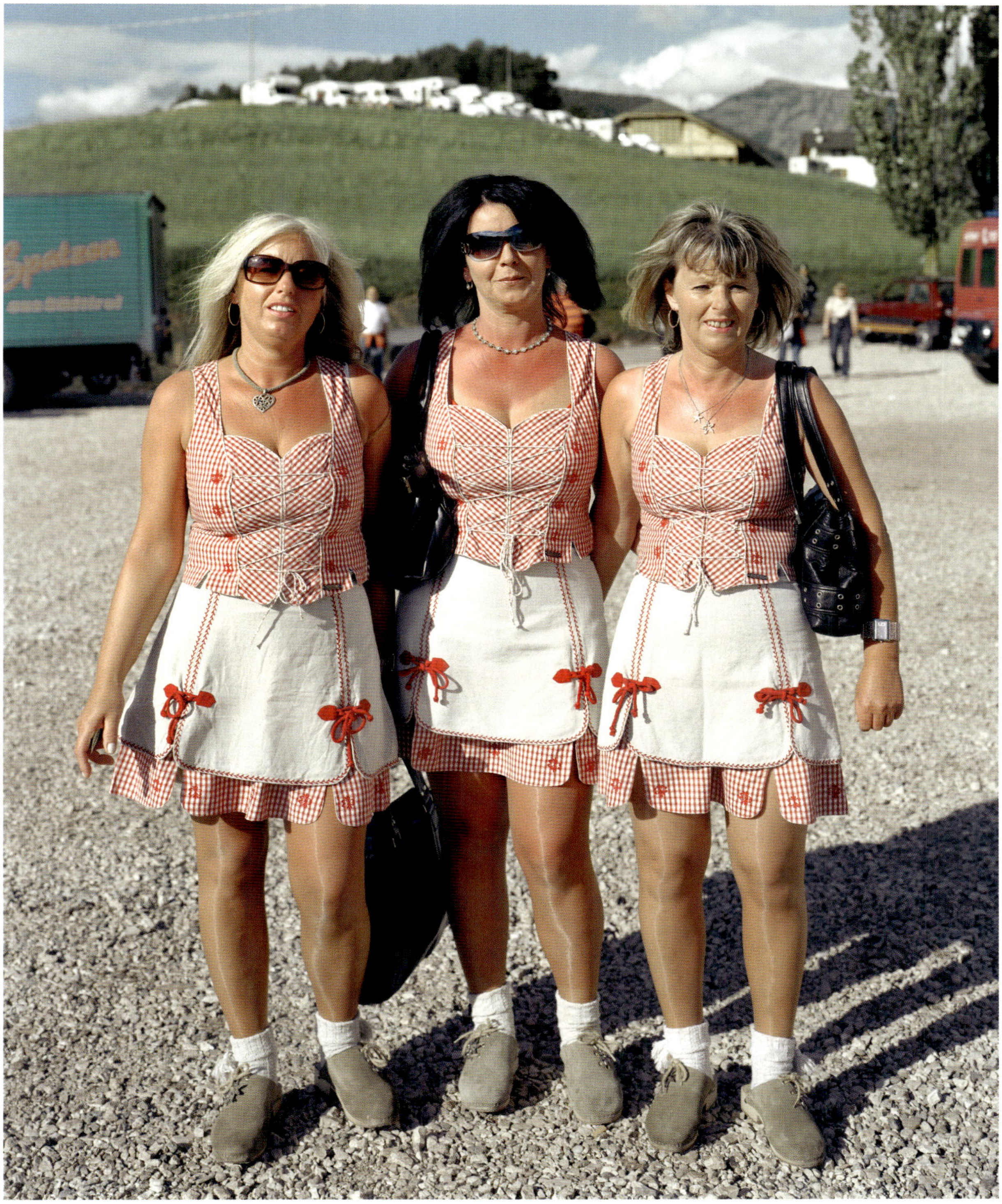

Kastelruther Spatzenfest
Kastelruth, Südtirol, Oktober 2005

Inge G., 76 Jahre alt: „Ich war bereits auf zweihundertzwanzig Konzerten der Kastelruther Spatzen, und heute bin ich zum dreißigsten Mal in Kastelruth beim großen Spatzenfest mit dabei. Vor vielen Jahren, auf einer längeren Fahrt mit der Bahn spielte ich mit meinem Kassettenrekorder die Lieder der Kastelruther Spatzen. Reisenden aus Amerika, die in meinem Zugabteil waren, gefiel diese Musik. Ich schenkte ihnen damals meine Kassette. So brachte ich die Musik der Kastelruther Spatzen nach Amerika.

Ich mag die Kastelruther Spatzen so gerne, weil ihre Lieder aus dem Leben gegriffen sind, und weil sie in ihren Liedertexten von den Schicksalen der Menschen erzählen, über die Berge und ihre Heimat. Es sind Lieder, wo Liebe und Treue noch etwas zählen. Und dass vor allem die Familie über allem steht. Mein Mann ist bereits verstorben, und so bringen mir die Kastelruther Spatzen die Liebe, Zuversicht und Hoffnung und machen mir Mut. Norbert Rier, der Chef der Kastelruther Spatzen, ist mein Lebenselexier. Das schrieb sogar einmal die *Sächsische Zeitung* über mich. Und meine Ärztin hat gesagt: ‚Machen Sie weiter so, die Kastelruther Spatzen sind für Sie die beste Medizin'."

Inge G., 76 years-old: "I must have been to about 220 Kastelruther Spatzen concerts over the years, and today is my thirtieth time here in Kastelruth at the big Spatzen party. Years ago I was on a train listening to a Kastelruther Spatzen cassette. Some Americans sitting nearby liked what they heard, so I gave them the cassette and thus brought the Kastelruther Spatzen's music to America.

I love the Kastelruther Spatzen so much because their songs reflect real life and their lyrics are about people's fates, about their homelands and the mountains. They're songs where love and truth still count for something, and where there's nothing more important in life than family. My husband has now passed away, and today the Kastelruther Spatzen are my sources of love, reassurance and hope – they give me strength. Norbert Rier, the head of the Kastelruther Spatzen is my life elixir (that even stood once in the Sächsische Zeitung*). And my doctor tells me: "Don't stop now – the Kastelruther Spatzen are the best medicine for you there is."*

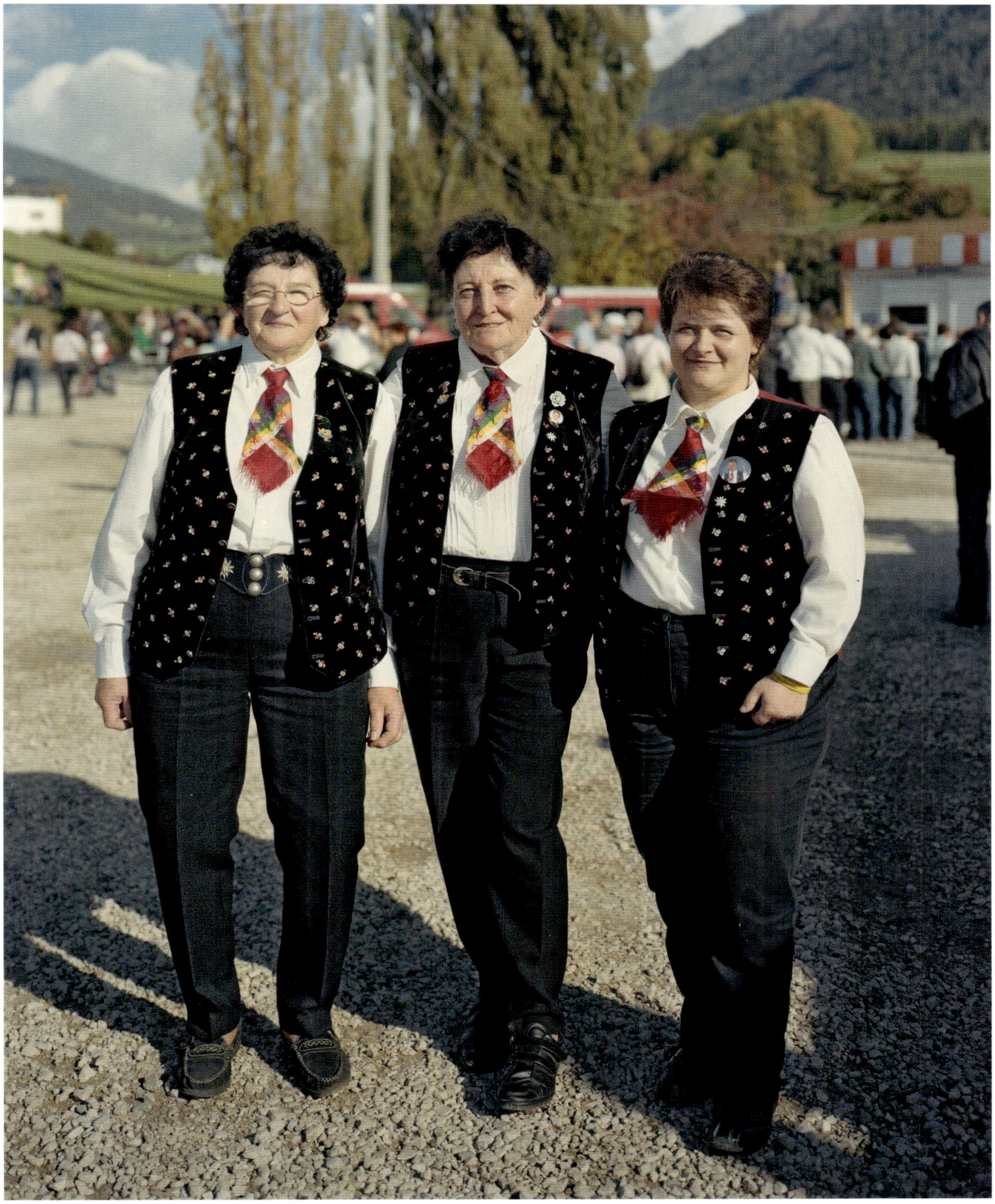

Inge G., Adelma Sch. & Monika K.

Aus Sachsen
From Saxony

Kastelruther Spatzenfest
10.10.2008

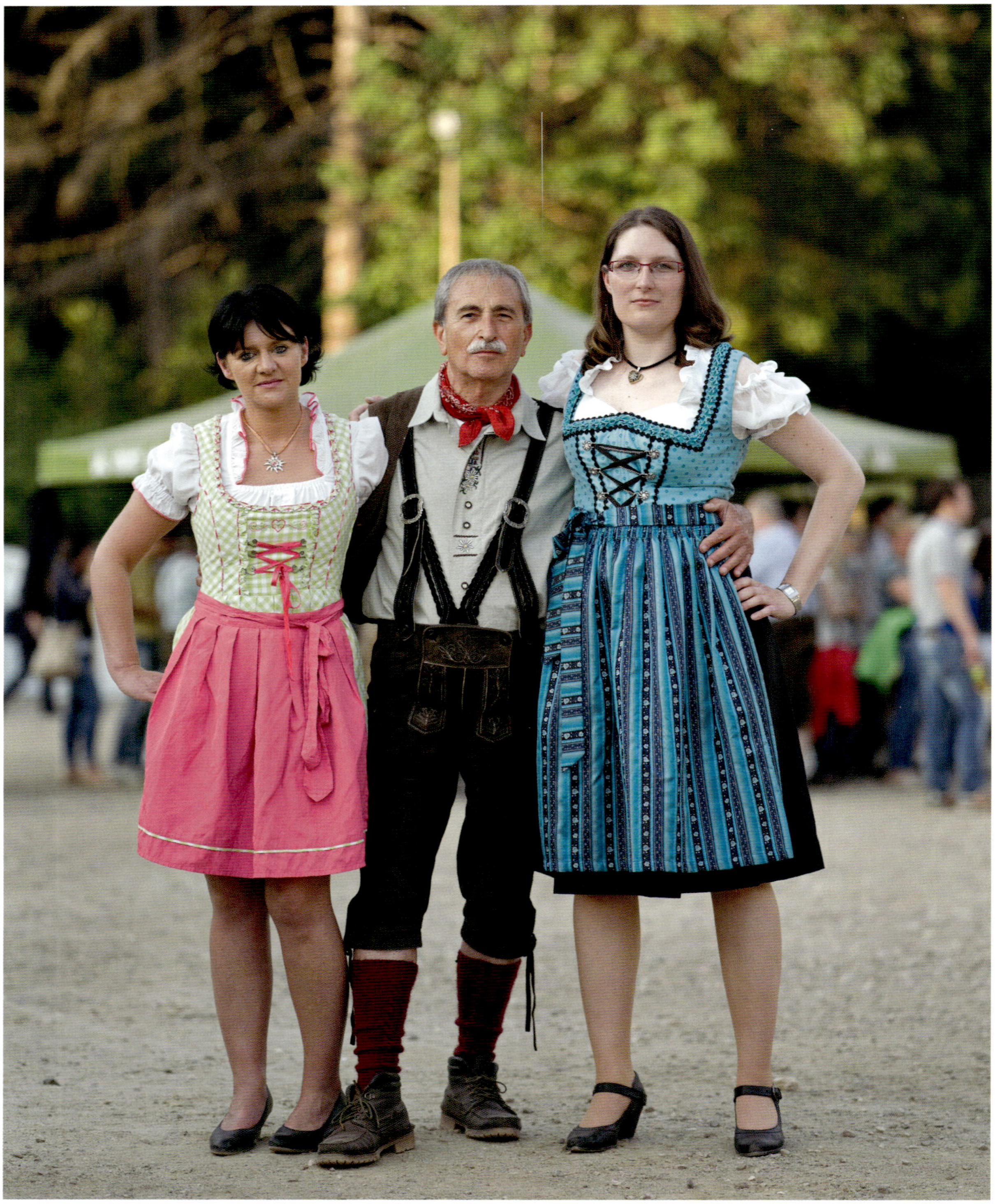

Katja H., Tino T. & Ann-Katrin K.

Erzieherin aus Hessen, Bankangestellter aus Mailand
und Justiz-Fachangestellte aus Hessen
Kindergarten teacher from Hessen, bank clerk from Milan
and judicial clerk from Hessen

Kastelruther Spatzen Open Air
Seis am Schlern, 7.6.2014

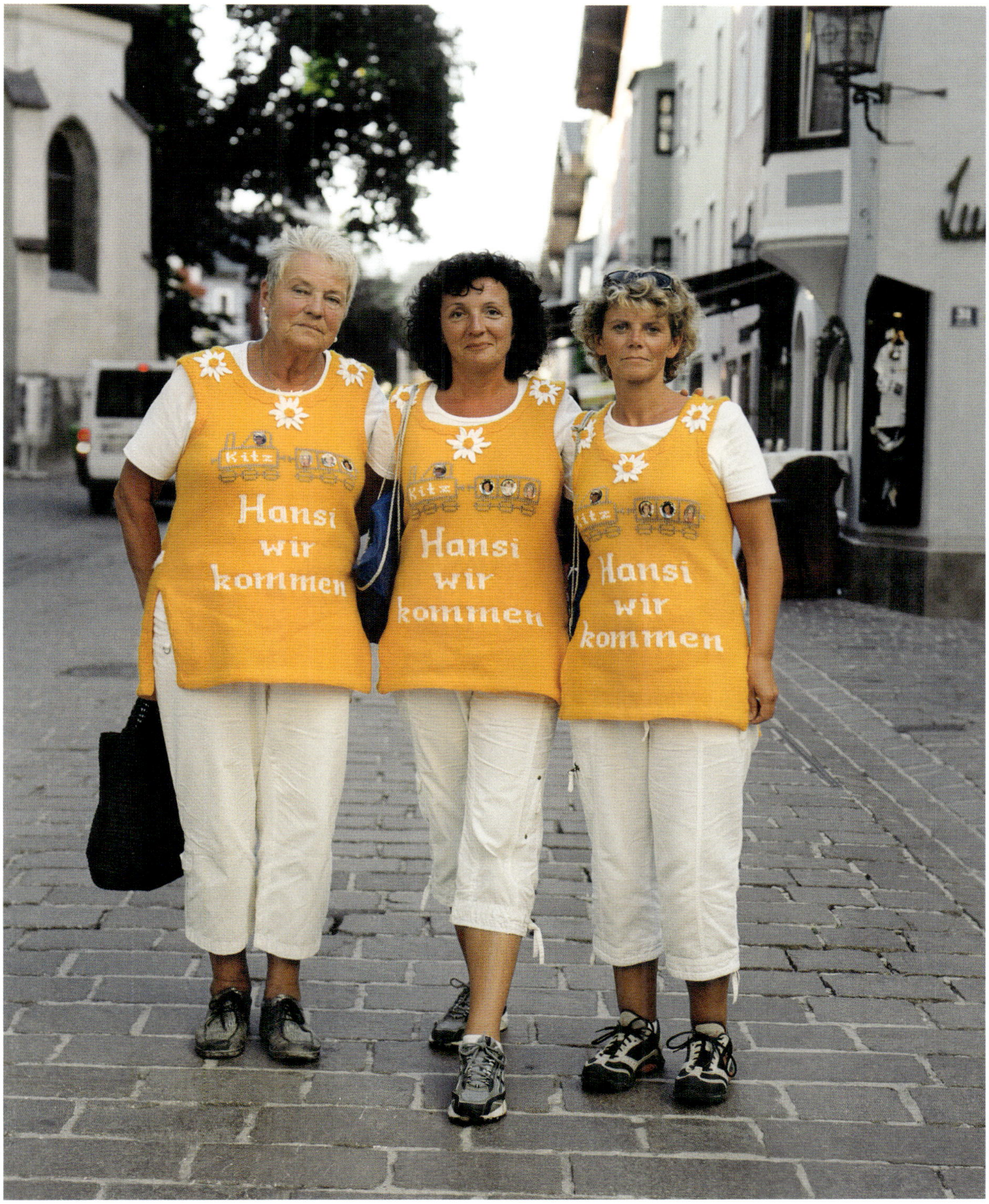

Hansi Hinterseer Fan-Wochenende
Hansi Hinterseer fan weekend

Kitzbühel, 23.8.2007

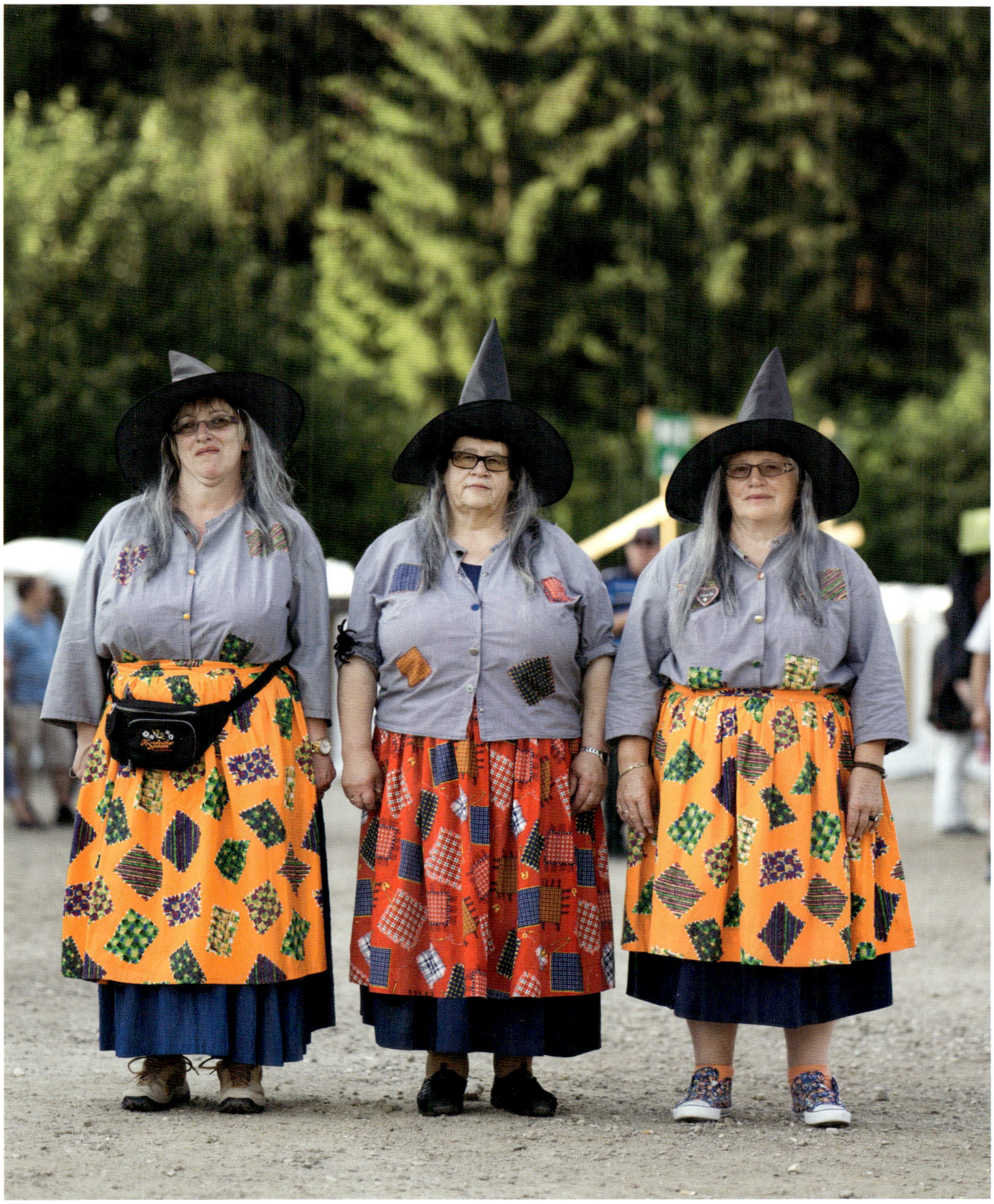

Marlies B., Margot O. & Anneliesel O.

Mädchen für alles, Hausfrau und Rentnerin aus Hessen
Jack-of-all-trades, housewife and retiree from Hessen

Kastelruther Spatzen Open Air
Seis am Schlern, 7.6.2014

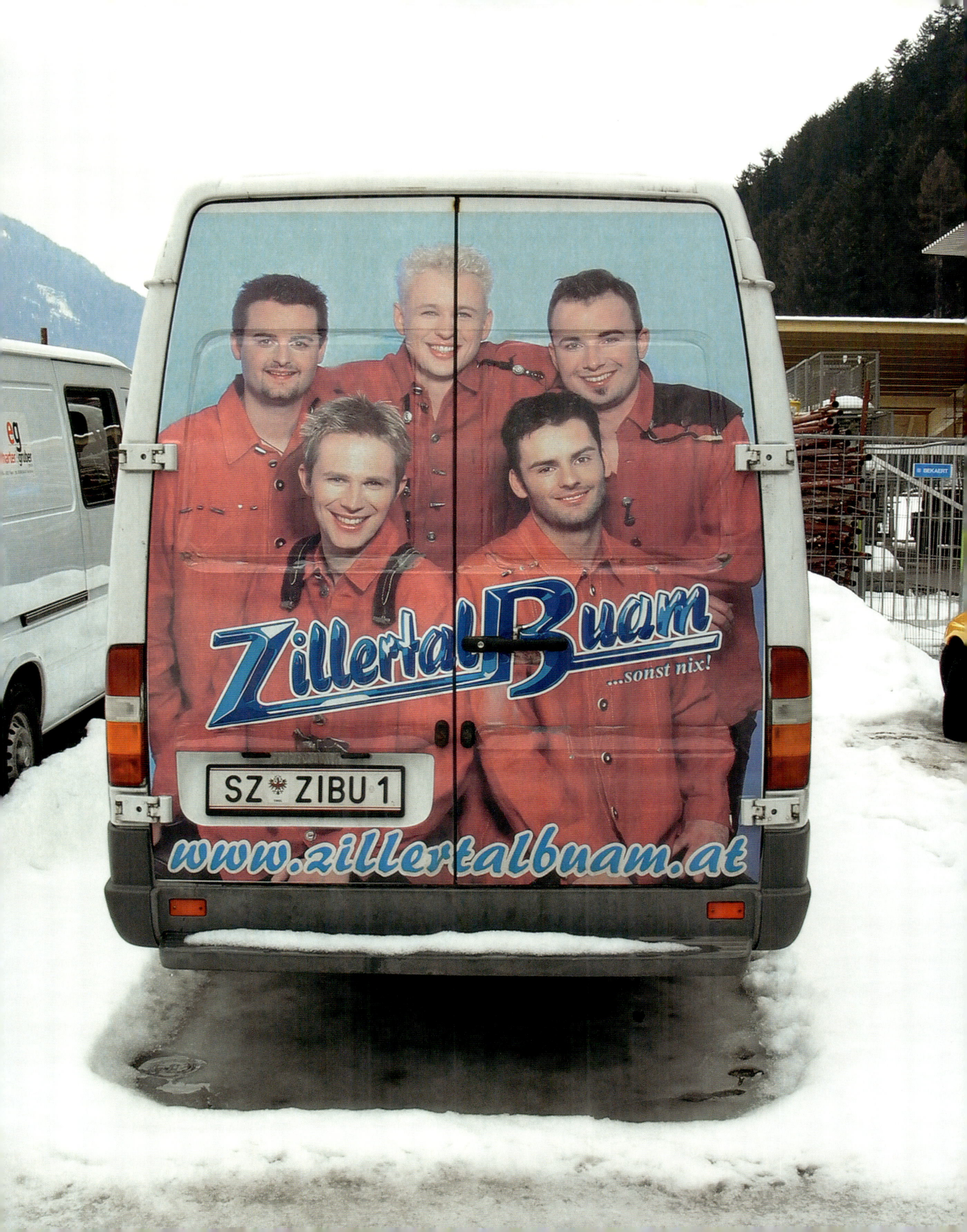
ZillertalBuam
...sonst nix!
SZ ZIBU 1
www.zillertalbuam.at

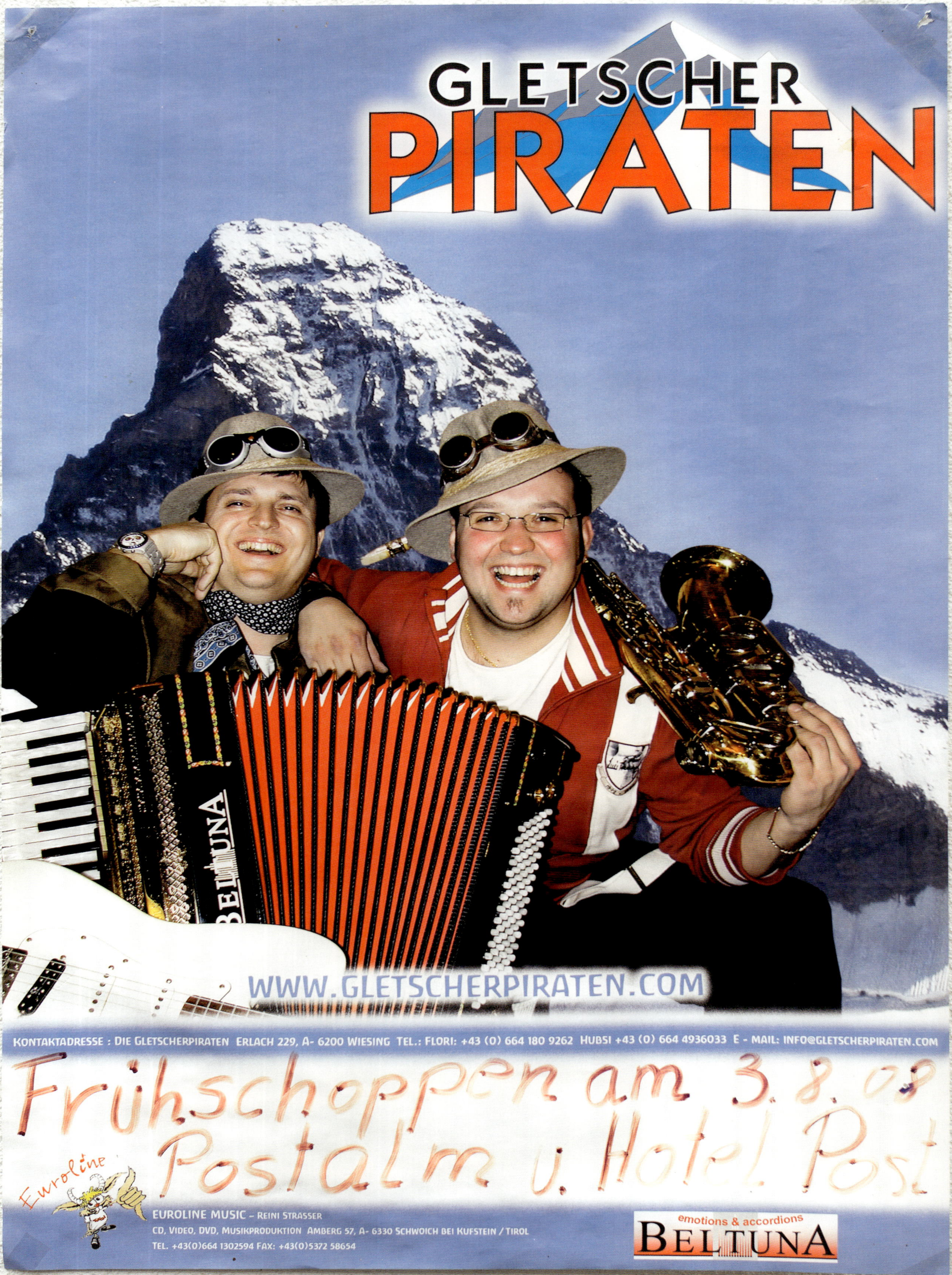

GLETSCHER
PIRATEN
BELTUNA
WWW.GLETSCHERPIRATEN.COM
KONTAKTADRESSE : DIE GLETSCHERPIRATEN ERLACH 229, A- 6200 WIESING TEL.: FLORI: +43 (0) 664 180 9262 HUBSI +43 (0) 664 4936033 E - MAIL: INFO@GLETSCHERPIRATEN.COM
Frühschoppen am 3.8.08
Postalm u. Hotel Post
Euroline
EUROLINE MUSIC – REINI STRASSER
CD, VIDEO, DVD, MUSIKPRODUKTION AMBERG 57, A- 6330 SCHWOICH BEI KUFSTEIN / TIROL
TEL. +43(0)664 1302594 FAX: +43(0)5372 58654
emotions & accordions
BELTUNA

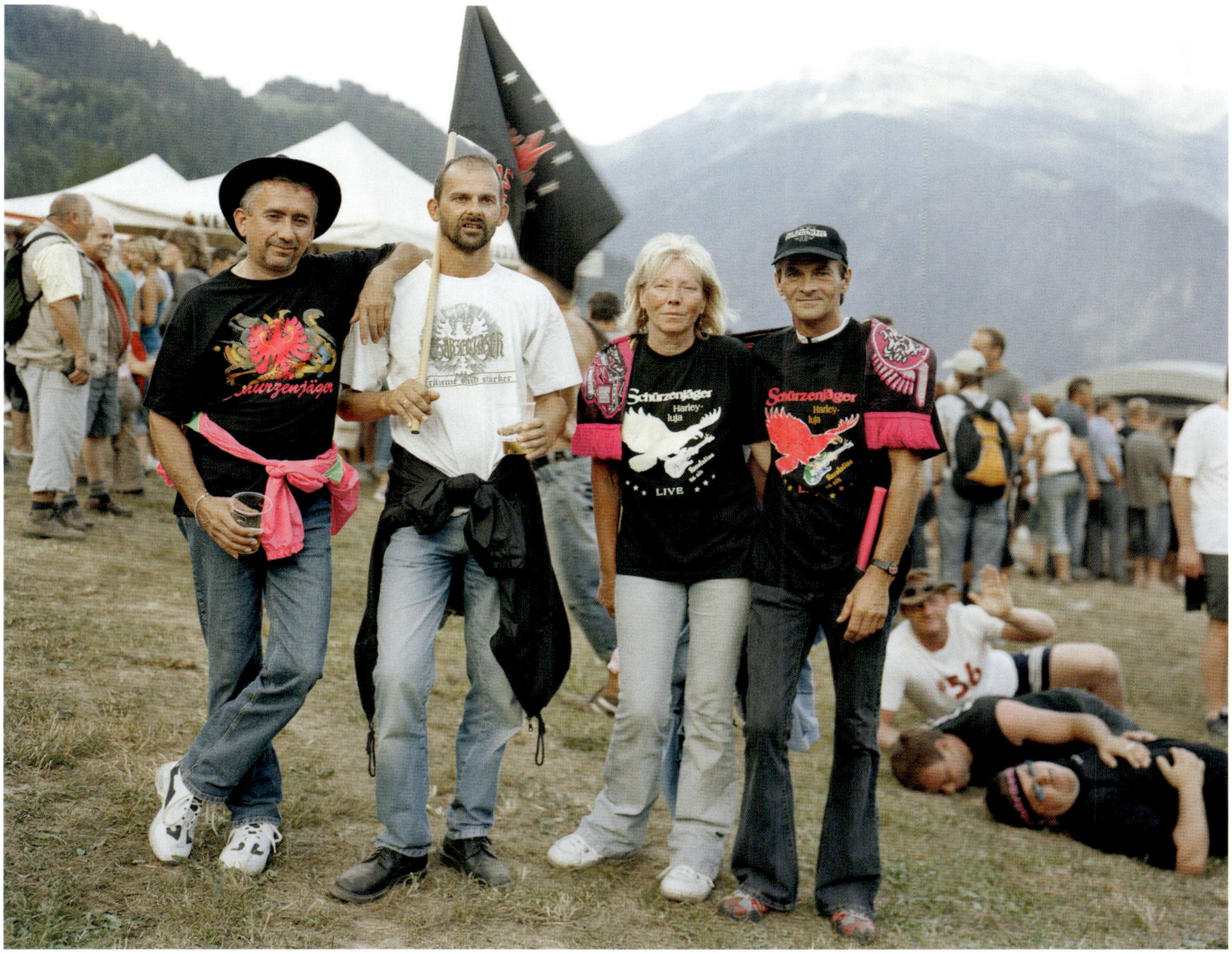

Peter & Gerhard W., Iris & Andreas K.

Aus Baden-Württemberg
From Baden-Württemberg

Schürzenjäger Open Air
Finkenberg, Zillertal, 21.7.2007

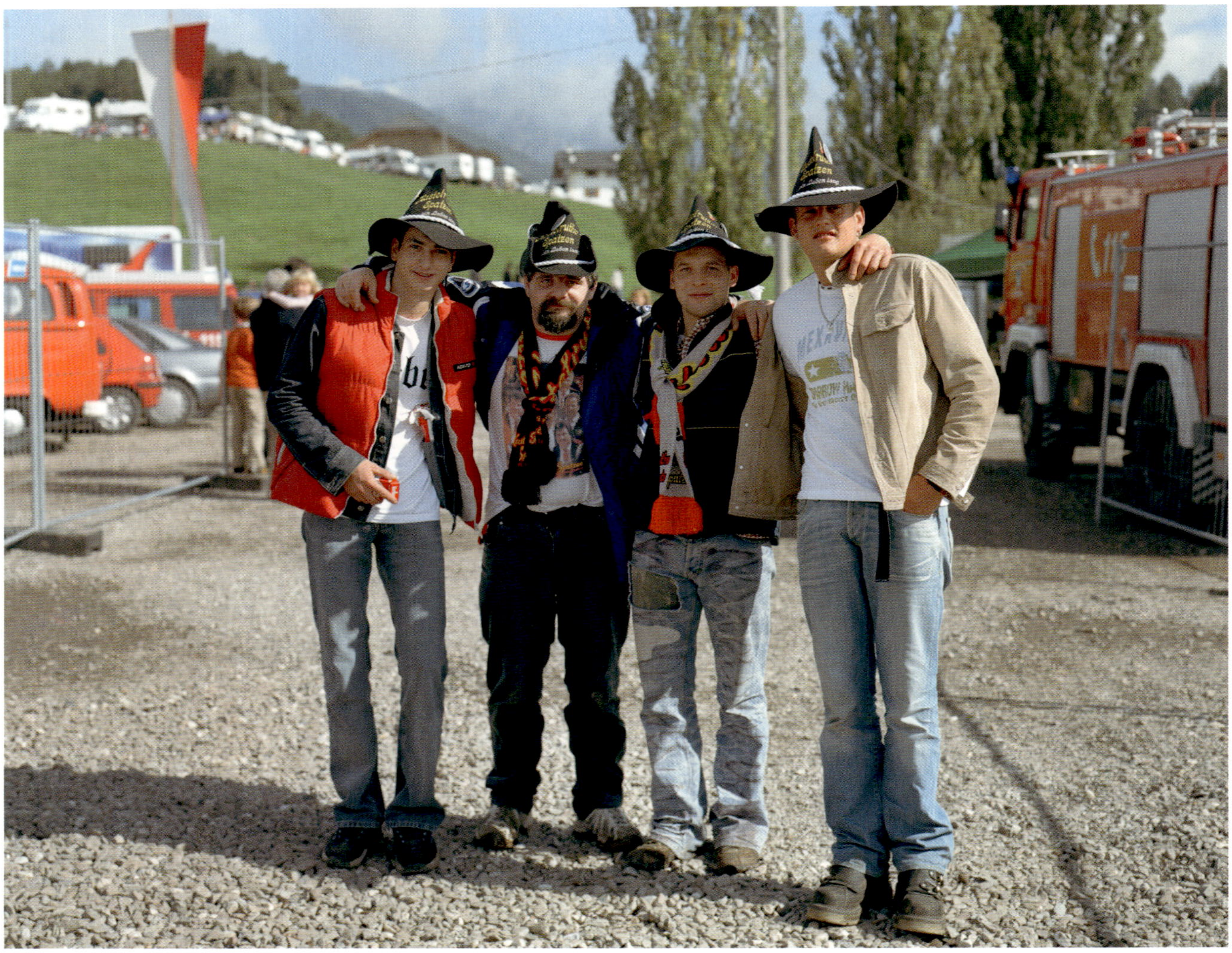

Vier Freunde aus Kärnten
Four friends from Kärnten

Kastelruther Spatzenfest
Kastelruth, Oktober 2005

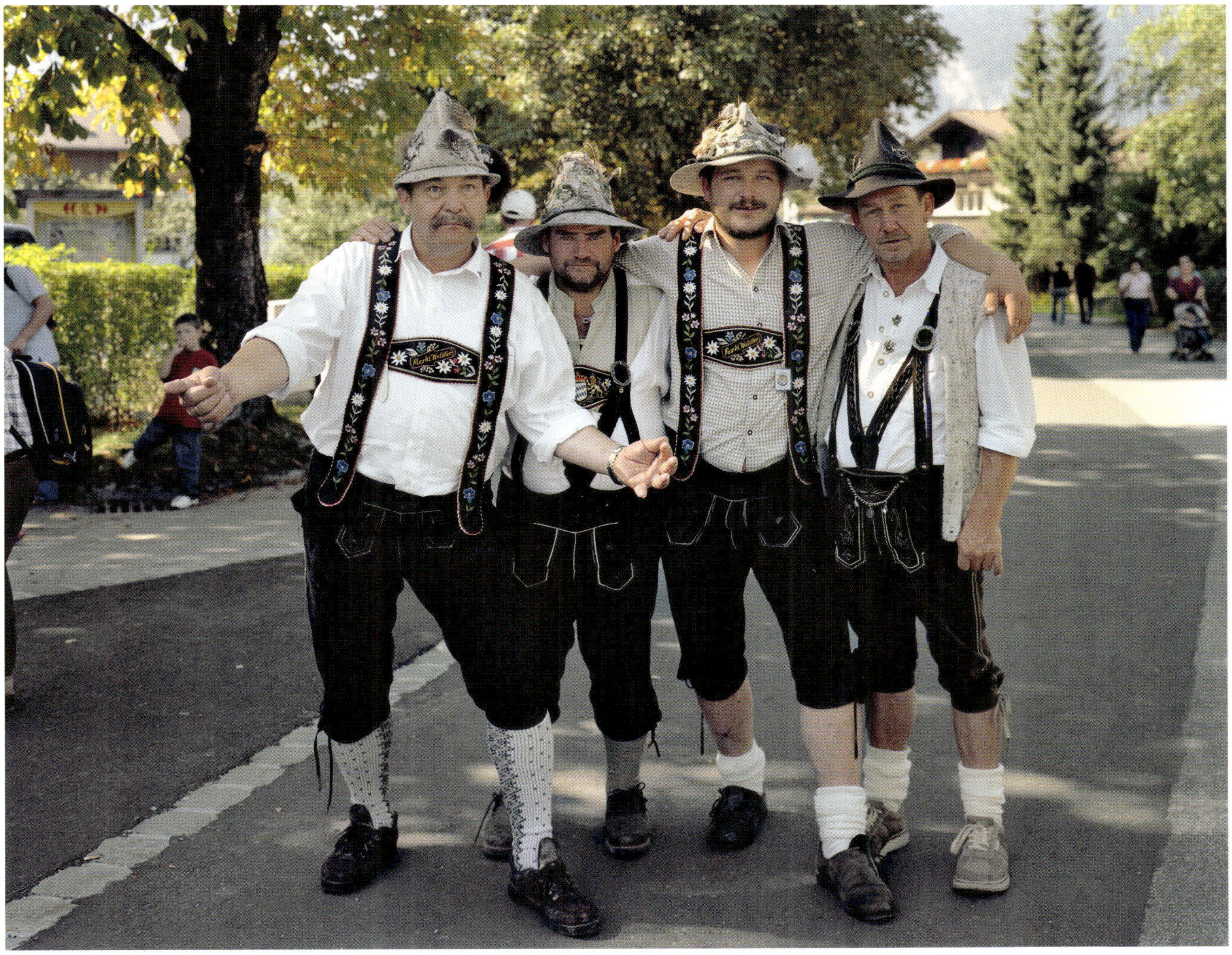

Vier Freunde aus Bayern
Four friends from Bavaria

Reither Almabetriebsfest
Reith im Alpbachtal, Oktober 2006

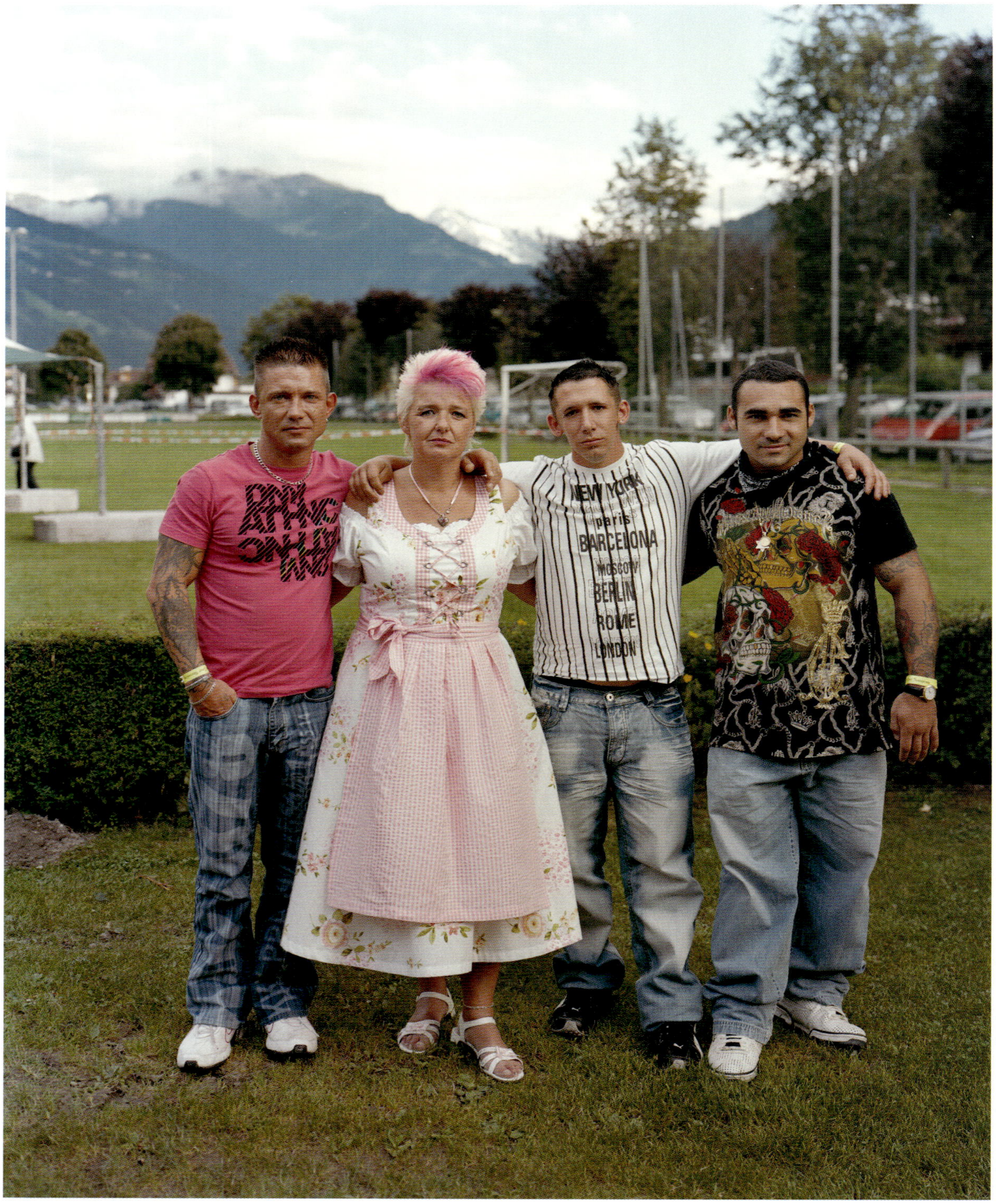

Dusan M., Michaela S., Josef M. & Elad E.

Pflasterer aus Oberbayern, Hausfrau aus Oberbayern, Pflasterer aus Oberbayern und Elad E., lebt in Honduras, Mexico und Jamaica
Paver from Upper Bavaria, housewife from Upper Bavaria, paver from Upper Bavaria and Elad E., lives in Honduras, Mexico and Jamaica

Ursprung Buam Fest
Uderns, Zillertal, 11.7.2009

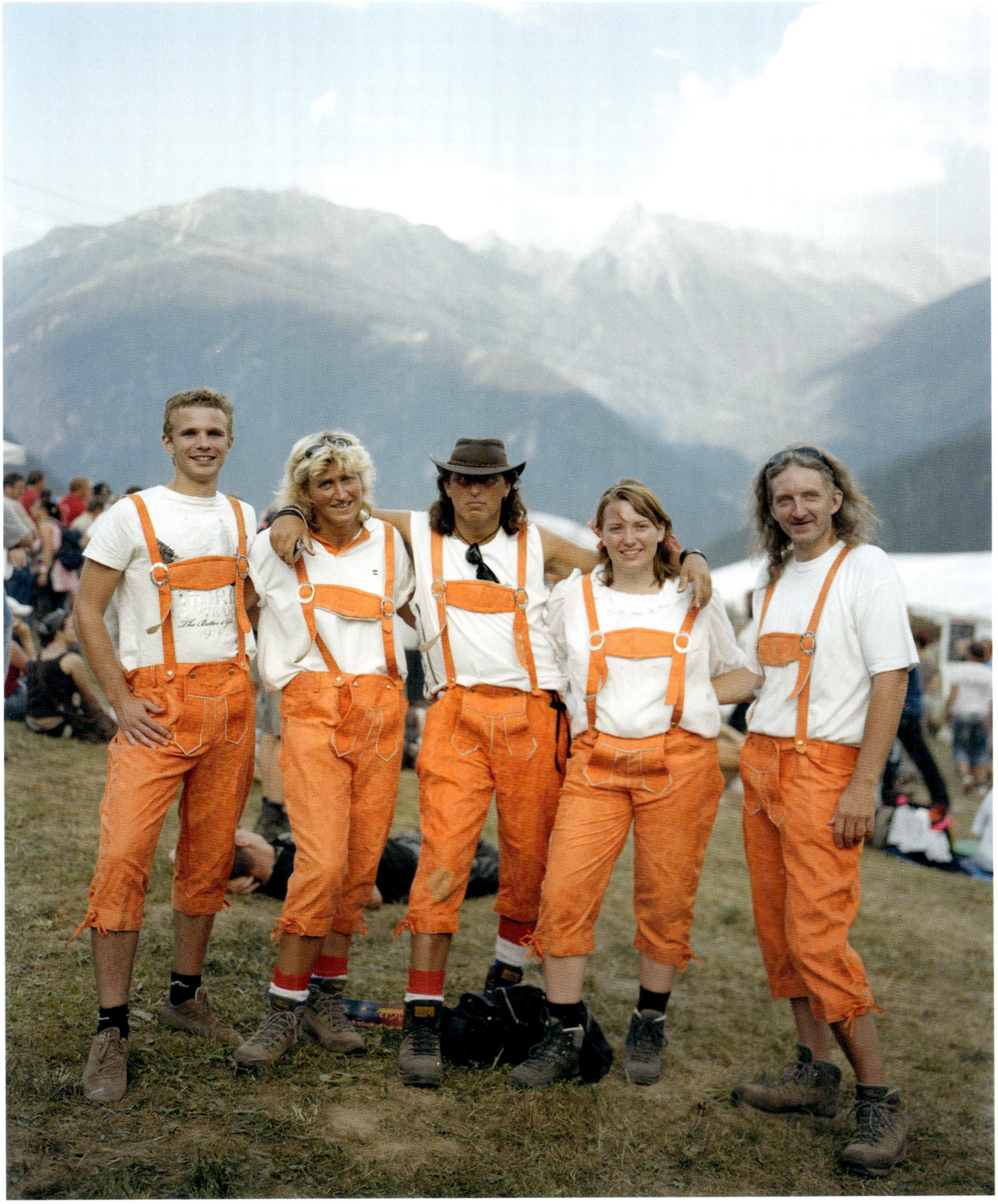

Jos, Louise, Freddy, Elke & Marko

Aus Holland
From Holland

Schürzenjäger Open Air
Finkenberg, Zillertal, 21.7.2007

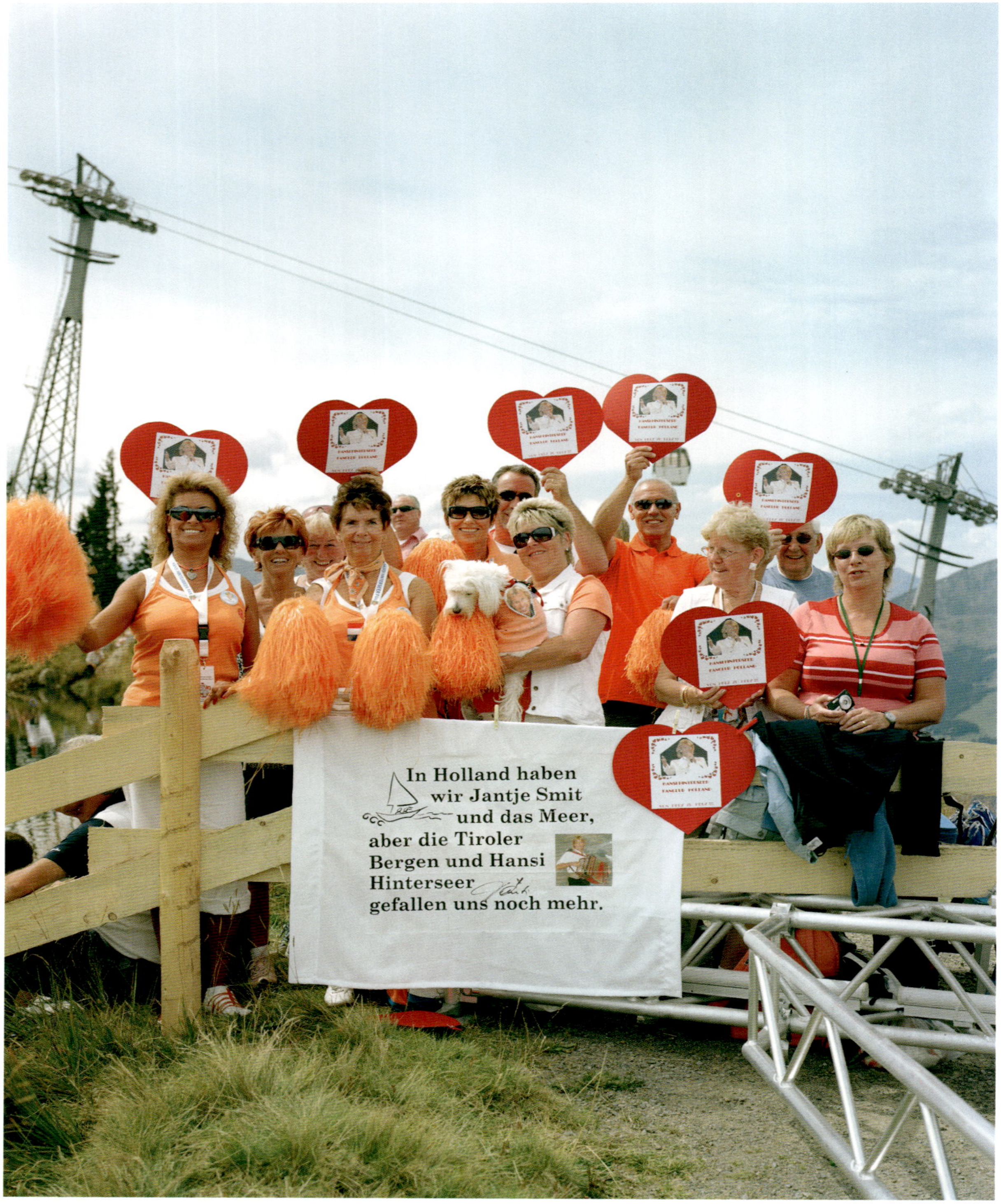

Holländische Fans
Dutch fans

Hansi Hinterseer Fanwanderung
Hansi Hinterseer fan hike

Kitzbühel, Hahnenkamm, 24.8.2007

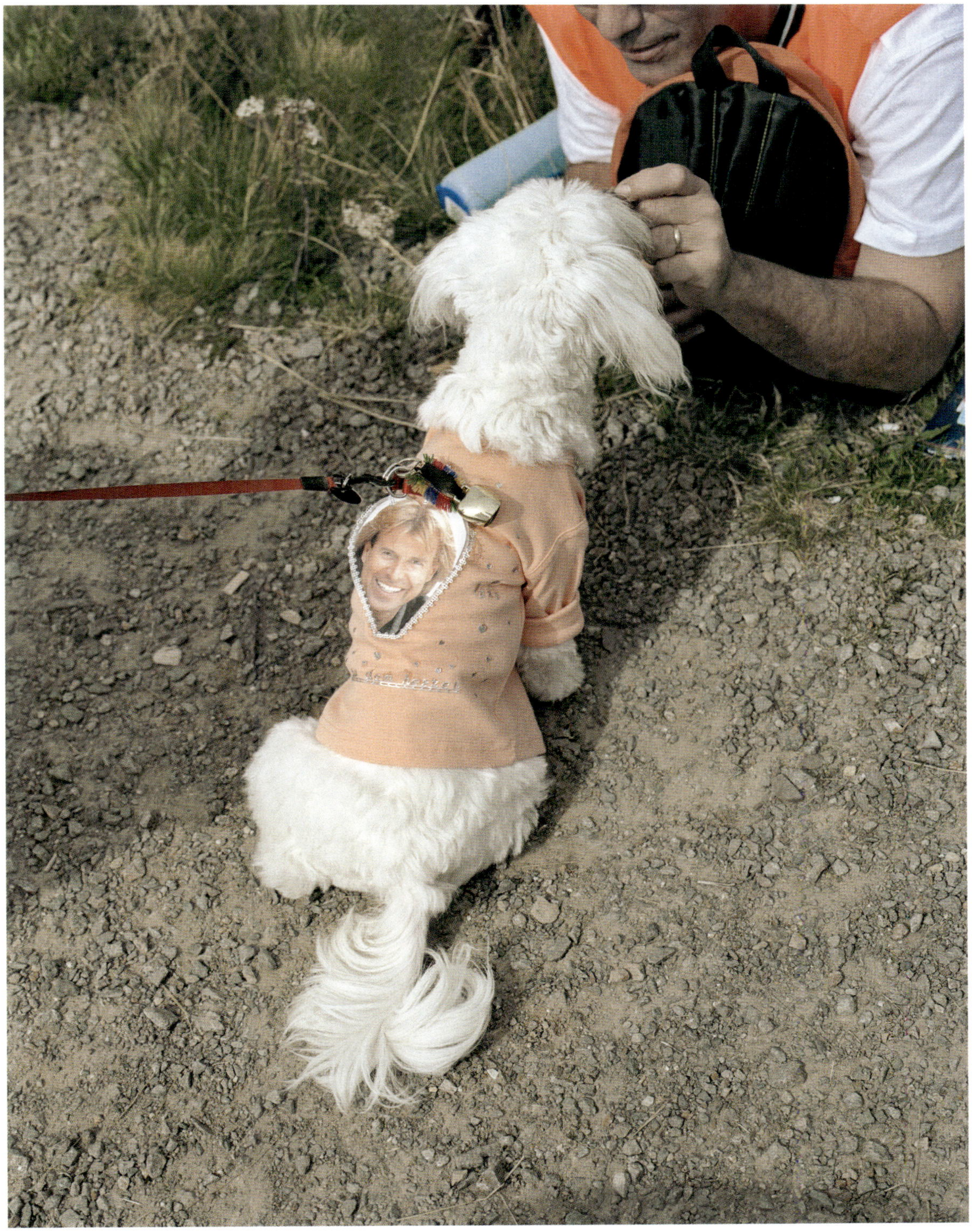

Hund der holländischen Fangruppe
Dutch fans' dog

Hansi Hinterseer Fanwanderung
Hansi Hinterseer fan hike

Kitzbühel, Hahnenkamm, 24.8.2007

Hansi Hinterseer
Fan-Hymne

Hansi, wie schön, dass es dich gibt!

Ist unser Alltag manchmal grau und leer
Und würden wir ihm gern entflieh'n
Was uns dann hilft, heißt: Hansi Hinterseer
Er ist die beste Medizin

Hansi, wie schön, dass es dich gibt
Du bist bei Jung und Alt beliebt
Mitten ins Herz trifft uns deine Musik
Lässt uns träumen vom Glück
Und heiler Welt
Hansi, wir sagen Danke heut'
Für schöne Lieder und die Zeit
Die du uns Fans immer neu schenkst
Zeigst uns so, dass du gerne an uns denkst

Wenn Hansi singt, dann strömen wir herbei
Wir sind niemals zu überseh'n
Ja, deine Fans, die sind spontan und treu
Würden für dich durchs Feuer geh'n

Hansi, wie schön, dass es dich gibt
Du bist bei Jung und Alt beliebt
Mitten ins Herz trifft uns deine Musik
Lässt uns träumen vom Glück
Und heiler Welt
Hansi, wir sagen Danke heut'
Für schöne Lieder und die Zeit
Die du uns Fans immer neu schenkst
Zeigst uns so, dass du gerne an uns denkst

Melodie: Du hast mich heut' noch nicht geküsst
Text: Heidi Schwenkow

Lois Hechenblaikner, geboren 1958, ist im Tiroler Alpbachtal aufgewachsen. Nachdem er fast zwei Jahrzehnte lang in vielen Ländern Asiens als Reisefotograf tätig war, setzt er sich seit den 1990er Jahren mit dem tourismusbedingten Wandel seiner Heimat auseinander. Mit seiner Arbeit sorgte er immer wieder für gesellschaftspolitische Kontroversen. Hechenblaikners Fotografien waren international in zahlreichen Gruppen- und Einzelausstellungen zu sehen. Von ihm erschienen bei Steidl *Winter Wonderland* (2012) und *Hinter den Bergen* (2015).

Martin Hochleitner, geboren 1970 in Salzburg ist Archäologe und Kunsthistoriker und war 2000 bis 2012 Leiter der Landesgalerie Linz sowie 2008 bis 2015 Professor für Kunstgeschichte an der Kunstuniversität Linz. Seit 2010 arbeitet er als Honorarprofessor für Kunstwissenschaften an der Katholischen Hochschule in Linz und seit 2012 als Direktor des Salzburg Museum. 2013 wurde er mit dem Staatspreis ars docendi für exzellente Lehre ausgezeichnet. Er lebt und arbeitet in Linz und Salzburg.

Wolfgang Ullrich, geboren 1967, war von 2006 bis 2015 Professor für Kunstwissenschaft und Medientheorie an der Staatlichen Hochschule für Gestaltung in Karlsruhe. In zahlreichen Publikationen befasst er sich mit Geschichte und Kritik des Kunstbegriffs, bildsoziologischen Fragen sowie Konsumtheorie. Von ihm erschienen u.a. *Habenwollen. Wie funktioniert die Konsumkultur* (2006) und *Siegerkunst. Neuer Adel, teure Lust* (2016). Er lebt als freier Autor in Leipzig.

Hans Well, Jahrgang 1953, wuchs in einer 17-köpfigen Bayerischen Volksmusikfamilie auf. Während seines Studiums auf Lehramt Germanistik, Geschichte und Philosophie gründete er 1976 die Biermösl Blosn, eine volksmusikalische Kabarettgruppe, für die Hans Well alle Texte schrieb und die u.a. mit Dieter Hildebrandt und Gerhard Polt auftrat. Seit der Auflösung der Biermösl Blosn spielt er mit den Wellbappn, seinen inzwischen erwachsenen Kindern Sarah, Tabea und Jonas.

Lois Hechenblaikner was born in 1958 in Tirol where he lives and works today. After nearly two decades working in Asia as a travel photographer, in the 1990s Hechenblaikner began exploring the impact of tourism on the Tirol landscape in photographs that have since attracted socio-political controversy. His work has been shown internationally in numerous solo and group exhibitions. Steidl has published Hechenblaikner's *Winter Wonderland* (2012) and *Hinter den Bergen* (2015).

Martin Hochleitner, born in Salzburg in 1970, is an archaeologist and art historian. He was director of the Landesgalerie Linz from 2000 to 2012, and Professor of Art History at the University of Art and Design Linz from 2008 to 2015. Since 2010 Hochleitner is Honorary Professor of Aesthetics at the Private Catholic University of Linz, and since 2012 director of the Salzburg Museum. In 2013 he received the Austrian national award *ars docendi* for teaching excellence. Hochleitner lives and works in Linz and Salzburg.

Wolfgang Ullrich, born in 1967, was Professor of Aesthetics and Media Theory at Karlsruhe University of Arts and Design from 2006 to 2015. In numerous publications he has addressed the history and criticism of the concept of art, image-based sociological questions as well as the theory of consumption. His books include *Habenwollen. Wie funktioniert die Konsumkultur* (2006) and *Siegerkunst. Neuer Adel, teure Lust* (2016). Ullrich lives and works as a freelance writer in Leipzig.

Hans Well, born in 1953, grew up in a 17-strong Bavarian folk music household. While studying to become a schoolteacher in German, history and philosophy, he founded the folk cabaret group Biermösl Blosn in 1976. Well wrote all lyrics for Biermösl Blosn which performed with, among others, renowned cabaret artists Dieter Hildebrandt and Gerhard Polt. Since the disbandment of Biermösl Blosn he has performed in the group Wellbappn, together with his grown-up children Sarah, Tabea and Jonas.

Erste Auflage 2019

First edition published in 2019

Bildauswahl: Lois Hechenblaikner, Georg Mayr
Lektorat: Axel Klemmer
Buchgestaltung: Steidl Design
Scans: Lois Hechenblaikner, Ulrich Schroeder
Bildbearbeitung: Maximilian Mutzhas,
Lois Hechenblaikner, Ulrich Schroeder
Farbseparationen: Steidl
Gesamtherstellung und Druck: Steidl, Göttingen

Photo selection: Lois Hechenblaikner, Georg Mayr
Copy-editing: Axel Klemmer
Book design: Steidl Design
Scans: Lois Hechenblaikner, Ulrich Schroeder
Image editing: Maximilian Mutzhas,
Lois Hechenblaikner, Ulrich Schroeder
Separations by Steidl
Production and printing: Steidl, Göttingen

Steidl
Düstere Str. 4 / 37073 Göttingen
Tel. +49 551 49 60 60 / Fax +49 551 49 60 649
mail@steidl.de
steidl.de

ISBN 978-3-95829-175-1
Printed in Germany by Steidl

Gefördert von
Supported by

tirol
Unser Land